U0901023

海南大学年鉴

（2014）

《海南大学年鉴》编辑部　编

《海南大学年鉴》（2014）编委会

《海南大学年鉴》（2014）编辑部

《海南大学年鉴（2014）》撰稿单位、审稿人、撰稿人一览表

撰稿单位	审稿人	撰稿人	撰稿单位	审稿人	撰稿人
校党委办公室	龙　腾	王红英	外事侨务处	华世佳	曾　影
校党委宣传部	张继友 谭　勇 刘　显	王群生 李佳宾 单文启 丁菁华	招生办公室	林强盛	于文霞 胡　静 林　华 李布明 黄　伟
校党委组织部	郑再喜	武　丹 李　宏 李劲松 许美丹	离退休人员工作处	陈行远	龙诚果
统战部	林少敏	罗荫渠	计划财务处	屈凯军	许能锐
校纪委办公室（监察处、审计处）	房云昆	陈　琛 邱华祥 冯　翔	国有资产管理处	周文山	戴建华 寇周明 汤继红 龙自梅 曲军远
校工会	林方汉	戴　文	基建处	卢江海	林诗海
校团委	陈广锐	王远露	后勤管理处	邢谷川	董一萱
校长办公室	李　锋	张平恒	国际文化交流学院	杨云升	曾　影
理事会秘书处	刘湘洪	闫　治	继续教育学院	段书臣	曲　凯
教育基金会秘书处	刘湘洪	闫　治	海南省南海法律研究中心	王崇敏	王秀卫
教务处	欧阳克毅	胡先文	海南国际旅游岛发展研究院	樊　燕	樊　燕
科研处	章程辉	杨德禧	海南低碳经济政策与产业技术研究院	廖双泉 葛成军	王媛媛
学生工作处	孙　婧 甘　奇	符成彦 韩力光 孙　婧 林　勇 欧建猛 吴九君	毕业生就业指导中心	黄玉端	谢辉凡
研究生处	崔昌华	曾德虎	档案馆	范　明	彭荟吉
重点项目办公室（“211 工程”建设办公室）	邹文涛	邹文涛 杨　婕 林　华 黄雯君 农伟强	学报编辑部	孙绍先 石耀华 罗启香	林尤刚
人事处	刘　雯	黄福伟			

2013年2月28日，教育部副部长郝平到学校考察。刘康德书记（右一）陪同郝平副部长（左　）进行考察并介绍学校的发展情况。（照片提供单位：宣传部）

2013年7月4日，共青团中央书记处书记周长奎出席在学校召开的海南省各界青年学习贯彻团十七大精神座谈会并发表重要讲话。（照片提供单位：宣传部）

2013年11月30日，省委副书记李宪生到学校参加海南省博士协会年会暨海南科技创新论坛并发表讲话。（照片提供单位：宣传部）

2013年5月24日，省委常委、政法委书记毛超峰到学校调研，重点考察了热带生物资源教育部重点实验室。图为罗素兰教授（右一）为毛超峰书记（右三）介绍教育部重点实验室。（照片提供单位：宣传部）

2013年6月19日，海南省副省长王路到学校调研座谈并发表重要讲话。（照片提供单位：宣传部）

2013年9月5日，教育部安全大检查督查组组长、教育部基础一司司长王定华到学校指导工作。（照片提供单位：宣传部）

2013年12月21日，省教育厅厅长曹献坤出席海南大学校友会成立庆典。图为刘康德书记（右）向曹献坤厅长（左）颁发校友会顾问聘书。（照片提供单位：宣传部）

2013年3月8日，中组部人才工作局副巡视员兼四处处长李涛到学校慰问专家教授。（照片提供单位：宣传部）

2013年8月29日，刘康德书记（右二）了解迎新情况，并为家庭经济困难的新生发放临时困难补助。（照片提供单位：宣传部）

2013年6月24日，李建保校长（左）在2013年毕业典礼暨学位授予仪式上为博士研究生授予学位。（照片提供单位：宣传部）

2013年1月18日，周兆德副书记主持中共海南大学委员会一届五次全体（扩大）会议。（照片提供单位：宣传部）

2013年3月31日，陈封椿副书记（左）在第一届六次教职工代表暨工会会员代表大会上为获奖单位颁奖。（照片提供单位：宣传部）

2013年4月8日，刁晓平副校长（右）陪同全国MPA培养院校教学合格评估专家组组长姚先国教授（左）考察学校MPA教学环境。（照片提供单位：宣传部）

2013年1月19日，何忠平副校长（右）率团访问泰国海南会馆并向会馆理事长邢诒喜先生（左）颁发聘书。（照片提供单位：宣传部）

2013年11月15日，傅国华副校长（右）为“长江学者”张立群教授（左）颁发海南大学客座教授聘书。（照片提供单位：宣传部）

2013年5月29日，曹阳副校长（左五）出席海南省2012年度“特贴”“省优”专家颁证大会并与学校专家代表合影。（照片提供单位：宣传部）

2013年6月19日，胡新文副校长（右）和浪潮集团海南区总经理秦陈（左）签署海南大学与浪潮集团战略合作协议。（照片提供单位：科研处）

2013年11月8日，陈险峰副校长在任职大会上作任职发言。（照片提供单位：宣传部）

2013年11月8日，王崇敏副校长在任职大会上作任职发言。（照片提供单位：宣传部）

2013年3月27日，学校举行吴多泰奖学金颁奖仪式。香港“吴多泰博士教育基金”执行人、国际鸿星投资集团有限公司董事吴灏桓先生（中）为获奖学生代表颁奖。（照片提供单位：宣传部）

2013年3月28日，海南大学召开教育基金会理监事会会议。图为校领导与基金会顾问、理事、监事合影。（照片提供单位：宣传部）

2013年4月8日，全国MPA培养院校教学合格评估专家组对学校进行MPA培养院校教学合格评估。（照片提供单位：宣传部）

2013年4月19日，周伟民（二排左二）、唐玲玲（二排中间）两位教授编著的《海南通史》与人民出版社签约。图为胡新文副校长（一排左）同人民出版社侯俊智主任（一排右）签订出版协议。（照片提供单位：宣传部）

2013年5月4日，海南大学“大声说出我的梦”五四青年节主题活动在学校行政楼前举行。图为开场朗诵《中国梦、海南梦、我的梦》。（照片提供单位：宣传部）

2013年6月21日，海南大学2013年“十佳励志大学生”颁奖典礼在思源学堂隆重举行。（照片提供单位：宣传部）

2013年7月9日，司法文明协同创新中心南方基地落户海南大学。图为中国政法大学副校长、司法文明协同创新中心轮值主任张保生（一排右）和刁晓平副校长（一排左）分别代表双方签署合作协议。（照片提供单位：宣传部）

2013年9月8日，无偿捐献“熊猫血”救助中国病患的哈萨克斯坦籍留学生鲁斯兰（左）受到省卫生厅厅长韩英伟（右）的称赞。9月11日，海南大学对鲁斯兰颁发“突出贡献奖”。（照片提供单位：宣传部）

2013年10月15日，原中山大学校长黄达人教授作客海南大学名家讲坛，为全校中层以上领导干部作了题为《关于推动大学内涵建设的一些思考》的报告。（照片提供单位：宣传部）

2013年10月31日，中国著名军事专家、海军信息化专家委员会主任尹卓少将到学校做专题报告。（照片提供单位：宣传部）

2013年11月5日，以“海南新使命：争创中国特色社会主义实践范例”为主题的海南省首届社会科学学术年会在海南大学隆重召开。（照片提供单位：宣传部）

2013年11月8日，新加坡南洋理工大学荣誉校长徐冠林教授在海南大学名家讲坛做专题报告。（照片提供单位：宣传部）

2013年12月7日，中国工程院侯保荣院士工作站落户海南大学,中国工程院院士侯保荣（右）、胡新文副校长（左）共同为工作站揭碑。（照片提供单位：宣传部）

2013年12月21日，海南大学杰出校友访谈交流会在思源学堂隆重召开。（照片提供单位：宣传部）

2013年12月21日，新加坡国家社会发展、青年及体育部前政务部长符喜泉到学校做报告。（照片提供单位：宣传部）

2013年12月22日，海南大学第三届理事会咨询会在思源学堂召开。图为会后合影。（照片提供单位：宣传部）

2013年12月20日，海南大学荣获第三届全国教育改革创新优秀奖。（照片提供单位：宣传部）

目 录

特载……1
深入学习贯彻党的十八大精神　不断开创内涵发展新局面
（2013年1月18日）……校党委书记　刘康德 1
在海南大学开展党的群众路线教育实践活动动员大会上的讲话
（2013年7月10日）……校党委书记　刘康德 9
抢抓机遇　追求梦想　为建设全国百强高校而努力奋斗
（2013年3月31日）……校长　李建保 16
落实十八大精神　推动内涵式发展　为实现全国百强高校的目标而努力奋斗
（2013年7月15日）……校长　李建保 21

学校概况……27
学校机构设置与领导名录……28
中共海南大学委员会委员名录……28
中共海南大学纪律检查委员会委员名录……28
海南大学行政领导名录……28
海南大学党群系统机构设置和领导名录……28
海南大学行政系统机构设置和领导名录……31
海南大学2013年新增各类委员会、领导小组及其成员名录……37
海南大学各民主党派负责人名录……40
海南大学归国华侨联合会负责人名录……40
各类统计数据……41
学校基本数据……41
学生基本情况……41
教职工基本情况……55

“211工程”建设……59

招生工作……61
本科招生……61
研究生招生……71
研究生招生考试……75
博士研究生招生考试……75
硕士研究生招生考试……76
艺术类招生专业考试……76

教学工作……78
研究生教育……78
本科教学……80
留学生教育……83
继续教育……84
教学成果……85
2013 年度省级特色专业建设点一览表……85
2013 年度省级教学团队一览表……85
2013 年获省、校精品课程一览表……85
中西部高校提升综合实力工程子项目“本科教学质量与教学改革工程项目”“教学创新团队建设项目”资助项目一览表……86
中西部高校提升综合实力工程子项目“教学实验平台建设项目”资助项目一览表……87
2013 年度校级教育教学研究课题立项一览表……88

学生工作……91
海南大学学生会、研究生会与社团组织……95
各类奖助学金……102

毕业生就业工作……104

科学研究与社会服务……106
科学研究……106
科研机构……107
科研项目……109
科研成果转化与奖励……139
社会服务……141
海南省南海法律研究中心……143
海南国际旅游岛发展研究院……143
海南低碳经济政策与产业技术研究院……145
学报编辑……145

党建与思想政治工作……147
纪检监察与审计工作……147
组织工作……148
宣传工作……149
统战工作……152
工会、共青团工作……153

行政管理……154
人事工作……154
国际合作与交流及侨务、侨联、港澳台工作……155

外宾来访活动情况统计表……156
教师因公出国出境统计表……157
对外学术交流活动一览表……157
离退休人员工作……159
计划财务工作……160
国有资产管理工作……161
基建工作……162
后勤管理工作……163

理事会和教育基金会工作……165
理事会工作……165
教育基金会工作……166

2013 年大事记……167

2013 年重要文件……172
上级重要文件……172
学校重要发文目录……173
上级重要来文索引……179

表彰与奖励……189
教职工表彰与奖励……189
省级及以上表彰与奖励……189
校级表彰与奖励……190
学生表彰与奖励……194
省级以上表彰与奖励（集体）……194
省级以上表彰与奖励（个人）……195
校级表彰与奖励（集体）……197
校级表彰与奖励（个人）……202

海大学人……205
中国科学院“百人计划”入选人员名录……205
国家有突出贡献专家名单……205
国家杰出青年基金获得者……205
“百千万人才工程”国家级人选……205
“新世纪百千万人才工程”国家级人选……205
国家级教学名师……206
全国优秀教师……206
全国模范教师……206
全国优秀教师、全国高校优秀辅导员……206
全国杰出专业技术人才……206

第八届中国“十大杰出青年” 207
双聘院士 207
享受国务院政府特殊津贴人员名单 207
部级突出贡献专家名录 208
教育部“长江学者和创新团队发展计划”创新团队入选名录 208
教育部“新世纪优秀人才支持计划”入选者名单 208
省级优秀专家名单 208
宝钢优秀教师奖 209
国家重点学科责任教授 210
省委省政府直接联系重点专家名单 210
海南省重点学科责任教授名录 211
海南省“515 人才工程”人员名单 212
海南省普通高等学校教学名师名录 213
海南省高层次创新创业人才名录 213
海南省有突出贡献中青年专家名录 214
海南省高等学校优秀中青年骨干教师名录 215
正高专业技术职务人员名录 215
2013 年在校工作的外籍教师和外国专家名单 224

媒体看海大 226

编后语 235

特　载

深入学习贯彻党的十八大精神 不断开创内涵发展新局面

——在中共海南大学委员会一届5次全体（扩大）会议上的报告

校党委书记　刘康德

（2013年1月18日）

同志们：

根据大会议程安排，我代表校党委常委会向大会做报告。

本次大会，是在我校合并融合全面完成“211工程”建设进入新阶段，学校发展站在新起点、迈向新征程时候召开的一次非常重要的会议。大会的主题是：深入学习贯彻党的十八大精神，以邓小平理论、“三个代表”重要思想、科学发展观为指导，继往开来，解放思想，开拓创新，团结奋进，全力开创学校内涵发展新局面，为建设有特色、高水平的全国百强高校而奋斗。

一、2012年工作回顾和过去五年基本总结

2012年，在海南省委、省政府的正确领导下，校党委常委会深入学习实践科学发展观，团结带领广大师生员工，奋力推进学校教育质量和办学水平迈上新台阶。

“211工程”建设取得重要阶段性成果。较好完成了学校第一期（也是国家第三期）“211工程”建设的目标任务，顺利通过了国家验收。“211工程”建设对学校事业整体快速发展的带动效应不断扩大。

教育教学质量得到新提高。入选全国首批60个卓越法律人才教育培养基地之一。《大学英语》课程设置试点改革和思想政治类课程教学改革初见成效。实践育人专项活动开展有声有色。“十佳励志大学生”评选活动对广大学生起到积极示范作用。在校生在挑战杯等各类科技文化竞赛中获得国家级奖25项、省级奖59项的良好成绩。本科生推免接收情况创历史最好水平。学校被教育部评为全国毕业生就业典型经验高校。

科研创新呈现新亮点。有效实施了科研绩效津贴与科研业绩奖励改革试点。启动了10个方向明确、特色鲜明的科研团队建设。组建了3个“协同创新中心”。2012年到账科研经费达9100多万元，比2011年增加了近50%。获“863计划”和国家科技支撑计划等重大课题数大幅增加。在国际自然科学顶级杂志《Nature》上合作发表论文1篇，开创我校教师在该杂志发表论文的先河。获海南省科技进步一等奖2项，二等2项；海南省科技成果转化一等奖1项，二等奖1项。

社会服务做出新贡献。“一院一县（市）服务计划”实施工作逐步铺开，与昌江县的合作已取得良好成果。面向本省各级政府干部和企业高管举办的“犹他班”“EMBA总裁班”等获得了广泛赞誉。“海南国际旅游岛发展研究院”和“海南低碳经济政策与产业技术研究院”面向海南国际旅游岛建设和绿色崛起开展了一批战略研究和咨询服务项目。

队伍建设取得新进展。共引进人才69人，其中博士45人，D类高层次人才7人。聘请2位“千人计划”国家特聘专家和1位“长江学者”特聘教授为兼职教授。选派进修学习、挂职锻炼人员200多人次，其中在职攻读博士学位23人。新增教育部创新团队1个。入选第二批“海南省高层次创新创业人才”1人。

教育合作开拓新领域。与天津大学的对口支援合作在科研合作、联合培养本科生等方面取得了重要进展。新增境外友好合作院校7所。获准成为海南省首家接收中国政府奖学金来华留学生资格的高校。“双百计划”超额完成，共选派117名学生赴海外高校插班学习、106名学生赴境外实习和高技能培训。

重要项目建设取得新成效。获准进入中西部高校基础能力建设、综合能力提升两个国家重要计划实施的行列。按期竣工交付基建项目22个，新增建筑面积22.51万平方米，完成投资6.25亿元。新增教学科研仪器设备值3300万元。实现校园网核心万兆升级。青春记忆广场等一批景观建设与基础设施改造项目的完成使校园面貌大为改观。

师生福祉得到新改善。桥西教工住宅区1000余套住房全部交付，目前已有逾半数教职工喜迁新居。全校教职工人均绩效工资标准比上年增长10%。年度奖助学金额达6000多万元，确保没有一名学生因经济困难而辍学。平安校园建设取得积极成效，实现了本年度校园重大安全事故零发生。

党建工作迈出新步伐。制定实施《贯彻执行党委领导下的校长负责制实施细则》，促进党委领导下校长负责制更加健康有序的运行。推行高学历、高职称中层后备干部实岗挂职培养，加大中层干部交流轮岗和培训锻炼力度，有效提高了干部队伍整体素质。创先争优活动不断深入，基层组织建设年活动全面展开，取得了预期效果，涌现出一批先进典型。

2012年所取得的积极成绩，是合并五年来学校走过非凡历程、取得辉煌成绩的一个缩影。

过去的五年，是直面挑战、攻坚克难的五年。五年来，我们面临艰难复杂的工作局面，一边在办学传承差别和校区间距较大的情况下落实合并融合，一边在基础薄弱的条件下推进“211工程”建设；一边进行大规模人、财、物等调整，一边维持正常办学秩序和发展环境；一边全力化解各种办学矛盾关系，一边应付霍乱等多次重大突发事件；一边拼力向前发展，一边妥善解决旅游学院回归、巨额欠债等历史遗留难题。依靠全校师生员工的艰苦奋斗和不懈努力，我们很好地克服了前进过程中一个又一个的困难，顺利完成了实质性合并融合，没有发生其他合并高校通常出现的矛盾现象，原两校办学特色不仅没有削弱，而且在优势互补、整合发展中得到了大幅增强，“211工程”建设也得以扎实推进，顺利实现了阶段性目标任务。

过去的五年，是抓住机遇、创新进取的五年。五年来，我们牢牢抓住了“211工程”建设和海南国际旅游岛建设两大机遇，争取到中央和地方政府以及社会各界更大力度的支持，学校年度经费比五年前增加了一倍多，突破10亿元，发展能力明显增强，发展环境大幅改善，发展空间不断拓展。在此过程中，我们以建设有特色、高水平“211工程”大学为目标，积极在教学、科研、管理等方面推行了一系列改革创新举措，不断激发办学活力，从而将政府的扶持政策和社会的热情支持，扎扎实实转化为对全面夯实办学基础的有效促进，转化为对学科建设的有效促进，转化为对提升教学质量、科研水平和社会服务能力的有效促进，不断开创了学校发展的新局面。

过去的五年，是奋发有为、大步跨越的五年。五年来，我们通过积极努力，在办学条件得到根本改善的同时，实现了学校内涵提升的大步跨越。学科建设取得了重大突破，特别是新增国家重点（培育）学科2个、国家重点实验室培育基地1个、一级学科博士学位授权点4个、一级学科硕士学位授权点21个。人才培养质量得到了显著提高，特别是新增教学质量工程国家级项目15个，生源质量大幅攀升，一批批有竞争力的优秀学生不断涌现，毕业生就业率和就业质量稳步提高。科研创新和社会服务能力得到了显著增强，特别是承担国家级科研项目成倍增加，科研到账经费增长了10倍，面向地方政府、企业开展合作服务的领域不断拓宽。师资队伍水平得到了显著提升，特别是引进了包括中科院“百人计划”人选、国家科技进步一等奖第一完成人等在内的一批高层次人才，多个富有特色的创新团队逐渐崭露头角。学校的核心竞争力与五年前相比大步迈上了新的台阶。

过去五年学校取得的辉煌成绩，为建设有特色、高水平大学打下了坚实的基础。这些成绩的取得，得益于海南省委省政府的英明决策和正确领导；得益于教育部等中央部委的宝贵指导和大力支持；得益于海内外各界的热情关心和鼎力相助，得益于学校党政班子的科学谋划和引领推动；得益于全校各部门各单位的精心组织和狠抓落实；得益于广大师生员工的团结进取和艰苦奋斗。在这里，我谨代表校党委常委会，向关心支持我校办学的各级领导和各界朋友，向为学校发展付出积极努力、做出重要贡献的全校师生员工，表示衷心的感谢！

在总结成绩的同时，我们也清醒地看到，学校工作还存在不少差距，最主要的有四个方面：一是师资队伍水平与建设有特色、高水平大学的要求相比差距较大，特别是国家级学术领军型人才和高水平创新团队缺乏；二是教育模式与培养高质量人才的要求相比差距较大，特别是课程体系和培养模式与经济社会发展现实需求对接不紧；三是学科实力和科研创新水平与服务国际旅游岛建设的要求相比差距较大，特别是国家级平台、国家级项目、国家级成果、高显示度的成果转化严重匮乏；四是教职工队伍的精神面貌与推进学校更好、更快发展的要求相比差距较大，特别是相当一部分人员责任意识、工作积极性和执行力不强。这些差距，需要我们严肃面对并努力加以克服。

二、把握形势，增强历史使命感

当前，学校正站在新的历史起点上，面临着新的发展形势。

学习贯彻十八大精神的新任务，对我校办学提出了新的更高要求。党的十八大做出了“努力办好人民满意的教育”的重要部署，在重申“坚持教育优先发展”基本国策的同时，指出要“全面贯彻党的教育方针，坚持教育为社会主义现代化建设服务、为人民服务，把立德树人作为教育的根本任务，培养德智体美全面发展的社会主义建设者和接班人”，进一步强调了教育的根本宗旨；指出要“全面实施素质教育，深化教育领域综合改革，着力提高教育质量，培养学生社会责任感、创新精神和实践能力”，进一步强调了教育发展的战略重点；指出要“推动高等教育内涵式发展”，进一步强调了新的历史时期高等教育的发展方向；指出要“加强教师队伍建设，提高师德水平和业务能力，增强教师教书育人的荣誉感和责任感”，进一步强调了教师队伍建设的基本要求。学习好、贯彻好党的十八大精神，以十八大精神指导推动学校各项事业更好更快发展，既是当前和今后一个时期学校首要的政治任务，也是对我们办学治校能力的全面检验。

适应国家高等教育发展的新趋势，对我校办学提出了新的更高要求。国家不断加大优先发展教育的力度，在高等教育领域的扶持重点，已转为支持中西部建成一批有特色、高水平的大学，并推出中西部高校基础能力建设、综合能力提升等一系列重点项目计划及相关政策举措，为我校更好、更快发展提供了重大机遇。另一方面，全国高等教育由于入学适龄人口减少、教育国际化等趋势，正逐渐步入竞争激烈、优胜劣汰的历史新阶段，我们面临着全国高校百舸争流、不进则退、慢进也是退的竞争压力。同时，高等教育发展已进入以提高教育质量为核心任务的新时期，教育质量国家标准的即将推出，学科评估、教学质量评价的指标化、公开化和中介化，对我校办学提出了新的考验。

服务海南经济社会发展的新目标，对我校办学提出了新的更高要求。绿色崛起已成为全省上下共同奋斗的目标，国际旅游岛建设已进入攻坚阶段，科教兴省战略、人才强省战略、海洋强省战略以及“大企业进入，大项目带动，高科技支撑”产业发展战略正深入实施，迫切需要一所高水平大学提供高层次的人才与智力支持，从而为我校更好、更快发展提供了有利契机和广阔空间。另一方面，解答国际旅游岛建设和绿色崛起大量理论与现实问题的急迫需求，海南政府和社会对建成高水平大学的热切期待，以及对学校大量投入与贡献产出关系比的敏感关注，都对我校办学提出了更高标准和更严要求。

争取学校发展局面的新突破，对我校办学提出了新的更高要求。当前，我校还处于教学研究型大学的相对不成熟阶段，存在着发展迅速而短板明显的阶段性特征：学科建设取得重要突破，但同时学科核心竞争力仍然偏弱；教学质量、科研水平和社会服务能力迅速提高，但同时高质量人才培养能力有待进一步增强，科研创新及社会服务仍属弱项；管理体系已构建成型，但同时制约发展的体制机制障碍仍然存在，管理规范化、精细化和科学化水平亟待提高；原两校传统和师生员工思想感情已较好融合，但同时新的大学文化和大学精神尚未凝聚形成，校风、教风、学风有待进一步改进。与国内同类高校相比，我们特色不突出，优势不明显，没有叫得响的学科品牌，办学综合水平尚未真正达到“211 工程”高校的基本要求，即使与其他新增“211 工程”高校相比也位居后列。在省内，我校不少学科领域相对海师、海医等高校没有优势；在充当政府决策智库方面远逊于中改院和南海研究院；在农业、水产等科技成果转化方面明显落后于热科院、海南农科院和海南水产研究所；在工科方面全省工业企业发展所需的核心技术极少出自我校。这与我校作为全省唯一“211 工程”大学的地位严重不符，与政府和社会的期待严重不符。尽快扭转这一局面，实现学校核心竞争力的更快提升和更大突破，是我们必须肩负好、完成好的历史重任。

总之，随着合并融合的全面落实、首期“211 工程”建设的顺利完成以及办学基础的全面夯实，学校发展迎来新的历史阶段。下一个五年，将是学校发展的重要转型期，也是学校加快提升的重要机遇期。全校各级领导干部和广大师生员工，要认清形势，乘势而上，把握机遇，迎接挑战。在过去五年工作的基础上，以更加强烈的历史使命感和责任感，以更加奋发有为和改革创新的精神，以更高的要求和更大的决心，奋力推进学校发展迈向新的阶段，再创新的辉煌。

三、继往开来，推进学校内涵发展

面对新的发展形势，我们要积极主动地谋划推动学校发展的战略转型，认真贯彻党的十八大关于“高等教育内涵式发展”的要求，大力推进学校内涵发展。

推进学校内涵发展，加快办学转型是基本要求。进一步发展为成熟的高水平教学研究型大学，奠定向研究型大学转型的基础，以此推动办学层次和办学水平不断提升，是学校推进内涵发展的基本要求。今后五年，要着力强化教学研究型大学的基本特征：具有较高水准的优势特色学科显著增多，对学校教学科研体系的覆盖面和支撑力明显扩大；研究生占比大幅提高；在实现一流教学质量的同时，科研创新和社会服务活动显著活跃，主持承担科研项目和参与科研团队的教师占比、教师人均科研项目数及经费额度大幅提高，承担国家级项目、获得省部级以上科研奖的学科覆盖面显著扩大，科研对教师教学水平提升、对本科生实践能力和研究生创新能力培养的促进作用明显增强；初具研究型特征和具有明显教学研究型特征的学院逐步占到多数。

推进学校内涵发展，提高质量是根本。学校今后的工作重心和关注点要全面转移到提高质量上来，坚持以提高质量作为学校的生命线，作为学校改革发展最核心最紧迫的任务。提高质量要以人才培养质量特别是本科教学质量为核心，更加牢固地确立人才培养在学校工作中的中心地位，一切工作都要服从和服务于学生的成长成才，学校办学资源和管理精力要更多地向教学科研第一线倾斜，更多地用在学生和一线教师身上，用在改善实践实习和教学科研基本条件上，用在加强学生社会责任感、创新精神和实践能力培养上。要把促进人的全面发展和适应社会需要作为衡量质量的根本标准，着力形成以人才培养为核心，四大功能相互支撑、协调推进，办学质量整体提升的良好格局。要以更高的质量要求衡量办学的各个方面，全面实施质量标准，构建符合高水平大学要求、具有本校特色的办学质量标准体系、评价体系和保障体系，促进人才培养质量及其他各项办学质量不断提高。

推进学校内涵发展，增创特色是关键。特色是竞争力，特色是发展力。特色形成的关键是正确的方向和持之以恒的追求。要坚定不移地以服务海南作为学校特色之源，在服务中促提高，在贡献中创特色，抢占人才智力服务国际旅游岛建设的制高点，在发挥海南经济社会发展不可替代作用中不断强化优势特色。要紧紧围绕海南经济社会发展的重大战略需求，依托海南区位与资源优势，以更高的视野选准定位、凝练方向、明确主攻，以更大的魄力集成资源、锲而不舍、重点突破，努力在学科建设、人才培养、科学研究、社会服务和文化传承创新方面创特色、立品牌，不断增强学校核心竞争力。

推进学校内涵发展，学科建设是总抓手。学科实力代表学校水平，学科影响决定学校地位。要把每个学科的内涵发展、每个学科的实力提升，作为推进学校内涵发展和整体水平提升的最重要基石，确立以学科发展引领学校发展、学科建设带动其他建设的工作原则。今后五年，要着力克服学科建设重资源投入、轻过程管理，重数量指标、轻内涵环节的不良倾向，把加强学科内涵建设作为重中之重的任务来抓。学科的内涵建设充分体现在教育部学科评估指标体系之中，其中一级指标包括“学术队伍”“科学研究”“人才培养”和“学术声誉”，二级指标则包括“教师情况”（专职教学科研人员数、博士人员占比），“专家情况”（院士、长江学者、国家杰青、百千万人才工程人选等），“科研基础”（国家级、省部级重点学科、重点实验室、工程中心、人文社科基地），“获奖专利”（国家和省级三大奖、发明专利）、“论文专著”（各大检索收录论文、学术专著），“科研项目”（国家级项目、境外际合作项目的数量及经费、人均科研经费），“获奖情况”（国家优秀教学成果、全国优秀博士论文），“学生情况”（授予博士、硕士学位数及攻读博士、硕士留学生数）等。要通过完善建设机制，做到学科建设有责任主体、有目标任务、有实施项目、有评估考核、有激励约束，确保建设成效真正落实到上述各项内涵环节上来。

推进学校内涵发展，人才队伍建设是突破口。缺少人才特别是缺少高层次人才及高水平团队，是现阶段制约我校内涵发展的最大瓶颈，必须不惜代价，利用一切可以利用的资源，力争实现高层次人才队伍和高水平团队建设的大步跨越。要把人才建设作为一把手工程，全面加大引进和培养力度，加快扩大高层次人才总量，不断优化人才结构。要确立“学科发展为引领，团队建设为主线”的人才建设思路，根据学科发展的需要确定团队建设的目标，围绕团队建设的目标引进和培养人才，切实将团队建设的要求贯穿于人才建设的全过程。要尽力为有潜力、有干劲、有规划、有项目的人才搭建良好的事业平台，积极构建贤能者上、平庸者下、人尽其才、才尽其用的人才选用、评价与激励机制，在实现各类人才事业良性发展中不断推动学校的内涵发展。

推进学校内涵发展，管理创新和文化建设是重要保障。管理水平不高，校园文化导向与激励功能不强，是制约学校内涵发展的严重问题。要大力推进管理规范化、精细化、科学化，以严格精细的管理求质量、促效益。要以更大力度的改革创新，破除制约学校内涵发展的各项体制机制障碍，重点解决职能责权不清、管理关系不顺，指令传递不畅、学校决策贯彻不到基层一线，人员责任意识不强、执行力较弱、开拓精神欠缺，专业课程设置及重要项目立项缺乏科学论证、随意性较大，资源配置不合理、效益低下、浪费严重以及管理过程不规范、质量监控不到位等突出问题，切实提高学校管理的科学化水平。要大力发展以“人文关怀”“崇尚学术”“倡导创新”“严谨求实”“开放包容”“厚德弘毅”“爱校敬业”等为精神内核的校园文化，加快培育对广大师生员工起到良好导向与凝聚作用的新海大精神，为学校内涵发展提供源源不断的强大动力。

四、励精图治，建设全国百强高校

根据学校内涵发展的要求，今后五年，学校工作的指导思想：深入学习贯彻党的十八大精神，以推进内涵发展、加快转型升级为主线，以“质量立校”“特色兴校”“人才强校”为战略基石，以学科内涵建设为总抓手，以管理创新和先进文化建设为重要保障，励精图治，奋发有为，以更大的改革与建设力度奋力推进学校各项事业，努力实现学校发展的更大跨越。

学校发展的总体目标是：力争经过五年努力，大幅提升学校学科整体实力、人才培养质量、科研创新能力、社会服务水平、文化传承创新能力以及管理水平，成为促进海南经济社会发展和国际旅游岛建设的智库中心、决策咨询服务中心、科技创新中心和高层次人才培养基地，建成有特色、高水平的全国百强高校。

重点要力争实现四大突破。

——力争在创建一流学科、强化优势特色上实现大的突破。全面调整优化学科结构与布局，构建与经济社会发展需求紧密衔接，以特色优势学科群为主干，学科间相互渗透、相互支撑、协调发展的综合学科体系。分层次推进学科建设，着眼于冲击全国一流水平，集中力量建设 2-3 个强势特色学科；着眼于服务海南重大战略需求，重点建设一批优势特色学科；着眼于学科协调可持续发展，扶持建设一批新兴交叉学科和相对薄弱学科。建立健全责权明确而又有利于交叉融合、资源共享、集成发展的学科建设机制，切实提高学科内涵建设的质量。

到 2017 年，力争学校有 1-2 个学科进入全国学科排名前 20，3-5 个学科进入全国学科排名前 50，7-9 个学科进入全国学科排名前 100。新增 2-3 个国家重点（培育）学科、2-4 个一级学科博士学位授权点。建成 2-3 个达到全国同类高校领先水平的优势学科创新平台、5-6 个与国家、区域战略性新兴产业良好对接的高水平学科群，涌现一批对海南大战略研究、大企业发展、大项目建设形成重要支撑的特色优势学科。

——力争在引进培养高层次人才、打造一流师资队伍上实现大的突破。大力引进和培养学术领军人才和高层次专家，争取院士、长江学者等人才引进取得突破，实现百千万人才工程国家级入选者、教育部跨世纪人才、新世纪人才等高层次专家数量明显增加。加快扩大具有博士学位、高级职称和海外研学经历的人才总量，优化人才队伍结构。柔性引进一批国内乃至国际上有重大影响力的专家。有计划、大规模实施中青年骨干教师国内外培训提升计划。出台中青年学术骨干事业平台扶持措施，促进优秀中青年人才脱颖而出。出台团队建设倾斜政策，促进更多教师参与团队建设、推动团队建设。

到 2017 年，争取全校院士、千人计划、长江学者、国家杰青等高端人才达到 3-5 人，百千万人才工程国家级入选者、教育部跨世纪人才、新世纪人才等层面的人才达 20 人左右，863 等重大项目首席科学家、国家级科研项目主持人、境外合作科研项目中方主持人等达 100 人左右。新引进博士人员 200 人以上，具有博士学位的教师占专任教师的比例提高到 35%以上。新增高级职称和海外学习进修经历的人员 300 人以上、外籍教师 30 人以上。新增国家教学科研团队 3 个以上，省级教学科研团队 10 个以上。二级学院平均新增 D 类以上人才 2 人、博士 15 人左右，每个学院应形成 2 个以上特色鲜明、水平较高的科研团队，参与科研团队的教师占全院专任教师的一半以上。

——力争在深化教育教学改革、培养高质量人才上实现大的突破。全面调整优化本科专业结构和课程体系，切实把不符合社会需要、就业率低的专业和不适应专业发展要求、质量不合格的课程淘汰出局。建立健全专业、课程建设质量标准及教学全过程质量标准体系。改进人才培养方案及模式，增加实践教学和学生自主研究探索的环节，丰富实践育人、文化育人有效途径，创新“校校”“校企”“中外”等合作培养模式，切实加强学生创新创业就业能力及社会责任感的培养。实施学院（部）教学质量报告发布制度及相应奖惩机制。完善教师教学质量评价方法，建立优秀教师奖励和不合格教师退出机制。加强教育教学研究，培育优秀教学成果。推进研究生教育教学规范化，建立符合学校发展要求和社会需要的研究生创新型人才培养新模式。积极拓展国际教育合作的广度和深度，大力发展专业学历留学生教育，不断提升教育国际化水平。

到2017年，在基本保持本科生现有规模的同时，全校研究生教育规模增至6500人以上，学术学位与专业学位的研究生之比达到1∶1，留学生规模增加到700人左右。一半以上的二级学院本科生与研究生之比达到3∶1，1-2个学院本科生与研究生之比接近或达到1∶1。力争新增本科教学质量工程、卓越人才培养计划等国家项目15-20项。新增国家级特色专业8-10个。新增国家级精品课程3-5门。新增与行业企业联合培养人才项目8-10个。获国家级优秀教学成果奖1-2项。全日制本科生和研究生在校期间具有境外学习交流或技能培训经历的人数比例达到6%。培育出1-2篇全国优博（提名）论文。

——力争在创造一流成果、服务国际旅游岛建设上实现大的突破。建立健全以质量、创新和服务特色为导向的科研评价与激励机制，广泛调动教师面向地方需求开展科研创新和产学研合作的积极性。围绕海南重大战略需求，积极组合大团队、建设大平台、开展大项目、培育大成果。大力推进协同创新，探索建立“校校”“校所”“校企”“校地”“国际合作”等多种协同创新模式。广泛开展国际科研合作，紧跟国际学术前沿。强化教师“教学科研互动”的理念，自觉将科研工作与教书育人有机结合、相互促进。积极以成果转化、发展咨询、科技信息服务、人才继续教育与培训提高为重点，以产学研用相结合为渠道，坚定不移地推进“一院一县（市）、一师一点”服务计划，全面拓展服务海南国际旅游岛建设的广度和深度。

到2017年，力争年度科研到账经费达到2亿元以上，横向科研经费比例超过35%，专任教师人均科研到账经费10万元以上，理、工、农科类二级学院专任教师人均科研到账经费16万元左右，人文社科二级学院专任教师人均科研到账经费2万元左右。培育出特色鲜明、在国内相关领域有积极影响的科研创新团队10个。建成国家级协同创新中心1-2个。新增国家重点实验室1-2个。获得国家“三大奖”1-2项、教育部人文社科奖1-2项。推出一批高显示度科技成果转化产品，成果转化直接经济效益15亿元以上。以学校为主导建立产学研用一体化基地3-4个，其中1-2个成为海南省级产学研用联合体。在发展咨询、科技惠农、科技兴海等领域建成影响广泛的科技信息服务平台5-6个。每个二级学院至少有1个稳定的市县或大型企业服务对象、1个高质量的服务基地、1个有影响的专家服务团队、1个品牌服务项目，每个二、三级教授至少有1个稳定的政府部门或企事业单位服务点。学校年度培训海南各类科技人员和管理干部5000人次以上，成为海南省继续教育和人才培训中心。

五、汇聚合力，为实现百强目标提供坚实保证

抓好党建关键环节，提高内涵发展领导能力。在继续推进党的建设系统工程，全面提高党建工作科学化水平的同时，着力抓好三个关键环节。一是抓好思想引领。校党政领导班子、各部门各单位党政班子和全体领导干部，要积极主动适应国家、海南发展的新形势和学校发展的新要求，更加重视学习、与时俱进，以思想上大的解放、观念上大的更新，引领推动学校发展实现大的突破。要加强对学校和本单位内涵发展的战略研究，不断谋划新思路、推出新举措、开创新局面。要多走出去虚心向先进院校取经，学人之长，为己所用，不要坐井观天、故步自封。学校将分批组织部门单位负责人到先进高校进行专题学习调研，各部门各单位也要积极组织骨干人员对口交流学习。在新的形势面前，没有新思路、新作为的领导干部是不合格的，注定是要被淘汰的。二是抓好作风建设。要着力加强调查研究之风，密切联系基层、联系教学科研一线、联系广大师生，凝聚各方智慧和力量共同办好学校。要深入治理“庸懒散贪”，树立敬业奋进、严谨求实、廉洁奉献的作风，引导广大师生员工为实现百强高校建设目标而扎实工作、不懈努力。三是抓好干部队伍。目标任务确定后，干部就是决定性因素。要积极改革干部任用、考核与管理制度，全面推行干部竞争上岗和轮岗制、任期制，注重配备有思路、有冲劲、有担当、有作为和具备科学发展能力的干部，让不思进取、缺少作为的干部靠边站，全面增强学校干部队伍的执行力、创造力。

推进重点领域改革，激发内涵发展内在活力。适时调整、精简管理机构，增强管理效能。建立二级学院发展目标责任制和绩效考核制，逐年确定各二级学院年度量化发展指标及相应责任，并强化执行考核与奖惩机制。逐步建立全员聘任、合同管理、严格考核、能上能下、能进能出的人事制度体系。改革校内津贴分配制度，建立适应教学研究型大学发展需要，有利于教学、科研和社会服务工作协调推进，突出业绩贡献、实现优劳优酬的津贴分配机制。健全建设项目预备机制，以学科发展和专业标准化建设为依据提前规划论证和有序贮备重要建设项目，确保学校项目建设的计划性和科学性。建立健全项目过程监督、评估验收与绩效考核制度，提高各类项目建设的质量。推行资源配置与管理机制创新，建立教学科研一线优先、积极作为和使用效益高的单位优先的办学资源分配机制，建立统筹安排、有偿使用、充分共享的学校资产管理机制，促进各类办学资源优化配置和高质量使用、高效益运行。

发展先进校园文化，凝聚内涵发展持久动力。积极凝练广大师生认同的办学理念，确立校训、校歌等基础文化元素，发掘塑造“海大精神”。建设校园标识系统，增强师生的认同感和归属感，提升社会对学校的形象认知。大力培育优秀文化品牌，打造高水准文艺团体、高层次学术文化平台和高显示度文化活动项目品牌，为提升大学生文化艺术素质、繁荣海南区域文化提供良好支撑。兴建校史馆、海南历史文化博物馆等重要文化场馆，建设一批与校园环境相融合、彰显大学精神与办学理念的环境艺术作品，重新设计和改造学校建筑外观风貌，着力打造高层次、高品位、精美化的热带滨海校园生态景观和特色校园文化景观。持续深入地开展优良校风、教风、学风建设，着力营造浓郁的学术氛围，形成崇尚学术、风清气正、健康高雅、催人奋进的校园文化生态。

同志们，建设全国百强高校，是我们这一代海大人必须担当的历史重任。让我们在党的十八大精神指引下，振奋精神，坚定信心，团结奋进，扎实苦干，为加快推进学校内涵发展，为实现百强高校建设目标而不懈努力。

在海南大学开展党的群众路线教育实践活动动员大会上的讲话

校党委书记　刘康德

（2013 年 7 月 10 日）

同志们：

在全党深入开展以为民务实清廉为主要内容的党的群众路线教育实践活动，是党的十八大做出的一项重大部署。2013 年 5 月 9 日，中共中央下发了《关于在全党深入开展党的群众路线教育实践活动的意见》，明确了这次活动的目标任务、基本要求和工作步骤。6 月 18 日，习近平总书记就全党开展这次教育实践活动做了总部署。7 月 4 日，中共海南省委下发了《关于在全省深入开展党的群众路线教育实践活动的实施意见》。7 月 5 日下午，海南省召开深入开展党的群众路线教育实践活动动员大会，罗保铭书记对我省开展教育实践活动做了动员部署，第一批教育实践活动就此正式启动。

我校是第一批教育实践活动的单位，校党委对开展这次活动高度重视。6 月 25 日上午，党委中心组传达学习了《中共中央关于在全党深入开展党的群众路线教育实践活动的意见》和习近平总书记在党的群众路线教育实践活动工作会议上的重要讲话精神，对学校深入开展党的群众路线教育实践活动进行了研究部署。7 月 8 日上午，校党委常委会专题学习贯彻全省教育实践活动动员大会精神和罗保铭书记、李宪生副书记讲话精神，研究制订活动实施方案，就我校开展教育实践活动进行了具体安排，并成立相应的领导机构和工作机构。今天，我们在这里召开深入开展党的群众路线教育实践活动动员大会，全面启动我校教育实践活动。

省委对我校开展教育实践活动给予高度重视和大力支持，专门派出了以徐远航同志为组长的第十督导组，指导和帮助我们搞好活动。让我们用热烈的掌声对督导组各位同志表示热烈的欢迎和衷心的感谢！

今天会议的主要任务是对我校开展党的群众路线教育实践活动进行动员部署。下面，我谈几点意见。

一、深刻认识开展党的群众路线教育实践活动的重大意义，切实增强开展教育实践活动的紧迫性和责任感

十八大报告强调：党坚强有力，党同人民保持血肉联系，国家就繁荣稳定，人民就幸福安康；全党必须牢记，只有植根于人民、造福人民，党才能始终立于不败之地。历史和现实都告诉我们，密切联系群众，是党的性质和宗旨的根本体现，是中国共产党区别于其他政党的显著标志，也是党发展壮大的重要原因。习近平总书记强调，党的根基在人民、血脉在人民、力量在人民。失去了人民的拥护和支持，党的事业和工作就无从谈起。为此，我们必须牢固树立宗旨观念，始终站在人民群众的立场上，时刻做到权为民所用，情为民所系，利为民所谋。在全党深入开展以为民务实清廉为主要内容的群众路线教育实践活动，是党中央坚持从严治党、加强党的建设的重大决策，是顺应群众期盼、加强学习型、服务型、创新型马克思主义执政党建设的重大部署，是推进中国特色社会主义的重大举措。我们要从讲党性的高度，充分认识开展党的群众路线教育实践活动的重大意义。

第一，开展党的群众路线教育实践活动，是实现党的十八大确定的奋斗目标的必然要求。党的十八大为我们描绘了一幅关系国家长远发展，关系全国人民幸福安康的宏伟蓝图，提出了“两个百年”的奋斗目标：即建党100周年时全面建成小康社会，新中国成立100周年时建成富强民主文明和谐的社会主义现代化国家。十八大之后，党中央又提出实现中华民族伟大复兴的中国梦。“两个百年”目标和中国梦，承载着中国13亿人民群众对未来幸福生活的向往和期待，凝聚了几代中国人的夙愿，体现了中华民族和中国人民的整体利益，是每一个中华儿女的共同期盼。要实现好这些宏伟目标，需要全国各级党组织和广大党员以优良的作风，带动广大人民群众为之共同奋斗。

当前我们的党员、干部在贯彻落实党的群众路线方面总体情况是好的，在联系服务人民群众方面做了大量富有成效的工作，但同时也存在不符合为民务实清廉要求的问题。在全党深入开展党的群众路线教育实践活动，对于教育引导党员、干部牢固树立宗旨意识和马克思主义群众观点，贯彻党的群众路线，切实改进工作作风，始终赢得人民群众的信任和拥护，进一步夯实党的执政基础，巩固党的执政地位，具有十分重大而深远的意义。同时，这也是全面建成小康社会，实现中华民族伟大复兴的中国梦的迫切需要。

开展教育实践活动，对于海南来说，同时又是争创中国特色社会主义实践范例，谱写美丽中国海南篇章，加快海南科学发展、绿色崛起的迫切需要。正如罗保铭书记强调的，作风正、民心顺、海南兴。实现海南科学发展、绿色崛起，谱写美丽中国的海南篇章，关键在各级党组织的坚强领导，关键靠更加过硬的作风做保障。只有各级党员干部真正发扬理论联系实际、密切联系群众、批评与自我批评以及求真务实、艰苦实干等作风，海南才能发挥后发优势，凝聚起跨越发展的正能量，为实现中国梦肩负起海南担当。

第二，开展党的群众路线教育实践活动，对于推动我校科学发展具有十分重要的现实意义。高校作为巩固马克思主义在意识形态领域的地位、发展社会主义先进文化的重要阵地，作为培养人才的重要基地和汇集人才的高地，肩负着培养和造就社会主义合格建设者和接班人的历史使命，承担着推进科教兴国、人才强国战略的重大责任。要承担好这样的历史使命和重大责任，必须抓好学校党的建设尤其是干部队伍建设，用优良的作风加以保证，用优秀的干部队伍作为后盾。

海南大学自2007年合并组建以来，在教育部和海南省委省政府的正确领导下，在各级政府部门和社会各界的大力支持下，经过全校师生员工的不懈努力，各项事业取得了重大的进展。特别是顺利推进并实现了首期“211 工程”建设目标任务，实现了包括学科实力、师资水平、人才培养质量、科研创新和社会服务能力等在内的学校核心竞争力的重要突破，同时办学基础得到了极大夯实，历史遗留问题得到了有效解决，师生员工的学习、工作、生活的条件和环境得到了明显改善，等等。这些成绩来之不易。成绩的背后，是广大师生员工以事业为重、顾全大局、甘于奉献；是广大师生员工顽强拼搏、攻坚克难、艰苦奋斗；是广大师生员工与时俱进、抢抓机遇、开拓进取；是广大师生员工爱岗敬业、求真务实、扎实苦干；是广大师生员工凝心聚力、团结协作、众志成城。

什么是党的群众路线？从根本上讲就是：一切相信群众，一切依靠群众，一切为了群众。经验充分告诉我们：只有始终坚持走群众路线，密切联系师生，充分调动和发挥师生的聪明才智，齐心协力为学校发展而努力奋斗，学校的教育事业才能蒸蒸日上，才能从一个胜利走向另一个更大的胜利。这是我们学校合并以来实现跨越式发展的一条宝贵经验。当前，学校正处于推进内涵发展，扎实向有特色、高水平“211 工程”大学和全国百强高校目标迈进的关键阶段。要实现这个目标，我们必须紧紧依靠并充分调动全校师生员工的积极性、主动性、创造性，必须使学校各级领导班子和领导干部牢记并恪守全心全意为师生服务的理念，凝心聚力，团结奋进。

第三，开展党的群众路线教育实践活动，是解决师生反映强烈的突出问题的重要举措。这几年，我校党建工作水平不断提高，党员干部的作风有了明显好转，为学校营造了风清气正的发展环境。这与省委省政府近年来狠抓作风建设是分不开的，同时也是我校持续深入开展校风建设年活动的结果。特别是从去年7月开始到今年4月，我校根据省委部署，开展了集中整治“庸懒散贪”问题专项工作，今年又较好结合贯彻落实中央八项规定、省委省政府二十条规定和中纪委、省纪委部署清理会员卡等工作，进一步加强作风建设，取得了阶段性成效。但我们也清醒地看到，习总书记指出的“四风”问题，以及省委大力整治的“庸懒散贪”问题，在我校各级领导班子和领导干部以及其他党员干部中仍有不同程度的存在。校党委常委会对照中央和省委的要求，结合去年省委巡视组对我校的巡视意见和近年来学校教代会提出的意见，初步查摆了师生员工反映强烈的突出问题，概括起来主要有三大方面。

一是深入基层、深入师生不足，联系基层、联系师生不够密切，在一切依靠师生上做得不够。我们的领导班子和领导干部做决策前，到基层、到师生中开展调研、征求意见和组织科学论证做得不扎实、不深入，导致决策不细、不准、不专业，决策的时效性、前瞻性、可操作性不高，拖延决策和决策反复的情况时有发生。比如，我们三个校区的定位迟迟未能明确；学校人才培养方案明显落后却未能及时调整优化；院士、长江学者等国家级高端人才引进至今没有取得突破；干部轮岗制任期制改革是学校内涵发展大势所趋，却一直没能出台；校内津贴分配制度已不适应教学科研发展需要，但没有及时进行合理调整；社科楼、农学楼、理工楼等使用分配方案几度变更；中日友好交流中心项目启动近8年还未完成；等等。这些问题，要么是由于我们深入基层、深入师生了解实情不细致、不全面所致；要么是由于我们征求师生意见不广泛，发动师生集体智慧与力量不充分造成的。从中凸显出我们领导班子和领导干部在一切相信师生、一切依靠师生共同办好海大的思想观念和工作作风上是有明显不足的。

二是宗旨观念不强，服务师生的意识、态度和成效存在不足，在一切为了师生上做得不够。应该说，我们的领导班子和领导干部平时还是比较重视以人为本、努力改善民生的。但从总体上，服务师生的积极性、主动性和时效性离广大师生的期待有着不小的差距。比如，桥西一期集资建房后剩下的教工无房户如何解决住房问题尚未研究提出可行办法；先期进行的教工集资建房房产证办理一直得不到落实；事关师生生活质量和身体健康的供水管网、排污系统、电力系统维修改造进度过慢；教师工作条件的改善还不尽人意；管理人员的职务晋升通道一直无法有效拓宽；学生几年前反映的热水洗澡问题还没有全面解决；校园脏乱差现象仍然存在；校园周边包括校门口治安乱象没能有效制止；等等。这些问题的存在虽然有一定的客观因素，但更主要的是由于我们领导班子和领导干部主观上为师生谋利益、求福祉的主动性不足，积极作为不够。需要特别指出的是，我们一些机关部门和干部，服务教学科研第一线、服务师生的意识不强，存在门难进、脸难看、人难找、事难办的现象，一些基层和师生的呼声得不到及时有效的回应和处理，比如教师多年反映科研报账难的问题一直没能真正解决，甚至教学一线提出的风扇维修等小事情也经常久拖不办，等等。这凸显出我们的领导班子和领导干部在一切为了师生、全心全意为师生服务的思想观念和工作作风上是有明显不足的。

三是实干精神欠缺，“庸懒散”现象普遍，在凝心聚力推动学校内涵发展上做得不够。我们的一些领导干部在工作中存在一般号召和议论多、拿出切合实际的举措和办法少，开会发文多、贯彻落实少，浮在面上应付多、深入基层排忧解难少，没有把功夫真正下到察实情、办实事、出实招、求实效上。我们的一些中层干部，对本部门本单位的工作不上心，部门单位工作死水一潭、缺乏起色而放任自流，甚至对学校的决策精神特别是事关本单位教学科研发展大计的决定，经常是不传达、不贯彻、不落实，马虎应付、敷衍了事。我们的一些干部职工党员，贪图安逸、不思进取、精神懈怠，责任心差、不敢担当、纪律松弛、办事拖沓、推诿扯皮、效率低下，缺乏奉献精神，只享受岗位职务带来的好处，而不愿意为学校为单位负更多责任、作更多付出，一提加班就要报酬。我们的一些教师党员，爱岗敬业精神不足，业务多年没长进，坐吃老本，一本教案用到老；重教书轻育人，上课不负责任胡侃，下课拍屁股走人，不关心学生成长，不注重为人师表，不讲师德师风，等等。这些不良倾向，破坏了学校党群干群关系，削弱了学校各级党组织的凝聚力、战斗力，妨碍了学校优良校风的形成，影响了学校的良好事业氛围，制约了学校为推进内涵发展、实现百强目标所作的努力。

当然，上述这些问题还仅仅是初步查摆出来的，随着教育实践活动的深入，“四风”问题在我校的具体表现还会进一步深挖出来。我们必须通过这次教育实践活动，对学校各级领导班子和领导干部以及党员干部中存在的作风之弊、行为之垢来一次大排查、大检修、大扫除，坚持什么问题突出就着重解决什么问题，什么问题紧迫就抓紧解决什么问题，以实际行动密切党群干群关系，取得师生满意的成效，使学校党的建设和各项事业加快发展具有更广泛、深厚和可靠的群众基础。

二、紧扣目标要求，结合学校实际，扎实把教育实践活动推向深入

我校开展群众路线教育实践活动的指导思想和总体目标是：严格按照中央和海南省委要求，紧紧围绕保持党的先进性和纯洁性，以为民务实清廉为主要内容，以学校处级以上领导班子和领导干部为重点，切实加强马克思主义群众观点和党的群众路线教育，把贯彻落实中央八项规定、省委省政府二十条规定作为切入点，进一步加强作风建设，集中治理形式主义、官僚主义、享乐主义和奢靡之风，着力解决师生员工反映强烈的突出问题，保持党同人民群众的血肉联系，努力提高新形势下贯彻执行党的群众路线的能力，团结带领全校师生为建设有特色、高水平的“211工程”大学，为促进海南科学发展和绿色崛起，提供强有力的作风保证。

教育实践活动从今年7月初开始，至11月下旬基本完成，集中教育时间不少于3个月。活动不分阶段，不搞转段，重点抓好三个环节九个步骤。第一环节是学习教育、听取意见，主要内容是动员部署、学习教育和广泛征求意见。要求学校和各二级单位党委理论中心组集中学习时间不少于3天，各党支部组织党员集中学习不少于20个学时。要采取召开座谈会、专题调研、基层访谈、发放征求意见表、开设意见箱邮箱和热线等多种形式征求广大师生员工的意见和建议。第二环节是查摆问题、开展批评，主要内容是在查摆问题的基础上撰写对照检查材料、召开专题民主生活会或专题组织生活会。每个领导班子、每位党员干部都要认真撰写对照检查材料。领导班子民主生活会要做到红红脸、出出汗、排排毒，不走过场。第三环节是整改落实、建章立制，主要内容是制订落实整改方案、强化正风肃纪、加强制度建设。要求每个领导班子和党员干部针对“四风”方面存在的突出问题，制定整改方案并认真落实。学校要把中央和省委要求、实际需要和活动成果结合起来，完善各项制度建设。省委督导组将在深入征求和充分沟通意见的基础上，提出进一步加强班子建设和严格干部教育管理的意见和建议。

11月中旬至12月中旬，学校和各二级单位用一个月时间开展教育实践活动“回头看”工作，全面查漏补短，继续完善制度，加大整改力度，巩固活动成果。12月中下旬对活动进行全面总结。具体的活动安排，学校已印发实施方案，待会周兆德副书记还将做进一步的部署。

为了确保教育实践活动不虚不空不偏、不走过场，我们务必要在活动全过程正确把握好以下六个关键环节。

第一，正确把握目标任务。这次教育实践活动的主要任务就是教育引导校级、院处级领导班子和领导干部牢固树立群众观点，弘扬优良作风，解决“四风”方面的突出问题，保持清廉本色，真正达到“四个进一步”的目标，即：全校党员、干部思想认识进一步提高、作风进一步转变，党群、干群、师生关系进一步密切，为民务实清廉形象进一步树立。

第二，认真贯彻总要求。这次教育实践活动明确提出“照镜子、正衣冠、洗洗澡、治治病”的总要求。这四句话十二个字，朴实明了，内涵丰富。“照镜子”，就是以党章为镜，以改进作风要求为镜，以师生期盼为镜，在宗旨意识、工作作风、廉洁自律上摆问题、找差距；“正衣冠”，就是在照镜子的基础上，按照为民务实清廉的要求，勇于正视问题和不足，敢于触及思想，自觉把党性修养正一正，把党员义务理一理，把党纪国法紧一紧，树立和维护党员个人、党组织的良好形象；“洗洗澡”，就是要深入分析出现的形式主义、官僚主义、享乐主义和奢靡之风的原因，坚持自我净化、自我完善、自我革新、自我提高，既要解决实际问题，更要解决思想问题；“治治病”，就是坚持惩前毖后，治病救人的方针，区别情况，对症下药，对有作风问题的党员、干部进行教育提醒，对问题严重的进行查处，对与民争利、损害群众利益的不正之风和突出问题进行专项治理。全体党员特别是院处级以上领导班子和领导干部，都要按照这个总要求，认真查找自身存在的问题，尤其是师生员工反映强烈的突出问题，深入剖析问题根源，认真加以整改，使贯彻党的群众路线真正成为全校党员、干部和师生员工长期自觉的行动。

第三，坚持以整风精神开展好批评与自我批评。在教育实践活动中，要正确运用批评与自我批评这个有力武器，把自我教育与“开门”搞教育结合起来。勇于抛开面子、揭短亮丑，动真碰硬、触动灵魂，增强自我提高、自我完善和解决自身问题的内在动力和能力。要开好专题民主生活会，围绕践行党的群众路线主题，既深刻剖析和检查自己，又开展诚恳的相互批评，触及思想和灵魂；既红红脸、出出汗，又明确整改方向和整改措施，排排毒、健健身。我们要采取多种方式畅通师生反映问题的渠道，主动邀请师生进行评议，真正做到听取民意找问题、顺应民意抓改进、依据民意看效果。

第四，坚持领导带头，率先垂范。党员领导干部带头是推进活动的有力手段。在这次活动中，所有校领导和院处级领导干部，都要以普通党员身份把自己摆进去，力争认识高一层，学习深一步、实践上先一着，剖析解决突出问题好一筹。校级领导班子尤其要率先垂范，不讳疾忌医，不观望等待，找问题，挖根子，下大决心，切实整改，力求实效。要坚持领导垂范与全员参与相结合，推动党的群众路线全覆盖，形成领导带头、上下联动、榜样示范、全员参与的良好格局，通过领导作风转变带动教风、学风转变，努力形成对师生有凝聚作用、对社会有示范影响的良好校风。

第五，坚持突出实践特色。开展教育实践活动要突出 “五个结合”：把开展教育实践活动与贯彻落实习近平总书记视察海南重要讲话精神、创建“百强高校”目标任务结合起来，与深入整治“庸懒散奢贪”和校风建设专项工作结合起来，与为师生办实事办好事结合起来，与反对腐败和源头治理结合起来，与加强基层学习型创新型服务型党组织建设结合起来，做到“规定动作”抓到位，“自选动作”有成效。

第六，务求实效。通过教育实践活动，做好突出问题的整改落实，帮助、督促校级和院处级领导干部克服“官本位”思想，牢固树立甘当人梯、全心全意为师生服务、为学校工作大局服务的理念，把主要精力用在管理工作上，用在服务师生上，用在谋划发展上。学校将进一步加强领导班子建设，严格教育管理干部，对庸、懒、散、奢、贪的班子进行整顿；对存在一般性作风问题的干部，立足于教育提高，促其改进；对群众意见大、不能认真查摆问题、没有明显改进的干部，要进行组织调整。对于在活动中发现重大违纪违法问题，将提请纪检监察部门严肃查处。在活动中，既要立足当前、切实解决群众反映强烈的突出问题，坚持边学边改、边查边改、边整边改，将解决突出问题贯穿始终；又要着眼长远、建立健全具有我校特色的促进党员、干部坚持为民务实清廉的长效机制，把在教育实践活动中创造的成功做法和经验，以制度的形式固定下来、坚持下去，保证教育实践的常态化、长效化。同时，要抓好贯彻党的群众路线的各项制度和整改任务的落实，真正达到思想观念有所触动、进取奉献精神有所增强、创新执行能力大幅提升、学校风清气正昂扬向上的良好效果。

三、加强领导，确保党的群众路线教育实践活动取得明显成效

这次教育实践活动时间紧、任务重、要求高，全校各级党组织要增强责任感和紧迫感，精心组织，周密安排，把开展好教育实践活动作为一项重大政治任务抓紧抓好抓实，抓出成效。

第一，加强组织领导，落实责任制。为确保教育活动扎实开展、取得实效，我们要严格实行几项制度。一是严格执行领导责任制。我作为校党委书记，是学校教育实践活动的第一责任人，各基层党组织主要负责同志为直接责任人，要切实负责，一级抓一级，一级带一级，层层抓落实。各二级单位党委、党总支在今天会后，要尽快召开全体党员参加的动员会，认真布置好相关工作，将责任落实到人，把工作做细做实。二是严格执行领导干部联系点制度。每位校领导根据分工和联系要求，深入调查研究，指导分管部门和联系单位开展教育实践活动；每位院处级党员干部要联系一到两个基层党支部。三是严格执行督查制度。学校活动领导小组要对各部门各单位教育实践活动加强督导检查，及时发现问题，总结经验。四是严格执行群众监督评议制度，按照要求开展群众评议，充分听取意见建议，保证活动扎实开展，取得实效。

第二，细化环节安排，精心推进实施。全校各级党组织要按照校党委的部署和要求，结合本部门本单位实际情况，认真开展调研，充分掌握本部门本单位党员思想状况，掌握党员、师生对活动的要求和期望，在此基础上认真研究制定活动方案，有针对性地开展工作。要建立健全组织工作机构和责任体系，确保教育实践活动高标准、高质量地开展。希望各二级单位党委、党总支在教育实践活动中放开手脚，大胆探索，勇于创新，既按照校党委的部署，不变通、不走样，又要从实际出发，积极探索，创造行之有效的活动方式和载体，丰富活动内容。要结合工作分类指导，把教育实践活动与全校各单位的中心任务、与每一名党员的岗位工作有机结合起来，既不能脱离教学、科研工作孤立地搞教育实践活动，也不能因为工作忙而不投入精力参加活动，影响质量。要把活动成效体现到促进各项工作、解决突出问题上，用推动工作的实际成果，衡量和检查教育实践活动成效。

第三，坚持从严要求，确保全员覆盖。这次活动以院处级以上领导班子和领导干部为重点，同时覆盖全校所有的二级单位党委、党总支、党支部和党员，每位党员都要以高度的政治责任感，积极主动、严肃认真地投入到教育实践活动中去。要认真学习党的群众路线教育实践活动重要学习资料，积极参加“为了谁、依靠谁、我是谁”强化群众观念大讨论，进一步加深对党的群众路线的思想内涵和精神实质的理解，不断增强密切联系师生、全心全意服务师生的自觉性和坚定性。特别是院处级以上党员领导干部，都要认真参加所在党支部、党小组的学习活动，坚持上党课，参加民主评议，积极查找存在问题，落实整改措施。

第四，加强宣传引导，努力营造良好氛围。要针对我校基层党组织和党员的特点，充分运用校内广播、报刊、互联网等媒体，大力宣传开展教育实践活动的重要精神和决策部署，宣传教育实践活动的工作进展和实际成效，宣传各部门各单位在活动中的好经验、好做法。同时，要发挥典型的示范作用，发现、挖掘一批叫得响、立得住、群众公认的为民务实清廉的先进典型和先进事迹，坚持舆论导向，创新宣传方式，加大宣传力度，努力营造良好的舆论氛围。

需要特别强调的是，在整个教育实践活动过程中，我们都要认真接受省委督导组对学校教育实践活动的指导和监督，全力支持和配合督导组的工作，加强与督导组沟通，及时汇报活动进展情况，听取意见建议，保证把中央和省委的要求落实到教育实践活动的各个环节。

同志们，搞好党的群众路线教育实践活动，意义重大，影响深远。我们一定要按照中央和省委的部署要求，以高度的政治责任感，奋发有为的精神状态，求真务实的工作作风，立即行动起来，扎实深入推进，确保圆满完成群众路线教育实践活动各项任务，为我校内涵式、跨越式发展提供源源不断的动力和政治组织保障，为建成有特色、高水平“211 工程”大学和全国百强高校做出积极贡献！

抢抓机遇　追求梦想
为建设全国百强高校而努力奋斗

——在海南大学第一届教职工代表大会暨工会会员代表大会第六次全体会议上的报告

校长　李建保

（2013 年 3 月 31 日）

各位代表、同志们：

大家好！

现在，我代表学校向大会做工作报告，并对今年工作提出建议，请各位代表审议，请特邀代表和列席代表提出意见。

过去五年，是我校发展进程中具有特殊意义的五年。五年来，我们顺利地将一万多儋州校区师生，全部搬迁到了海甸主校区，实现了合并之初的计划目标。我们短短 5 年就建设了超过 50 万平方米的校舍，解决了 3 万多学生上课和住宿的问题。我们还建了 1000 多套风景优美的集资房，教职工收入也大幅增长！

最为重要的是，我们顺利通过了“211 工程”的国家验收，许多指标接近或达到国家重点大学水平。无论是在学科和师资水平等软实力上，还是在教室和实验室条件等硬实力上，都取得了长足进步。学校的影响力和社会声誉明显提高，海南大学的发展站到了一个新的更高起点上。

一、2012 年工作回顾

2012 年是学校发展史上的一个重要节点，是合并五年来学校辉煌成绩的一个缩影。这一年，我们在学生培养、重点学科、科研创新、队伍建设、条件建设、对外交流、文化建设等方面均取得了新的重要突破，师生员工对学校的向心力、荣誉感和归属感不断增强。

学校 2012 年的工作可以归纳为六大亮点：

（一）通过“211 工程”建设的国家验收

2012 年 3 月通过了“211 工程”建设的省内验收，年底顺利通过国家验收。“211 工程”建设对学校整体发展起到了巨大的带动作用，这种效应已经影响，并且还将深远影响海南大学未来的发展。

今年，我校还成为国家“中西部高校基础能力工程”和“中西部高校综合实力提升计划”支持的高校，同时获得这两个项目的高校是比较少的。未来 5 年中央财政支持预计将达到 5 个亿以上，这种中央财政的支持力度是历史性的跨越，将对海大的内涵发展和条件建设起到重要支撑作用。

（二）人才培养取得标志性成果

首届文理科实验班顺利毕业，其中 85%的学生都录取为硕士研究生，累计获各类学科竞赛国家级奖项 83 人次，有学生作为第一作者在国际核心期刊发表论文（被 SCI 收录）。文理科实验班一流的学风和教风将成为一个标杆，影响和激励更多的学生奋发成才。

人才培养质量不断提高，就业工作被教育部评为全国毕业生就业典型经验高校。继成为教育部卓越工程师培养高校后，又入选全国首批卓越法律人才教育培养基地。成为海南首家具有接受中国政府奖学金来华留学生资格的高校。

学生在各类学科竞赛中获国家和省级奖 76 人次。2012 年共选派 117 名学生赴境外高校插班学习，110 名学生赴国外实习、参加高技能培训和暑期海外研修，超额完成了“双百计划”。还选送了35名本科生赴天津大学等高校插班学习。本科生推免数量和质量再创新高，向校外推免的接收单位基本上都是“985”“211”高校和中科院。

这些表明我们的教育教学质量又有了明显提升，这是全校教职工对学生高度负责的体现，是广大教师辛勤汗水的结晶。在此，我代表学校党政和广大学生，对辛勤工作在教书育人第一线的老师们，致以衷心的感谢！

（三）科研创新再获突破

2012年学校到账科研经费9100多万，比2011年增加了近50%。获“863计划”和国家科技支撑计划等重大课题数大幅增加。在国际自然科学顶级杂志《Nature》上合作发表论文1篇，创我校先河。培育出海南第一个水产新品种马氏珠母贝“海优1号”。获海南省科技进步一等奖2项，二等奖2项；海南省科技成果转化一等奖1项、二等奖1项。遴选并启动了10个方向明确、特色鲜明的科研团队建设。开始组建3个省级“协同创新中心”。研究生对学校科研成果的贡献率也在继续提高，逐渐成为科研工作的重要力量。

“一院一县（市）服务计划”进展顺利，与昌江县的合作取得实质性成果。“EMBA总裁班”等继续教育培训项目获广泛欢迎。“海南国际旅游岛发展研究院”和“海南低碳经济政策与产业技术研究院”围绕海南国际旅游岛建设和绿色崛起战略，开展了一批重要的研究和咨询项目。学校教师以咨询专家等身份，广泛参与社会发展的各个领域，积极活跃于海南经济社会发展的第一线。

（四）队伍建设取得重要进展

岗位设置聘任和高级职称评审，是高校师资队伍建设的两项核心工程。2012年我们顺利完成了首次岗位设置聘任工作，成功组织了教师系列高级职称评审工作，为继续深化人事制度改革奠定了基础。

2012年引进博士及以上高层次人才33人。罗素兰教授领衔的科研团队入选教育部“长江学者和创新团队”奖励支持计划。周永灿教授及其团队入选农业部“农业科研杰出人才及其创新团队”。1人入选“海南省高层次创新创业人才”。举办了新入职人员培训班，及骨干教师英语、日语培训班等。选派外出进修学习、挂职锻炼200多人次，其中在职攻读博士学位23人。

（五）办学条件显著改善

2008年至今，累计建设了50多万平方米的校舍，这也是我校基建任务最重、最艰苦的几年。2012年基建项目大规模交付使用，全年竣工交付项目22个，新增建筑面积22.5万平方米。全年新增3300万元的仪器设备。实现了校园网核心万兆升级，新建了一批校园无线网络。原拘留所土地整合纳入学校，拓展了办学空间，为建设新的紫荆办公区提供了条件。海甸校区农科基地基本建成。青春记忆广场、东坡湖南侧道路等景观和基础设施项目顺利完成，校园面貌明显改观。

（六）师生福祉继续改善

桥西1000余套集资房已全部交付，目前已有逾半住户喜迁新居。海甸校区南区历史遗留的房产办证问题取得进展。全校教职工人均绩效工资比上年增长了10%。年度学生奖助学金达6000多万元，确保没有一名学生因经济困难而辍学。平安校园建设取得积极成效，本年度没有发生校园重大安全事故。

2012年我校新生生源质量继续提高，新增境外友好合作院校7所，木球和垒球运动得到国家体育总局认可，学生军训征兵工作圆满完成，学报影响力不断扩大，中外电子文献不断丰富，校史馆建设进展顺利，后勤服务的质量管理也得到加强。学校各部门、各单位的工作都有改进和改善。

各位代表、同志们！2012年是丰收的一年，喜悦的一年，这一年我们攻坚克难、奋勇前进，取得了可喜的成绩。这是省委省政府和教育部正确领导的结果，是社会各界大力支持的结果，是全体师生齐心协力、艰苦奋斗的结果。在此，我代表学校，向全体师生员工，向关心和帮助海南大学发展的社会各界人士，表示衷心的感谢！

同志们，成绩固然令人鼓舞，但我们也必须清醒地认识到学校发展中存在的一些问题和不足。关键性的不足在于：

一是科研水平和服务地方的显示度离社会的期望还有较大距离。科研服务地方的显示度与全省唯一“211 工程”大学的地位不相称。

二是部分课程和专业设置重复，部分课程质量不高。

三是师资队伍整体水平还需加快提高，国家级人才和团队数量偏少。

四是部分教职工责任心不强，部分老师和干部跟不上学校快速发展的新形势。

这些问题，有些是需要长期努力、在发展中才能解决的，有些是采取有力措施很快就能见到成效的。学校愿意与大家一道，努力改善不足，合力推动海南大学再创辉煌。

二、2013 年工作重点

经过 5 年的努力，海南大学已经从同类院校的中下水平提高到了中上水平，学校综合实力明显提升。2013 年是学校发展中的一个重要转折年：学校将由稳定过渡期全面转向内涵提升期。学校政策也将逐渐由平衡性政策向倾斜性政策转变。内涵发展、重点倾斜、突出特色、提高质量，这既是学校发展到当前阶段的必然选择，也是我国高等教育发展的大势所趋。

2013 年学校工作的总体要求是：认真学习贯彻党的十八大精神，抢抓机遇，求实奋进，以提高质量为核心，全力将学校事业推向内涵发展新阶段，向建设有特色、高水平的全国百强高校奋勇前进。

（一）全面提高师资队伍总体水平，支撑学校内涵建设

人才是学校一切事业发展的基础。2013 年，我们还要继续加大人才引进力度，创新人才引进机制，打破常规引进高端人才。进一步拓宽人才引进渠道，力争引进博士及以上人才超过 50 名。

2013 年，学校将启动大规模的教职工培训计划，设立资助骨干教师国内外学习及校内培训的专项基金，采取“走出去”和“请进来”的方式，大批量地培训骨干教师和有潜力的管理干部。学校将出资支持教师到高水平大学、科研机构和企业等社会发展第一线，寻求合作伙伴，提升教学科研能力，宣传海大教师的学术水平与社会贡献。

我们还要把优秀的老师“送出去”，大力支持骨干教师国内外学术巡讲，传播学术观点，扩大影响力。学校将努力为大家的事业搭台、为大家的进步建桥、为大家的成长铺路！

（二）优化课程体系建设，推动人才培养模式创新

2013 年学校将研究并实施课程调整计划，整合多学院重复开设的课程，建立课程淘汰机制。适当减少课堂教学，增加实践教学，加强学生课外自我教育环节。进一步完善本科生培养方案。选派教师外出学习并引进国家精品课程。试点打通各学院之间的选修课，扩展学生知识面。完善辅修和修读第二专业制度。探讨“大口径进、小口径出”，低年级修读通识课程、高年级再选专业的培养模式改革。

同时，学校还将进一步加强学生创新精神、实践能力和社会责任感的培养。抓紧抓好国家教育体制改革试点项目，认真实施教育部卓越工程师和法律人才教育培养计划。修订完善博士、硕士研究生培养方案，健全研究生教学督导机制。推进德育工作创新，加强大学生心理健康教育，落实学生工作重心下移，发挥学院在学生工作中的主体作用，完成好高校立德树人的根本任务。

（三）深化科研激励机制改革，提升科研创新能力和服务水平

抓好三个省级协同创新中心的建设，继续积极申报国家级协同创新中心。加快建设一批具有鲜明特色和较强竞争力的科研团队，“小鱼成群、小树成林”，整合力量、团队作战，尽快提高整体科研水平。

指导各单位完善科研评价及奖励办法，试点教学和科研业绩统筹考核机制，进一步激发科研工作活力。力争 2013 年国家级科研项目立项数有

更大突破，年度到账科研经费超过 1 亿元。与中国热带农业科学院等单位联合申报国家级重点实验室和国家级科技奖项。

完善海南国际旅游岛发展研究院、海南低碳经济政策与产业技术研究院的人才及项目管理机制，使之成为可以吸纳社会各方力量参与的开放式科研创新平台。提高科研服务社会能力，继续推进“一院一县（市）”“一师一点”服务计划，争取取得一批服务地方的标志性成果。

（四）认真抓好学校重要项目建设，加快培育学科竞争力

在总结“211 工程”三期建设经验的基础上，科学谋划、积极申报四期建设。紧紧抓住国家大力支持中西部高校发展的历史机遇，高质量推进“中西部高校基础能力工程”和“中西部高校综合实力提升计划”的建设项目，使之发挥实效。

组织论证和遴选优势特色学科，积极整合申报新一轮国家重点学科。加快落实一级学科博士点建设的各项任务。加强新增一级学科硕士点的建设，对下一轮博士点申报提前进行布局和准备。

（五）继续推进精细化管理，不断提高管理效益

实施二级学院目标责任制和绩效考核制。修订学校章程，厘清各部门（单位）的职责分工，完善内部治理机制。扩大实施中层干部交流轮岗制度。强化对基建、设备采购等重要环节的监督。试点实施国有资产有偿使用制度。完善校内津贴分配制度。加强学校信息公开工作。积极推进校园文化建设。

（六）继续扩大对外交流，力争提高合作层次

寻求更高层次的国际合作项目，探索以一个或多个学院为对象，与国外知名大学联合创办国际化专业学院的新模式。推进儋州校区的对外合作。

优先资助有国际合作项目或较好发展潜力的教师出国进修学习。积极实施“双百计划”，继续扩大学生赴境外学习和实习的规模，加强对我校在境外学生的管理。争取扩大学历留学生规模。

更好的发挥学校理事会、基金会和校友会的作用，为学校的发展做出更大贡献。

（七）按期完成一批基建项目，进一步改善办学条件

抓紧完成海甸和城西两个校区的规划修编工作。2013 年力争竣工基建项目 12 个，新增建筑面积 9.9 万平方米，包括桥西教职工周转房、外国语学院和中日友好交流中心、校史馆，及体育场、广场、道路、园林景观、供水供电等。计划开工基建项目 5 个，包括综合实验楼、机电与建筑结构实验楼、紫荆学生公寓 2 号楼等。尽快在原拘留所地块建设全新的紫荆办公区。

（八）深入推进民生工程，建设绿色宜居校园

培育一批高档次、受师生欢迎的校园文化品牌。加大对工会和学生社团活动的支持力度。继续争取 2013 年校内绩效津贴平均增加 10%，继续加大对学生的助学支持力度。了解相关政策，研究桥西第二批教职工住房建设方案。加快桥西小区车位分配等后续工作。加快海甸校区南区历史遗留的房产办证工作。继续推进校园美化绿化工程，完成东门和东坡湖景观改造，建设和维修校园围墙。加快校园给排水、排污及供电系统改造。协调海口市加快建设海甸环岛路西南段和海大北门天桥工程。努力为师生打造一个和谐的“绿色校园”“宜居校园”!

各位代表、同志们！“211 工程”验收已经通过，站在新的起点上，我们要以更加昂扬的斗志，向着更高的目标前进，这个目标就是中国的百强高校。

为了实现这个目标：

我们要强化效率意识；

我们要强化精品意识；

我们要强化主人翁意识；

我们要强化社会责任意识。

我们要通过共同努力：

让我们办学资金的使用更有效率；

让我们的校园基建工程质量更好；

让我们培养的学生更受社会欢迎；

让我们的科研成果更好地服务于社会；

让我们的广大教师收入更高，工作环境更好。

习近平总书记号召全国人民共同构筑中国梦。努力将海南大学建成为一个让广大师生感到骄傲自豪的一流大学，一个让社会各界交口称赞、拍手称好的211大学，就是我们海大师生共同的梦——中国百强高校之梦。

同志们，新的号角已经吹响，新的旅程已经起航，让我们携起手来、团结一心，为早日实现海南大学的百强梦而高歌奋进。

落实十八大精神　推动内涵式发展
为实现全国百强高校的目标而努力奋斗

——在海南大学2013-2014学年工作会议上的讲话

校长　李建保

（2013年7月15日）

同志们：

大家好！再有两天，这个学期就结束了，按照惯例，又到了我们总结成绩、查找不足、研究问题、明确任务的时候了。这既是我们对过去工作的一个回顾，又是我们对未来工作的一个展望。

党的十八大报告首次提出了“推动高等教育内涵式发展”，确立了新的历史时期高等教育科学发展的方向。从我校的发展历程来看，近年来学校实现了原两校的合并融合，推进了“211工程”建设，解决了一系列历史遗留问题，极大提升了办学水平和综合实力，成效卓著，有目共睹。然而，我们也要清醒地看到，站在新的历史起点上，学校正面临着以提高质量为核心的“推动内涵式发展”的艰巨任务。要建设全国百强高校，成为高水平、有特色的“211工程”大学，就必须以改革创新推动质量提升，坚定不移地走内涵式发展道路。现在我们一起来回顾一下，在过去的一个学年里，我们做了哪些工作，有哪些亮点，哪些经验，哪些不足？

学科建设上，完成了“211工程”三期建设国家验收工作。新增列园艺学等4个一级学科为海南省重点（培育）学科。法学、作物学、水产养殖、化学工程与技术、通信与信息系统等5个学科获得中央财政支持地方高校发展专项资金450万元项目资助。

教学改革上，强化实践教学环节，设立并资助本科实践育人专项，聘请行业内有实践经验的专家授课，开展实践教学专项检查。思想政治类课程也增加了实践教学环节。新增2门省级精品课程、2项省级教学名师奖。在经管学院试行大学英语教学改革，通过大学英语四级考试的学生可以自主选修英语高级课程。

研究生教育上，进一步强化过程管理，培养质量有所提高。共获海南省研究生创新课题立项32项，其中博士4项。又有5位研究生获国家留学基金委公派研究生出国攻读博士学位资助。

科学研究上，到账经费总额为9100万元，其中国家科技部1830万元，国家自然科学基金委874万元，国家社科基金166万元，其他国家部委2260万元，省科技厅1400万元，其他部门2570万元。共获批863项目2项，经费1020万元；国家科技支撑计划项目8项，经费1160万元；国家自然科学基金项目45项，国家社科基金项目16项，经费超过2000万元。获海南省科技厅资助项目近80项，经费1400万元，同比增长一倍多；获海南省社科基金项目48项，经费38.5万元，同比增长9.3%。

人才队伍建设上，共确定引进博士36人，其中D类以上高层次人才8人，海外留学回国人员6人。共选派500多人次参加攻读学位、访学进修、挂职锻炼、课程学习等各类培训。首次组织开展校内教师高级职称评审，有51人获得教授资格，82人获得副教授资格，10人获得高级实验师资格。师资队伍总体质量有所提升。

对外交流上，有96人次的教师赴国外进修学习，拓宽国际视野，提高业务水平，其中有18名教师取得公派赴国外学习和工作资格。有39名国外留学进修教师学成回校开展教学科研工作。聘请外国专家和教师21人。共选派301名学生出国（境）学习、培训与交流。

学生工作上，学生安全状况总体良好。奖助总金额达2915.7万元，共有9061人次受益，几乎占全校学生总数的三分之一。在学生心理健康管理和预警机制建设上取得新进展。辅导员队伍建设成效斐然，有2人获得国家级奖项。获批国家级大学生创新创业计划项目30项。

校园建设上，新增投资1.29亿元，新增建筑面积3.76万平方米，一大批项目竣工投入使用。

在即将过去的2012-2013学年，经过全体师生员工的共同努力，学校各项工作都取得了明显进步，形成了不少亮点。现在我把这些亮点提炼出来，与大家共同分享。

一是获得中西部高等教育振兴计划两个工程支持。其中中西部基础能力建设工程获得中央专项资金支持1亿元，中西部提升综合实力工程预计将获得中央专项资金支持4.5亿元。这两个工程将为学校未来几年的发展奠定坚实可靠的基础。

二是人才培养质量持续提高。本学年推免工作创历史最高水平，425名推免生几乎全部进入“985”高校、中科院和“211工程”高校就读，其中北大8个、清华1个、浙大12个、复旦4个，武汉大学、华南理工大学、天津大学、湖南大学等著名高校均在10个以上。文理科实验班毕业学生质量非常优秀，87%的学生通过大学英语六级考试，82%的学生被录取攻读硕士学位研究生。冬季小学期共邀请27名外聘专家来校授课，使学生有机会零距离接触高水平师资。有3篇博士学位论文、18篇硕士学位论文被评为省级优秀博士、硕士学位论文。法学院入选全国首批卓越法律人才教育培养基地，成为全国60个应用型、复合型法律职业人才教育培养基地之一，法学教育实践基地获批成为教育部“大学生校外实践教育基地建设项目”。全校学生参加学科竞赛成绩突出，获国家级奖项29项，创历史最好成绩。其中参加全国大学生“外研社杯”英语演讲大赛和全国大学生数学建模竞赛，各获得一等奖1个；首次参加美国数学建模比赛，即获得二等奖3个，三等奖5个。

三是生源质量进一步提高。去年我校招录本科生8860人，其中一本批次5100人，第一志愿率达93.15%。录取平均分普遍提高，在有些省份高出省控制线达50多分，均比上一学年有所增长。海南省生源充足，全部批次与科类都是满额录取。这充分说明，经过几年的建设与发展，学校对考生的吸引力明显增强，生源质量普遍提高，为后续的人才培养奠定了良好的基础。

四是建立起学历层次完整的“学士—硕士—博士”留学生人才培养体系。从今年开始，我校面向海外接收中国政府奖学金留学生，共录取政府奖学金留学生43名，其中博士2名，硕士4名。本学年共招收各类留学生241人，来自26个国家和地区，其中学历生36人。

五是积极发挥服务地方职能。校县合作迈出实质性步伐，又启动5个项目，资助经费148.5万元。今年5月，经过中国热带农业科学院、海南省农科院的5位专家现场评估，位于保平村的昌江县与我校合作“昌江芒果优质高产示范基地建设项目”顺利通过验收，该项目基础面积400多亩，预计可实现总收入210万元，果农的喜悦之情溢于言表。另外，我校获批成为第二批国家级专业技术人员继续教育基地。总裁班项目又有三个班开班，累计招生人数超过1100人，其中有70多名现职厅局级领导干部参加了学习。举办了三期省直单位处级干部选学项目，共有8000多人次的省直单位处级干部学员来校听课。

六是协调推进校园建设。第二田径运动场等体育设施的建成和投入使用，大大改善了锻炼条件，受到师生的普遍欢迎。青春记忆广场和紫荆广场的建成，给学校增添了亮丽的风景线。东校门维修和景观建设，使学校窗口面貌焕然一新。完成了海甸校区农科基地设施建设，为农科学生的实践教学提供了便利条件。

七是持续增进教职工福祉。桥西小区1092

套住宅及车位全面交付使用，大大改善了教职工的生活环境。桥西小区第一批集资建房户入住后，海甸校区腾出了部分公有住房，现在正向符合条件的无房户公开租赁，又要解决一批教职工的住房问题。174 套周转房也要马上建成投入使用。为解决教职工子女的入学问题，学校与海口市有关部门协调，确定桥西小区为海口市二十五小和实验中学的划片入学范围，消除了教职工的后顾之忧。海大幼儿园纳入公办幼儿园建制，正在调整改造过程中。学校还克服重重困难，一方面化解了 1.8 亿元债务，另一方面继续提高教职工福利待遇，为在编教职工增加绩效工资当量总额的 10%。其他如医疗保险、交通补贴、高温补贴、特区津贴等，学校都尽可能在政策允许的范围内按高限争取。学校还大幅度提高了在岗非在编人员的收入水平，并且按政策为在岗非在编人员缴纳住房公积金。无线校园网扩大覆盖了图书馆广场、起点草坪、青春记忆广场、第一田径运动场、篮球场、旅院广场、东坡湖沿岸、学生区第一食堂等地点，构建起多个“课外网络化学习场所”。北门人行天桥也已纳入市政规划，建成后将极大方便师生的出行。

这些成绩的取得，离不开省委省政府和教育部的正确领导，离不开社会各界的大力支持，离不开全体师生员工的齐心协力、艰苦奋斗。在此，我代表学校，向全体师生员工、向关心和帮助海南大学发展的各界人士，表示衷心的感谢！

总结我们成功的经验，最根本的有三条。第一条是提前谋划，抢抓机遇。古人云，凡事预则立，不预则废。学校发展正反两方面的经验告诉我们，凡是我们有所准备、未雨绸缪的事项和工作，都普遍能够取得比较好的预期效果，凡是我们准备不足、仓促行事的事项和工作，往往难以取得预期的成效。今后我们做工作，要在增强预见性上下功夫，不打无准备之仗，这样才有成功的希望。

第二条是勇于突破，敢于创新。作为全国最大经济特区海南省的“211 工程”大学，海大在办学理念上、办学过程中都必须体现出特区精神，敢闯敢试，敢为天下先。如果我们沉迷于过去的成绩，小富即安，小进即满，就会桎梏学校发展的活力，阻碍学校前进的步伐。所以，要建设全国百强高校，我们绝不能故步自封、闭门造车，必须勇于探索，大胆尝试，突破思想观念的束缚和小圈子、小利益、小格局的藩篱，不断改革创新，推动内涵式发展。

第三条是以人为本，关注民生。以人为本，就是要以师生的利益为本，学校发展成果要惠及师生员工，使其享受到学校发展带来的好处。学校发展了，师生得到实惠了，就会进一步增强发展的信心和决心，形成促进发展的强大凝聚力，推动学校向更高层次发展。这是一个良性循环过程。只有真正关心教师、热爱学生，把师生利益作为一切工作的出发点和落脚点，学校才能实现科学发展。

然而，在成绩的背后，我们还要看到，当前学校发展过程中还存在若干问题，其中既有历史遗留的老问题，也有形势变化带来的新问题。这些问题不处理好，将会极大制约学校的内涵式发展进程。对此，我们必须时刻保持冷静的头脑和清醒的认识。这些问题和不足包括：

一是高层次人才引进力度不够，高水平人才明显不足，师资队伍整体水平尚需尽快提高。

二是相当一部分教职工的责任心不强，有些部门的执行力欠缺。

三是科研竞争力不强，争取国家项目、国家课题的能力不足，国家级三大奖尚未实现零的突破。

四是人才培养特色不够鲜明，培养质量尚需进一步提高。

五是社会服务的成效不明显，具有重大影响的、高显示度的标志性成果不足。

六是资金使用效益不高，一些重点工作推进缓慢。

这些问题，有些是采取有效措施后能即刻产生立竿见影效果的，有些则需要在发展过程中逐渐解决。解决这些问题，关键在人，关键在责任心。水平是能力问题，态度是责任心问题。只要我们每个人都热爱和支持学校，具有强烈的事业心和责任感，海大就一定能够再创辉煌！

2013-2014 学年学校工作的总体思路是：认真学习贯彻落实十八大精神，解放思想，与时俱进，求真务实，改革创新，以提高质量为核心，全力推动内涵式发展，向建设有特色、高水平的全国百强高校目标奋勇前进。新学年的重点工作有：

第一，高效率推进中西部高等教育振兴计划两个工程。其中中西部基础能力建设工程用于建设理工学科教学实验楼和综合实验教学楼。中西部提升综合实力工程主要用于学科建设、教学实验平台建设、科研平台与实践基地建设、公共服务体系建设、人才培养和团队建设等。这两个工程一旦完成，学校的硬件设施、师资队伍、人才培养、科研竞争力等方面都将产生一个质的飞跃。

第二，大幅度进行教学改革。这个方面我要重点讲一下。在两校合并初期，我们对专业课程进行了大规模调整，为稳妥起见，这项工作开展得并不彻底，课程重复、因人设课的情况依然存在。由于专业设置比较随意，课程结构不尽合理，导致出现了许多问题，学生想学的内容没有教，不想学的内容开了一大堆。甚至有的课程名不副实，挂羊头卖狗肉，搞得学生无所适从，很有意见。

经过充分调研论证，我们出台了《关于制定2013 级本科人才培养方案的指导性意见》，就是要更加科学地设置课程，提升人才培养的总体质量。新方案总的指导思想是：核定总学分、总学时，使学生的学习负担既不过重，也不过轻；合理调整课程体系，优化公共课程、学科基础课与专业课、个性课程、实践教学环节的结构比例（大体为 21%、43%、18%、18%）；加大选修课比例，引导学生发挥个人兴趣爱好；加强实践教学环节，提高学生分析和解决问题的能力，增强就业竞争力。

希望各学院领导认真学习新方案，参照教育部《普通高等学校本科专业目录和专业介绍（2012年）》，重新制定本学院各专业人才培养方案。学校将邀请省外专家进行评审，最终使每个专业都有科学的培养方案，建立规范化、系统化的课程体系。

从现在开始，学校将用半年到一年的时间，对全校 76 个专业、108 个方向的课程体系进行调整。这是学校的基础性工作和系统性工程。我将亲自过问和关注这项工作，曹阳副校长亲自抓，教务处具体落实，希望各学院都能交出一份满意的答卷。

第三，大规模提高师资队伍素质。要加大力度，引进两院院士、长江学者、“千人计划”和“杰青”人选等高端人才，力争实现突破。要拓宽渠道，扩大教师科研人员的引进规模，力争引进 50 名左右具有博士学位的业务骨干。要把引进学科带头人和高层次人才指标分解到各学院，完成情况纳入学院考核评价范围。要大批量培训骨干教师和有发展潜力的管理干部。要鼓励骨干教师国内外学术巡讲，传播学术观点，扩大影响力。

第四，跨越式提升科研创新能力。要进一步整合资源，形成一批具有鲜明特色和较强竞争力的科研团队，申请和获得更多的国家重点项目、重大课题，力争新学年到账科研经费超过 1 亿元。继续做好国家重点实验室和国家奖的申报工作。要建立统一、通用的科研评价体系，发挥导向与激励功能，形成全民搞科研的良好氛围。要创新机制、创造条件，鼓励更多的教师服务地方。

第五，有重点推进校园基本建设。要尽快完成三个校区修建性详细规划修编，尽快完成热带农业与生命科学学科群实验楼、研究开发中心、教职工周转房、第二田径运动场配套设施的建设，尽快启动海甸校区多功能综合体育馆、机电与建筑结构实验室、紫荆学生公寓 2 号楼、综合实验教学楼、继续教育大楼、城西校区体育教学训练馆等教学、科研、运动设施的建设。

第六，进一步加强国际合作。要争取和实施

国家批准的中外合作办学项目，探索建立国际合作办学机构的可能性，协助做好达尔文孔子学院的工作，梳理并推进现有国际合作单位启动更多的实质性内容，邀请更多高水平的国外教师利用冬季小学期前来授课，为我校教师提供更多的国外进修、学习、交流机会，进一步提高学生出国留学的质量和数量，鼓励有条件的学院开展国际合作的试点示范。

第七，高质量推进精细化管理。管理出水平、管理出效益，要在学校管理的各个领域、各个层面、各个环节推行精细化管理。要加强教学和科研管理，堵塞制度性漏洞；严格财务管理，加强会计和财务管理系统建设。要建立二级学院考核评价制度，促进各学院自我发展能力不断提升。要进一步深化人事分配制度改革，建立绩效工资二次分配制度，将工作绩效与岗位津贴、职务评聘挂钩。要建立资源有偿使用制度，制订实施学校公共资源使用管理办法。

第八，扎实做好学生管理工作。继续抓好学生安全稳定工作，推动工作重心下移，促进学风建设，加强大学生心理健康教育和思想政治教育。努力打造校园文化品牌，培养创新创业能力，千方百计促进就业，为学生成长成才服务。

第九，妥善处理历史遗留问题。合校以来，我们已经解决了一些历史遗留问题，如旅游学院的整体回收、南希“半拉子楼”法律纠纷胜诉等，但仍然存在资产管理公司、秀英农场、南教工区房产证等一些历史遗留问题。我们将进一步妥善处理和解决这些历史遗留问题。

同志们！新学年，新起点，新任务，新跨越。当前，中央和省委都正式启动了党的群众路线教育实践活动。作为省里第一批活动单位，我校上周召开了动员大会，对活动的内容、意义、步骤、要求等作了全面部署和安排。下午康德书记还要讲，我这里就转变工作作风简单讲几句。

习近平总书记在6月22日至25日召开的中央政治局专门会议上提出五点要求，可以概括为“讲政治、讲大局、讲规矩、讲清廉、讲服务”。讲政治，就是要有政治敏锐性，时刻与党中央保持高度一致；讲大局就是要有全局观、系统观，克服本位主义和个人主义；讲规矩就是要照章办事，注重程序，不越位、不缺位；讲清廉就是要廉洁自律，克己奉公；讲服务就是要强化宗旨意识，密切联系群众。学校的发展，需要这些“五讲”干部，需要干部队伍全面提升素质。为确保学校发展目标和既定任务的顺利完成，我提五条工作要求，请大家认真遵守，高度重视。

第一条要求：坚持对外合作“五不准”。以前我多次在不同的场合讲过，今天我再次重申一下，在对外合作方面，我们鼓励以知识产权和无形资产作为合作条件，但一定要坚持“五不准”：不准拿学校的土地和房产作为对外合作的抵押；不准拿学校的土地和房产作为长期合作的前提；不准拿学校的固有资源作为对外合作的前提；不准拿学校的行政办公经费和教学经费作为对外合作的投入；不准拿学校的固定编制和招生指标作为对外合作的前提。总之，不准以损害学校的全局利益和长远利益来谋求局部、团体或个人利益。过去的实践证明，“五不准”能够有效维护学校的合法权益，防止不良事件的发生，请大家继续遵照执行。

第二条要求：坚持工作中不作假。我要求各位同志，在学校和本部门、本单位的管理过程中，一定不要做假。要树立正确的政绩观、发展观，一切从实际出发，不搞假采购、假发票、假项目、假工程、假合作、假论文、假成果、假学历、假资历、假数据、假汇报，否则不但损害学校发展事业，而且对个人前途带来不利影响。

第三条要求：严格控制三公消费支出。中央和省里对三公消费有明确的限制性要求，我们必须按照这些要求严加控制。

第四条要求：深刻认识学籍管理的严肃性。学籍管理事关每个学生的切身利益，一定要非常认真地对待。当前学籍管理总的状况是好的，但仍存在不少问题，有些甚至相当严重。有的学院管理松懈，发生问题后不认真反思，而是百般开脱；有的学院管理混乱，对毕业、学位、处分等重要事项马虎大意，错误百出；有的学院疏于管理，学生挂科很多也不知道，或者即使知道也无动于衷，无所作为；还有就是该收的费用不收，不该收的费用收了。凡此种种，不一而足，一旦出现问题，学校都要承担责任。所以，我要特别提醒各位同志，一定要深刻认识学籍管理的极端重要性和严肃性，认真学习有关政策，以对学生、对学校高度负责的精神，切实加强学籍管理。

第五条要求：主动建设优良校风和师德教风。要倡导爱国爱校、爱岗敬业的精神，维护学校声誉和形象，引导广大教师热爱本职、热爱学生，崇尚学术、追求真理，不剽窃、不抄袭，不在课堂上发布不当言论；教育干部职工勤于学习、精通业务，勤勉务实、敢于担当，清正廉洁、克己奉公，不推诿、不扯皮。

同志们！空谈误国，实干兴邦。我们的目标已经确定，任务已经明晰，现在不是说什么的时候了，而是我们做什么、如何做的时候了。新学年是推动内涵式发展的关键年，让我们万众一心、众志成城，改革创新、追求卓越，脚踏实地，攻坚克难，以崇高的使命感和责任感肩负起时代赋予我们的重任，以高昂的斗志和旺盛的热情强力推进我们共同的事业，为建设高水平、有特色的全国百强高校而努力奋斗！

学校概况

海南大学由原华南热带农业大学和原海南大学在2007年8月合并组建而成，是教育部、财政部与海南省共建的省属综合性重点大学和国家“211工程”高校，也是国家中西部高校基础能力建设工程和国家中西部高校综合实力提升工程支持建设高校。

学校现有海甸、儋州、城西3个校区，总占地面积5200多亩。至2013年12月31日，全日制在校生共37347人，其中普通本科生33748人，硕士、博士研究生3353人，留学生246人。学校被教育部评为全国毕业生就业50所典型经验高校之一，毕业生遍布海南各级政府部门及热作、司法、金融、建筑、水产等各行业的重要管理和技术岗位，学生培养质量得到社会的广泛认可。

学校聚集了一支海南省人才最密集、整体水平最高的师资队伍。截至12月31日，学校共有专任教师1744人，其中高级职称教师占56%；具有博士学位教师424人。有2个国家级教学团队，11个省级教学团队，1个教育部“长江学者和创新团队发展计划”创新团队（培育），1个农业部科技创新团队。

学校建立了比较完整的本科、硕士、博士人才培养体系，学科涵盖了哲学、经济学、法学、文学、理学、农学、工学、管理学、艺术学等9大门类，有2个国家重点学科、1个国家重点（培育）学科和12个省部级重点学科。拥有1个国家重点实验室（培育基地）、11个省部级重点实验室、4个省部级工程研究中心和2个海南省人文社科研究基地。设有5个一级学科博士点、24个一级学科硕士点、7种专业学位和1个博士后流动站。在“热带作物的功能基因组研究”“热带珍稀海产品的繁育和病害防治技术”“优质硅资源生产特种玻璃、先进陶瓷及海洋工程材料开发应用”“南海资源开发与安全保障机制”等方面的研究达到国内先进水平。

学校与境内外104所大学和研究机构建立了密切的合作关系，是全国华文教育基地、国家大学生文化素质教育基地。海南大学与澳大利亚查尔斯•达尔文大学联合建立了孔子学院。出版了《海南通史》、《黎族研究大系》、《海南历史文化》等标志性著作，对中国传统文化及海南本土文化的传承创新做出了积极贡献。

在教育部和省委、省政府的领导下，学校牢牢抓住“211工程”建设和国际旅游岛建设两大机遇，制定了学校事业总体发展规划、学科建设规划、人才队伍建设规划和校园建设规划。力争到2020年，人才培养质量、科技创新水平、社会服务能力和文化传承创新等各项事业实现重大跨越，真正把学校建设成为高质量人才培养基地、高水平科技创新基地、高层次社会服务基地和高品位文化传承创新基地，成为综合实力进入国内同类院校先进行列、在国内和东南亚有较大影响的有特色、高水平“211工程”大学。

学校机构设置与领导名录

中共海南大学委员会委员名录

党委书记：刘康德

党委副书记：李建保　周兆德（负责常务工作）　陈封椿

常　　委：刘康德　李建保　周兆德　陈封椿　曹献坤（3月调离）　刁晓平　何忠平　曹　阳　胡新文　陈险峰（11月任）　王崇敏（11月任）

委　员（按姓氏笔画排列）：

刁晓平　王　强　王大群　王崇敏（11月任）　刘康德　刘湘洪　李建保　张继友　张银东　陈险峰（11月任）　陈封椿　何忠平　周兆德　房云昆　郑再喜　胡新文　徐　民　曹　阳　曹献坤（3月调离）黄　恒　蔡鹤龄

中共海南大学纪律检查委员会委员名录

书　记：陈封椿

副书记：房云昆　陈泰豪

委　员（按姓氏笔画排列）：

王志芳　王崇敏　刘康德　陈明宝　陈泰豪　房云昆　周孝怀　胡国柳　徐凤莲　黄海宁　樊　春

海南大学行政领导名录

校　长：李建保

副校长：周兆德　曹献坤（3月调离）刁晓平　何忠平　傅国华　曹　阳　胡新文　陈险峰（11月任）王崇敏（11月任）

海南大学党群系统机构设置和领导名录

一、党群管理系统

单　位	职　务	姓　名	备　注
党委办公室	主　任	黄　恒	
	副主任	龙　腾	党委秘书，正处级
		王大群	正处级
		邓秀成	综治办公室主任

单 位	职 务	姓 名	备 注
宣传部	部 长	张继友	
	副部长	王志芳	正处级，7 月免
		谭 勇	
组织部	部 长	郑再喜	
	副部长	王 强	兼
		王志芳	正处级，7 月任
		韩淑梅	
党校	校 长	周兆德	兼
	常务副校长	王志芳	兼
	副校长	郑再喜	兼
		王 强	兼
统战部	部 长	蔡鹤龄	
	副部长	林少敏	
纪律检查委员会办公室（监察处）	主 任（处 长）	房云昆	
	副主任（副处长）	陈 琛	4 月任
工会	主 席	何忠平	兼
	副主席	林方汉	正处级，专职副主席
		林章义	
团委	书 记	王丽娜	
	副书记	莫泉平	9 月调离
		黄小欧	
		陈广锐	5 月任
学生工作部	部 长	符成彦	
	副部长	韩力光	
		林洪冰	4 月任
研究生工作部	部 长	符成彦	6 月免
		崔昌华	6 月任
	副部长	蒋国洲	6 月免
人民武装部	部 长	黄海宁	
	副部长	梁仲友	
		陈楠昕	

二、二级单位党委（党总支、直属党支部）

单 位	职 务	姓 名	备 注
机关党委	书 记	周兆德	兼
	专职副书记	王志芳	正处级，7 月任
	副书记	王 强	正处级，7 月免
材料与化工学院党委	书 记	李 光	
	副书记	王茂钢	

单 位	职 务	姓 名	备 注
食品学院党委	书 记	林章义	
	副书记	陈秀妍	6月任
	副处级辅导员	梁丽仪	
机电工程学院党委	书 记	符 新	
	副书记	黄国标	
信息科学技术学院党委	书 记	陈明宝	
	副书记	蒙秋妍	
农学院党委	书 记	黄承和	
	副书记	邱志春	
园艺园林学院党委	书 记	朱国鹏	5月任
	副书记	王 珍	
环境与植物保护学院党委	书 记	沈秀清	
	副书记	崔昌华	6月免
		郑中兵	6月任
海洋学院党委	书 记	陈 平	
	副书记	王林桂	6月任
经济与管理学院党委	书 记	符史岱	5月退休
		冯广波	5月任
	副书记	冯广波	5月免
		周邦华	6月任
	副处级辅导员	吴 新	
法学院党委	书 记	徐 民	9月逝世
		王丽娜	12月任
	副书记	杨智平	
政治与公共管理学院（社科部）党委	书 记	王默忠	
	副书记	段捷频	
马克思主义学院党委	书 记	梁 谋	
	副处级辅导员	张君成	
旅游学院党委	书 记	吕裕昌	
	副书记	金 晟	
人文传播学院党委	书 记	王兆庆	
	副书记	孙晓媛	
外国语学院党委	书 记	陈鸣芬	兼
	副书记	黄丽芹	
艺术学院党委	书 记	王 强	5月任
	副书记	陈泰义	
	正处级辅导员	陈泰义	
应用科技学院（城西校区）党委	书 记	谭垂谓	
	副书记	林洪冰	4月免
		俞花美	6月任

<table>
<tr><th>单 位</th><th>职 务</th><th>姓 名</th><th>备 注</th></tr>
<tr><td rowspan="2">应用科技学院（儋州校区）党委</td><td>书 记</td><td>黎 坚</td><td></td></tr>
<tr><td>副书记</td><td>冯社洪</td><td></td></tr>
<tr><td rowspan="2">土木建筑工程学院党委</td><td>书 记</td><td>李艳荣</td><td></td></tr>
<tr><td>副书记</td><td>罗龄球</td><td></td></tr>
<tr><td>后勤集团党委</td><td>书 记</td><td>徐凤莲</td><td></td></tr>
<tr><td>国际文化交流学院党总支</td><td>书 记</td><td>华世佳</td><td></td></tr>
<tr><td>继续教育学院党总支</td><td>书 记</td><td>林尧俊</td><td></td></tr>
<tr><td>体育部党总支</td><td>书 记</td><td>陈泰豪</td><td></td></tr>
<tr><td>图书馆党总支</td><td>书 记</td><td>顾江洪</td><td></td></tr>
<tr><td>离退休人员工作处党总支</td><td>书 记</td><td>陈行远</td><td></td></tr>
<tr><td>校医院党总支</td><td>书 记</td><td>郭雅秦</td><td>兼</td></tr>
<tr><td>档案馆直属党支部</td><td>书 记</td><td>孙 波</td><td>正处级</td></tr>
<tr><td>学报编辑部直属党支部</td><td>书 记</td><td>罗启香</td><td></td></tr>
</table>

海南大学行政系统机构设置和领导名录

一、行政管理机构

<table>
<tr><th>单 位</th><th>职 务</th><th>姓 名</th><th>备 注</th></tr>
<tr><td rowspan="6">校长办公室</td><td>主 任</td><td>刘湘洪</td><td></td></tr>
<tr><td rowspan="4">副主任</td><td>陈 琛</td><td>4 月免</td></tr>
<tr><td>陈卫东</td><td></td></tr>
<tr><td>杨 红</td><td></td></tr>
<tr><td>李 锋</td><td>5 月任</td></tr>
<tr><td>副主任、国内联络办公室主任</td><td>屈凯军</td><td>副处级，12 月免</td></tr>
<tr><td rowspan="2">审计处</td><td>处 长</td><td>房云昆</td><td></td></tr>
<tr><td>副处长</td><td>邱华祥</td><td></td></tr>
<tr><td rowspan="4">教务处</td><td>处 长</td><td>欧阳克毅</td><td></td></tr>
<tr><td rowspan="3">副处长</td><td>邱锡光</td><td></td></tr>
<tr><td>曲 涛</td><td></td></tr>
<tr><td>胡先文</td><td></td></tr>
<tr><td rowspan="3">科研处</td><td>处 长</td><td>章程辉</td><td></td></tr>
<tr><td rowspan="2">副处长</td><td>李辽宁</td><td></td></tr>
<tr><td>黄梦醒</td><td></td></tr>
<tr><td rowspan="3">学生工作处</td><td>处 长</td><td>符成彦</td><td></td></tr>
<tr><td rowspan="2">副处长</td><td>韩力光</td><td></td></tr>
<tr><td>林洪冰</td><td>4 月任</td></tr>
</table>

单　位	职　务	姓　名	备　注
研究生处	处　长	张银东	
	副处长	蒋国洲	
		朱国鹏	5 月免
重点项目建设办公室（“211 工程”大学建设办公室）	主　任	黄东益	
	副主任	李　婷	4 月辞职
		郑中兵	6 月免
		邹文涛	5 月任
		杨　婕	9 月任
人事处（计划生育办公室）	处　长	刘　雯	
	副处长	黄海民	
		陈俊霖	
外事侨务处	处　长	华世佳	
	副处长	杨云升	
		贾绍东	
		王　华	
		杨志昕	
招生办公室	主　任	林强盛	
	副主任	于文霞	
		胡　静	
离退休人员工作处（关心下一代工作委员会）	处　长	汪热明	
	副处长	陈行远	兼
计划财务处	处　长	陈险峰	至 11 月
	副处长	屈凯军	12 月任，主持工作
		粟火元	
		陈　晖	
		许能锐	9 月任
国有资产管理处（产业办公室）	处　长	周文山	
	副处长	苏恩川	
		黄运鸣	
基建处	处　长	卢江海	
	副处长	邱宙廷	正处级
		田元福	
		刘智敏	
保卫处	处　长	黄海宁	
	副处长	梁仲友	兼
		陈楠昕	

单 位	职 务	姓 名	备 注
后勤管理处	处 长	邢谷川	
	副处长	邓泽明	
		邓昌明	9 月任
		敖荷花	12 月退休

二、学部

名 称	所属学院（部）
热带农业与生命科学学部	农学院 园艺园林学院 环境与植物保护学院 海洋学院
理工学部	材料与化工学院 食品学院 土木建筑工程学院 机电工程学院 信息科学技术学院
人文学部	人文传播学院 外国语学院 艺术学院 国际文化交流学院 体育部
社会科学学部	法学院 政治与公共管理学院 旅游学院 马克思主义学院 经济与管理学院

三、教学单位

单 位	职 务	姓 名	备 注
材料与化工学院	院 长	张玉苍	
	副院长	姜 宏	
		陈泽林	正处级
		庞素娟	
		廖双泉	
		曹献英	
土木建筑工程学院	院 长	卫 宏	
	副院长	陈奕柏	
		李光范	
		韩建刚	
食品学院	院 长	仇厚援	11 月免
		李从发	11 月任
	副院长	李从发	11 月免
		林向东	
机电工程学院	院 长	翁绍捷	
	副院长	李 粤	
		唐荣年	
信息科学技术学院	院 长	杜文才	
	副院长	陈明锐	
		杨 雄	
		尹建华	

单　位	职　务	姓　名	备　注
农学院	院　长	何朝族	
农学院	常务副院长	袁潜华	副处级
农学院	副院长	吴蔚东	
农学院	副院长	王凤阳	
农学院	副院长	罗丽娟	
农学院	副院长	陈银华	7月任
园艺园林学院	院　长	李绍鹏	
园艺园林学院	副院长	黄绵佳	
园艺园林学院	副院长	许先升	
园艺园林学院	副院长	杨好伟	
园艺园林学院	副院长	杨小波	
园艺园林学院	副院长	宋希强	
环境与植物保护学院	院　长	郑服丛	
环境与植物保护学院	副院长	朱朝华	
环境与植物保护学院	副院长	缪卫国	
海洋学院	院　长	陈国华	
海洋学院	副院长	黄　勃	
海洋学院	副院长	周永灿	
海洋学院	副院长	邓世明	
经济与管理学院	院　长	胡国柳	
经济与管理学院	副院长	韦　明	
经济与管理学院	副院长	柯佑鹏	
经济与管理学院	副院长	林肇宏	
经济与管理学院	副院长	刘家诚	
经济与管理学院	副院长	韦开蕾	5月任
经济与管理学院	所　长	李仁君	副处级（中国现代经济理论研究所）
法学院	院　长	王崇敏	
法学院	副院长	王　琦	
法学院	副院长	宁清同	
法学院	副院长	叶英萍	
政治与公共管理学院（社科部）	院　长（主　任）	张治库	5月任
政治与公共管理学院（社科部）	副院长	宋增伟	
政治与公共管理学院（社科部）	副院长	江红义	5月任
马克思主义学院	院　长	李德芳	
马克思主义学院	副院长	张云阁	

单　位	职　务	姓　名	备　注
旅游学院	院　长	王　琳	
	副院长	陈扬乐	
		郭　强	6月任
		胡　涛	
		孙建军	
人文传播学院	院　长	闫广林	4月辞职
		刘复生	7月任
	副院长	阎金玲	7月免
		刘　亮	
		刘复生	7月免
外国语学院	院　长	陈鸣芬	
	常务副院长	金　莹	副处级
	副院长	金　山	
		彭晓华	
艺术学院	院　长	张巨斌	2月任
	副院长	赵京封	
		钟　恒	
		张志强	
		邱海东	
国际文化交流学院	院　长	杨云升	
	副院长	贾绍东	
		王　华	
继续教育学院	院　长	段书臣	
	副院长	符常明	
		张延梅	
		王　之	
应用科技学院（城西校区）	院　长	覃金源	
	副院长	尤世珏	12月退休
		康由发	
		黄崇利	
应用科技学院（儋州校区）	院　长	廖建和	
	副院长	赖桂春	
		刘德兵	5月免
		李婉萍	12月任
体育部	主　任	罗远标	
	副主任	洪家云	
		田　东	

四、科研机构

内容参见第 107 页“2013 年国家级、省部级重点实验室、工程技术研究中心（所）、人文基地一览表”

五、派出机构

单 位	职 务	姓 名	备 注
儋州校区管理委员会	主 任	于旭东	正处级
	副主任	冯社洪	副处级，12 月免
		符灶儒	副处级，4 月任
		郭胜才	副处级，12 月任

六、辅助机构

单 位	职 务	姓 名	备 注
毕业生就业指导中心（校友会）	主 任	黄玉端	正处级
	副主任	苏文魁	副处级
图书馆	馆 长	詹长智	正处级
	副馆长	顾江洪	兼
		李 春	副处级
		阎金玲	7 月任
档案馆	馆 长	范 明	正处级
	副馆长	孙 波	兼
学报编辑部	主 任	许文深	正处级，9 月退休
	副主任	孙绍先	正处级
		罗启香	副处级
		石耀华	副处级，9 月任
网络与教育技术中心	主 任	李文化	正处级
	副主任	张树亮	副处级
后勤集团	总经理	樊 春	正处级
	副总经理	李海清	副处级
		李长明	副处级
		许成强	副处级
		邓井红	副处级

七、附属机构

单 位	职 务	姓 名	备 注
海南大学医院	院 长	郭雅秦	副处级
	副院长	彭少华	副处级
		朱 萍	副处级

海南大学2013年新增各类委员会、领导小组及其成员名录

海南大学党的群众路线教育实践活动领导小组

海大党[2013]18号
成立时间 2013年7月9日

组　长：刘康德
副组长：李建保　周兆德　陈封椿
成　员：刁晓平　何忠平　曹　阳　胡新文
　　　　郑再喜　房云昆　黄　恒　刘湘洪
　　　　张继友　刘　雯

领导小组办公室主要成员

主　任：周兆德（兼）
副主任：郑再喜

综合组

组　长：黄　恒
副组长：刘湘洪　王志芳　韩淑梅

文秘组

组　长：龙　腾
副组长：李　锋

宣传组

组　长：张继友
副组长：谭　勇

督导组

组　长：房云昆
副组长：陈　琛

校学生工作委员会

海大党[2013]23号
调整时间 2013年10月28日

主任委员：
陈封椿（分管学生工作的校党委副书记）
副主任委员：
符成彦（学生处）　欧阳克毅（教务处）
黄玉端（就业指导中心）　王丽娜（团委）
崔昌华（研究生工作部）
委　员：
郑再喜（党委组织部）　刘　雯（人事处）
邢谷川（后勤管理处）　黄海宁（保卫处）
樊　春（后勤集团）　王林桂（海洋学院）
陈秀妍（食品学院）　梁　谋（马克思主义学院）
王茂钢（材料与化工学院）
罗邻球（土木建筑工程学院）
黄国标（机电工程学院）
蒙秋妍（信息科学技术学院）　邱志春（农学院）
王　珍（园艺园林学院）
郑中兵（环境与植物保护学院）
周邦华（经济与管理学院）　杨智平（法学院）
段捷频（政治与公共管理学院）
金　晟（旅游学院）　孙晓媛（人文传播学院）
黄丽芹（外国语学院）　陈泰义（艺术学院）
王　华（国际文化交流学院）
冯社洪（应用科技学院（儋州））
俞花美（应用科技学院（城西））
学生工作委员会办公室设在学生工作处，符成彦兼任办公室主任。

下设工作领导小组

1．学生评优奖励领导小组
组　长：陈封椿
副组长：欧阳克毅　符成彦　崔昌华
组　员：韩力光　黄小欧　黄国标　陈秀妍
陈泰义　杨智平　金　晟
2．学生违纪处分领导小组
组　长：陈封椿
副组长：符成彦　欧阳克毅　黄海宁　崔昌华
组　员：叶英萍　王茂钢　郑中兵　段捷频
　　　　孙晓媛　周邦华
3．校内学生申诉处理委员会
主任委员：陈封椿
委　　员：房云昆　刘湘洪　黄玉端　王丽娜
　　　　　邱志春　段书臣　校学生会主席
　　　　　校研究生会主席　申诉人所在学院
　　　　　的学生会或研究生会代表1人

委员会办公室与校团委合署办公，王丽娜兼任办公室主任。

海南大学儋州校区房屋管理工作小组

海大[2013]46 号
成立时间 2013 年 3 月 26 日

组 长：符灶儒
副组长：邓泽明 黄运鸣 陈楠昕
成 员：郭胜才 盘 毅 卢 昕 李卫海
刘国鸿 王亚冷 陈海清 严曙光
张 彪

依法治校领导小组

海大[2013]73 号
成立时间 2013 年 4 月 9 日

组 长：李建保
常务副组长：周兆德
副组长：陈封椿 何忠平 曹阳
成 员：党办 校办（法律顾问室）宣传部
监察处（审计处） 工会 教务处
人事处 学生工作处 计划财务处
科研处（学术委员会办公室）
研究生处（学位委员会办公室）
“211 工程”建设办公室 国资处 基建处
后勤管理处 保卫处主要负责人

领导小组下设办公室，办公室设在校办，办公室主任由校办主任担任，负责日常工作。

海南大学节能降耗工作领导小组

海大[2013]76 号
调整时间 2013 年 4 月 11 日

组 长：何忠平
副组长：邢谷川（后勤管理处） 陈卫东（校办）
成 员：
邓秀成（综治办） 于旭东（儋州校区管委会）
樊 春（后勤集团）周文山（国资处）
卢江海（基建处） 陈险峰（计划财务处）
张继友（宣传部） 符成彦（学生工作处）
王丽娜（团委） 覃金源（城西校区）
领导小组下设办公室，办公室设在后勤管理处。

海南大学 2012 年预算项目绩效评价工作小组

海大[2013]80 号
成立时间 2013 年 3 月 17 日

组 长：陈险峰
成 员：邱华祥 黄海民 刘智敏 郑中兵
黄运鸣 邓湘云 张长海 温俊伟

海南大学中西部高等教育振兴计划重点建设项目推进工作领导小组

海大[2013]122 号
成立时间 2013 年 3 月 28 日

组 长：李建保
副组长：刁晓平 何忠平 傅国华 曹 阳
胡新文
成 员：
“211 工程”建设办公室 校长办公室
计划财务处 人事处 科研处 教务处
研究生处 基建处 国资处 审计处等
职能部门主要负责人。

推进工作领导小组下设办公室（挂靠“211 工程”建设办公室），负责日常协调和统筹工作。

第四届教学督导委员会督导员

海大[2013]161 号
成立时间 2013 年 7 月 12 日

理工学部：朱 文 张德拉 韩汉鹏 廖宇兰
黄广民
热带农业与生命科学学部：
李增平 罗文杰 王 嫣 成善汉
人文学部：赵京封 马荣江 梁 鲜 黄永平
社会科学学部：
蔡东宏 周孝怀 李均立 陈思莲
应用科技学院（城西校区）：
潘贤丽 陈琼花 陈 健
应用科技学院（儋州校区）：
赖桂春 廖建和 朱荣华 李婉萍

海南大学中西部高校
提升综合实力计划工作推进小组

海大[2013]221号
成立时间　2013年10月23日

1.海南大学中西部高校提升综合实力计划工作推进小组
组　长：刁晓平
副组长：黄东益　陈险峰
成　员：欧阳克毅　章程辉　卢江海　刘　雯
　　　　邹文涛
2.五个建设项目组
学科建设项目组
组　长：刁晓平
副组长：黄东益
成　员：张银东　章程辉　何朝族　张玉苍
　　　　胡国柳　刘复生　曲　涛　邹文涛
教学实验平台项目组
组　长：曹　阳　陈封椿
副组长：欧阳克毅
成　员：周文山　王丽娜　曲　涛
科研平台和实践基地项目组
组　长：胡新文
副组长：章程辉
成　员：周文山　黄梦醒　何朝族　邓湘云
公共服务体系建设项目组
组　长：何忠平
副组长：卢江海
成　员：邢谷川　李文化　周文山　李　春
　　　　樊　春　邱锡光
人才培养和团队建设项目组
组　长：傅国华
副组长：刘　雯
成　员：李辽宁　黄海民　胡先文　杨　婕

城西校区办学功能调整工作小组

海大[2013]222号
成立时间　2013年10月23日

组　长：李建保
副组长：刁晓平　傅国华　曹　阳
成　员：
"211工程"建设办公室　应用科技学院（城西校区）
人事处　组织部　教务处　招生办
计划财务处　学工处　国资处　基建处
后勤处　后勤集团　保卫处　图书馆及
相关学院的主要负责人。
统筹组
组　长：刁晓平
人事工作组
组　长：傅国华
教学工作组
组　长：曹　阳
学工组
组　长：符成彦
公共设施及后勤保障组
组　长：邢谷川
保卫组
组　长：黄海宁

2013年度高校教师系列
中级专业技术资格评审委员会

海大[2013]276号
成立时间　2013年12月19日

主任委员：周兆德
副主任委员：傅国华
成　　员：陈鸣芬　房云昆　韩建刚　胡　涛
　　　　　李从发　廖建和　林肇宏　刘复生
　　　　　刘　雯　罗远标　覃金源　翁绍捷
　　　　　杨　雄
秘　　书：黄海民

海南大学农药登记评价中心

海大[2013]280号
成立时间　2013年12月20日

主　　任：胡新文
常务副主任：章程辉
副 主 任：郑服丛　冯玉红

海南大学各民主党派负责人名录

民革海南大学总支

主　委：宋静敏

副主委：刘远山　李　雯（女）　杨劲松（女）　陈经武

委　员：王凤阳　王公法　王　刚　杨雨辉　杨　洁（女）　林师森　罗丽华（女）　闫　超

民盟海南大学委员会

主　委：李仁君

副主委：冯玉红（女）　张　敏　杨重法

委　员：王晓云（女）　卢莉华　李志林　李群山　张朔人　樊　燕（女）　满彩云（女）

民建海南大学支部

主　任：杜　锋

副主任：潘　虹（女）　黄成明

委　员：胡　涛　张永辉　白新鹏　吴进怡(女)

民进海南大学支部

主　任：李　婷（女）

副主任：赵全鹏（主持工作）　庞素娟（女）　云　敏

委　员：文　涛　陈　永　吕　红（女）

农工党海南大学总支

主　委：邓世明

副主委：孙中亮　李　秀

委　员：刘海青（女）　尹学琼（女）

致公党海南大学总支

主　委：卫　宏

副主委：王新广　马荣江　林肇宏（12 月 20 日届中增选）

委　员：周厚勇　李　熵（女）　李　蒙

九三学社海南大学委员会

主　委：何朝族

副主委：袁潜华　王　琳（女）　李从发

委　员：陈小桃（女）　王　芳（女）　陈志德　朱东根　沈　林（女）　原晓燕（女）

海南大学归国华侨联合会负责人名录

名誉主席：李建保

主　　席：严　庆

副 主 席：华世佳　陈琼花

常务委员：严　庆　华世佳　陈琼花　傅国华　林少敏　黄　惜　黄绵佳

委　　员：严　庆　华世佳　陈琼花　傅国华　林少敏　黄　惜　黄绵佳　云大津　朱　文　刘国良　许德兴　杜文才　杨志昕　杨重法　林尤奋

秘 书 长：华世佳

副秘书长：杨志昕　李群山

顾　　问：邓文端　冯推南　邱德勃　杨庆荃　符华儿　程儒参　詹尊沂

各类统计数据

学校基本数据

【校园面积】 校园总占地面积 5206.91 亩。其中：海甸校区面积 2622.55 亩，儋州校区面积 1708.75 亩，城西校区面积 139.66 亩，秀英农场 735.94 亩。

【校舍面积】 校舍总建筑面积 1297202 平方米。其中：海甸校区 1026893 平方米，儋州校区 234695 平方米，城西校区 35614 平方米。

【固定资产】 学校固定资产总价 247116.72 万元。

【教职工情况】 教职工 3546 人。其中专任教师 1744 人、教授 302 人、其他正高职称 24 人、副教授 568 人、其他副高职称 87 人、博士 402 人、硕士 644 人。

【学生情况】 在校学生 42536 人。

全日制学生 37347 人，其中博士研究生 174 人、硕士研究生 3179 人、本科生 33748 人、外国留学生 246 人。

成教学历教育学生 3390 人，其中本科生 1742 人、专科生 1648 人。

在职研究生 1799 人。

【图书馆】 馆藏文献 334.4 万余册（种）。纸质图书为 236.05 册，电子图书为 108.35 万余种。新增加 10 个中外文数据库，中外文数据库共 38 个（其中 18 个中文，20 个外文），自建特色资源数据库 8 个，免费试用数据库 70 余个。

【档案馆】 馆藏纸质档案 10932 卷和 31944 件，收录条目 44696 条；数字化档案 60799 件。

学生基本情况

博士研究生分专业（领域）人数统计表

单位：人

专业名称	年制	毕业生数	授予学位数	招生数		在校生数				预计毕业生数
				合计	其中应届毕业生	合计	一年级	二年级	三年级及以上	
总　计	0	23	21	37	21	174	37	38	99	99
其　中：女	0	11	12	20	10	71	20	13	38	38
学术型学位博士	0	23	21	37	21	174	37	38	99	99
其　中：女	0	11	12	20	10	71	20	13	38	38
国家任务学术型学位博士	0	23	21	37	21	174	37	38	99	99
法学学科	3	0	0	6	5	11	6	5	0	0
植物学	3	0	0	3	2	18	3	3	12	12

专业名称	年制	毕业生数	授予学位数	招生数		在校生数				预计毕业生数
				合计	其中应届毕业生	合计	一年级	二年级	三年级及以上	
水生生物学	3	0	0	2	1	3	2	1	0	0
微生物学	3	0	0	0	0	1	0	1	0	0
遗传学	3	0	0	3	2	3	3	0	0	0
生物化学与分子生物学	3	0	0	6	3	8	6	2	0	0
生态学学科	3	0	0	5	2	7	5	2	0	0
信息与通信工程学科	3	0	0	2	1	5	2	3	0	0
作物栽培学与耕作学	3	2	2	1	1	17	1	3	13	13
作物遗传育种	3	7	6	9	4	36	9	4	23	23
作物学学科	3	2	3	0	0	7	0	3	4	4
作物学学科	3	4	3	0	0	10	0	0	10	10
作物学学科	3	2	1	0	0	19	0	5	14	14
作物学学科	3	1	1	0	0	6	0	1	5	5
作物学学科	3	1	1	0	0	4	0	2	2	2
作物学学科	3	0	0	0	0	3	0	0	3	3
作物学学科	3	2	2	0	0	6	0	2	4	4
作物学学科	3	2	2	0	0	10	0	1	9	9

硕士研究生分专业（领域）学生数

单位：人

专业名称	年制	毕业生数	授予学位数	招生数		在校生数				预计毕业生数
				合计	其中应届毕业生	合计	一年级	二年级	三年级及以上	
总　计	-	871	870	1051	643	3179	1051	1016	1112	1112
其　中：女	-	482	478	612	392	1762	612	583	567	567
学术型学位硕士	-	598	597	534	412	1687	534	534	619	619
其　中：女	-	343	339	302	244	954	302	317	335	335
国家任务学术型学位硕士	-	347	346	534	412	1451	534	534	383	383
计算机科学与技术学科	3	0	0	8	4	13	8	5	0	0
软件工程学科	3	0	0	3	2	6	3	3	0	0
技术经济及管理	3	0	0	4	4	4	4	0	0	0
化学工程与技术学科	3	0	0	21	18	21	21	0	0	0
材料科学与工程学科	3	0	0	24	18	24	24	0	0	0
药物化学	3	0	0	3	3	5	3	2	0	0
草学学科	3	4	4	0	0	1	0	0	1	1
园艺学学科	3	0	0	5	4	5	5	0	0	0
中国哲学	3	0	0	4	3	14	4	4	6	6
外国哲学	3	2	2	4	0	14	4	4	6	6

专业名称	年制	毕业生数	授予学位数	招生数		在校生数				预计毕业生数
				合计	其中应届毕业生	合计	一年级	二年级	三年级及以上	
政治经济学	3	0	0	2	2	7	2	3	2	2
世界经济	3	9	9	11	7	26	11	7	8	8
区域经济学	3	0	0	2	1	2	2	0	0	0
金融学（含：保险学）	3	11	11	13	8	33	13	11	9	9
产业经济学	3	0	0	0	0	2	0	2	0	0
统计学	3	0	0	0	0	3	0	3	0	0
财政学（含：税收学）	3	0	0	0	0	4	0	4	0	0
法学理论	3	4	4	3	2	8	3	2	3	3
法律史	3	4	4	2	1	9	2	3	4	4
宪法学与行政法学	3	2	2	3	1	9	3	3	3	3
刑法学	3	4	4	4	4	15	4	5	6	6
民商法学（含：劳动法学、社会保障法学）	3	16	16	13	7	42	13	16	13	13
诉讼法学	3	11	11	5	3	24	5	8	11	11
经济法学	3	7	7	3	2	12	3	3	6	6
环境与资源保护法学	3	3	3	2	2	9	2	3	4	4
国际法学（含：国际公法、国际私法、国际经济法）	3	4	4	5	4	11	5	3	3	3
政治学理论	3	7	7	12	8	25	12	8	5	5
中共党史（含：党的学说与党的建设）	3	3	3	2	1	9	2	4	3	3
马克思主义基本原理	3	4	4	3	2	9	3	3	3	3
马克思主义中国化研究	3	4	4	2	2	8	2	3	3	3
思想政治教育	3	13	13	14	8	43	14	13	16	16
文艺学	3	11	11	8	7	25	8	7	10	10
语言学及应用语言学	3	0	0	0	0	0	0	0	0	0
中国古代文学	3	0	0	3	2	5	3	2	0	0
中国现当代文学	3	0	0	4	2	9	4	5	0	0
比较文学与世界文学	3	6	6	5	4	16	5	4	7	7
英语语言文学	3	8	8	8	3	29	8	9	12	12
外国语言学及应用语言学	3	6	6	9	3	28	9	7	12	12
应用数学	3	3	3	6	5	16	6	5	5	5
海洋生物学	3	7	7	5	5	16	5	5	6	6
植物学	3	16	16	11	11	38	11	13	14	14
动物学	3	0	0	4	4	8	4	4	0	0
水生生物学	3	0	0	0	0	0	0	0	0	0
微生物学	3	10	10	15	12	42	15	13	14	14
遗传学	3	0	0	5	5	8	5	3	0	0

专业名称	年制	毕业生数	授予学位数	招生数		在校生数				预计毕业生数
				合计	其中应届毕业生	合计	一年级	二年级	三年级及以上	
发育生物学	3	1	1	3	2	5	3	0	2	2
生物化学与分子生物学	3	10	9	23	20	51	23	18	10	10
生态学学科	3	6	6	10	10	22	10	7	5	5
材料物理与化学	3	3	3	0	0	12	0	9	3	3
材料学	3	13	13	0	0	21	0	15	6	6
材料加工工程	3	0	0	0	0	3	0	3	0	0
通信与信息系统	3	5	5	0	0	7	0	0	7	7
信号与信息处理	3	3	3	0	0	4	0	0	4	4
信息与通信工程学科	3	0	0	12	12	26	12	14	0	0
计算机应用技术	3	2	2	0	0	7	0	0	7	7
岩土工程	3	5	5	7	7	17	7	5	5	5
结构工程	3	0	0	8	8	12	8	4	0	0
化学工程	3	0	0	0	0	3	0	3	0	0
化学工艺	3	7	7	0	0	5	0	4	1	1
生物化工	3	7	6	0	0	9	0	4	5	5
应用化学	3	8	7	0	0	12	0	5	7	7
工业催化	3	0	0	0	0	3	0	3	0	0
农业机械化工程	3	2	2	5	3	14	5	5	4	4
环境工程	3	3	3	6	6	12	6	5	1	1
食品科学	3	5	5	14	13	30	14	11	5	5
农产品加工及贮藏工程	3	3	3	6	5	21	6	8	7	7
水产品加工及贮藏工程	3	0	0	3	3	6	3	3	0	0
风景园林学学科	3	0	0	10	9	22	10	12	0	0
作物栽培学与耕作学	3	5	5	12	10	30	12	11	7	7
作物遗传育种	3	2	2	21	18	58	21	20	17	17
作物学学科	3	0	0	0	0	8	0	6	2	2
作物学学科	3	2	3	0	0	6	0	6	0	0
作物学学科	3	1	1	16	16	32	16	12	4	4
作物学学科	3	1	1	0	0	6	0	4	2	2
作物学学科	3	0	0	0	0	5	0	4	1	1
作物学学科	3	1	1	0	0	6	0	4	2	2
作物学学科	3	1	1	0	0	7	0	4	3	3
作物学学科	3	5	5	0	0	9	0	6	3	3
果树学	3	3	3	5	4	13	5	5	3	3
蔬菜学	3	0	0	1	1	5	1	4	0	0
土壤学	3	0	0	6	5	12	6	5	1	1
植物营养学	3	1	1	5	5	13	5	4	4	4

专业名称	年制	毕业生数	授予学位数	招生数		在校生数				预计毕业生数
				合计	其中应届毕业生	合计	一年级	二年级	三年级及以上	
植物病理学	3	4	4	8	7	21	8	7	6	6
农业昆虫与害虫防治	3	1	1	3	2	7	3	4	0	0
农药学	3	0	0	3	3	7	3	4	0	0
动物遗传育种与繁殖	3	0	0	3	3	6	3	3	0	0
林木遗传育种	3	0	0	0	0	5	0	3	2	2
森林培育	3	0	0	0	0	3	0	3	0	0
森林保护学	3	0	0	3	3	8	3	4	1	1
野生动植物保护与利用	3	2	2	5	4	10	5	3	2	2
园林植物与观赏园艺	3	12	12	0	0	18	0	0	18	18
水产养殖	3	11	12	17	11	39	17	15	7	7
草学学科	3	0	0	4	4	8	4	4	0	0
生药学	3	0	0	5	4	9	5	4	0	0
会计学	3	0	0	5	4	7	5	2	0	0
企业管理（含：财务管理、市场营销、人力资源管理）	3	13	13	15	7	31	15	11	5	5
旅游管理	3	8	8	11	8	33	11	16	6	6
农业经济管理	3	7	7	9	5	19	9	5	5	5
美术学	3	5	5	10	6	29	10	11	8	8
委托培养学术型学位硕士	-	6	6	0	0	0	0	0	0	0
法学理论	3	1	1	0	0	0	0	0	0	0
民商法学（含：劳动法学、社会保障法学）	3	1	1	0	0	0	0	0	0	0
诉讼法学	3	1	1	0	0	0	0	0	0	0
国际法学（含：国际公法、国际私法、国际经济法）	3	1	1	0	0	0	0	0	0	0
英语语言文学	3	1	1	0	0	0	0	0	0	0
生态学学科	3	1	1	0	0	0	0	0	0	0
自筹经费学术型学位硕士	-	245	245	0	0	236	0	0	236	236
中国哲学	3	2	2	0	0	1	0	0	1	1
外国哲学	3	0	0	0	0	0	0	0	0	0
政治经济学	3	5	5	0	0	1	0	0	1	1
世界经济	3	5	5	0	0	11	0	0	11	11
法学理论	3	0	0	0	0	0	0	0	0	0
法律史	3	0	0	0	0	1	0	0	1	1
宪法学与行政法学	3	0	0	0	0	0	0	0	0	0
刑法学	3	1	1	0	0	0	0	0	0	0
民商法学（含：劳动法学、社会保障法学）	3	0	0	0	0	0	0	0	0	0
诉讼法学	3	0	0	0	0	0	0	0	0	0

专业名称	年制	毕业生数	授予学位数	招生数		在校生数				预计毕业生数
				合计	其中应届毕业生	合计	一年级	二年级	三年级及以上	
经济法学	3	1	1	0	0	0	0	0	0	0
环境与资源保护法学	3	0	0	0	0	1	0	0	1	1
国际法学（含：国际公法、国际私法、国际经济法）	3	0	0	0	0	0	0	0	0	0
政治学理论	3	0	0	0	0	0	0	0	0	0
中共党史（含：党的学说与党的建设）	3	0	0	0	0	0	0	0	0	0
马克思主义基本原理	3	0	0	0	0	0	0	0	0	0
马克思主义中国化研究	3	0	0	0	0	1	0	0	1	1
思想政治教育	3	1	1	0	0	0	0	0	0	0
文艺学	3	0	0	0	0	1	0	0	1	1
语言学及应用语言学	3	0	0	0	0	0	0	0	0	0
中国古代文学	3	0	0	0	0	0	0	0	0	0
中国现当代文学	3	0	0	0	0	0	0	0	0	0
比较文学与世界文学	3	1	1	0	0	0	0	0	0	0
英语语言文学	3	3	3	0	0	0	0	0	0	0
外国语言学及应用语言学	3	5	5	0	0	0	0	0	0	0
应用数学	3	3	3	0	0	1	0	0	1	1
海洋生物学	3	1	1	0	0	3	0	0	3	3
植物学	3	0	0	0	0	1	0	0	1	1
动物学	3	0	0	0	0	0	0	0	0	0
水生生物学	3	0	0	0	0	0	0	0	0	0
微生物学	3	0	0	0	0	4	0	0	4	4
遗传学	3	0	0	0	0	0	0	0	0	0
发育生物学	3	4	4	0	0	3	0	0	3	3
生物化学与分子生物学	3	10	10	0	0	14	0	0	14	14
生态学学科	3	4	4	0	0	6	0	0	6	6
材料物理与化学	3	7	7	0	0	6	0	0	6	6
材料学	3	4	4	0	0	11	0	0	11	11
材料加工工程	3	0	0	0	0	0	0	0	0	0
通信与信息系统	3	8	8	0	0	10	0	0	10	10
信号与信息处理	3	1	1	0	0	1	0	0	1	1
信息与通信工程学科	3	0	0	0	0	0	0	0	0	0
计算机应用技术	3	6	6	0	0	3	0	0	3	3
岩土工程	3	3	3	0	0	3	0	0	3	3
结构工程	3	0	0	0	0	0	0	0	0	0
化学工程	3	0	0	0	0	0	0	0	0	0
化学工艺	3	0	0	0	0	3	0	0	3	3

专业名称	年制	毕业生数	授予学位数	招生数		在校生数				预计毕业生数
				合计	其中应届毕业生	合计	一年级	二年级	三年级及以上	
生物化工	3	3	3	0	0	3	0	0	3	3
应用化学	3	5	5	0	0	4	0	0	4	4
工业催化	3	0	0	0	0	0	0	0	0	0
农业机械化工程	3	3	3	0	0	2	0	0	2	2
环境工程	3	3	3	0	0	4	0	0	4	4
食品科学	3	8	8	0	0	7	0	0	7	7
农产品加工及贮藏工程	3	9	9	0	0	6	0	0	6	6
水产品加工及贮藏工程	3	0	0	0	0	0	0	0	0	0
风景园林学学科	3	0	0	0	0	0	0	0	0	0
作物栽培学与耕作学	3	5	5	0	0	4	0	0	4	4
作物遗传育种	3	18	18	0	0	9	0	0	9	9
作物学学科	3	6	6	0	0	6	0	0	6	6
作物学学科	3	5	5	0	0	7	0	0	7	7
作物学学科	3	13	13	0	0	10	0	0	10	10
作物学学科	3	4	4	0	0	2	0	0	2	2
作物学学科	3	3	3	0	0	3	0	0	3	3
作物学学科	3	2	2	0	0	1	0	0	1	1
作物学学科	3	3	3	0	0	1	0	0	1	1
作物学学科	3	3	3	0	0	4	0	0	4	4
果树学	3	3	3	0	0	5	0	0	5	5
蔬菜学	3	0	0	0	0	0	0	0	0	0
土壤学	3	6	6	0	0	5	0	0	5	5
植物营养学	3	5	5	0	0	1	0	0	1	1
植物病理学	3	3	3	0	0	1	0	0	1	1
农业昆虫与害虫防治	3	2	2	0	0	3	0	0	3	3
农药学	3	4	4	0	0	4	0	0	4	4
动物遗传育种与繁殖	3	0	0	0	0	0	0	0	0	0
林木遗传育种	3	3	3	0	0	1	0	0	1	1
森林培育	3	2	2	0	0	3	0	0	3	3
森林保护学	3	3	3	0	0	3	0	0	3	3
野生动植物保护与利用	3	3	3	0	0	3	0	0	3	3
园林植物与观赏园艺	3	2	2	0	0	1	0	0	1	1
水产养殖	3	9	9	0	0	12	0	0	12	12
草学学科	3	1	1	0	0	2	0	0	2	2
生药学	3	0	0	0	0	0	0	0	0	0
会计学	3	0	0	0	0	0	0	0	0	0
企业管理（含：财务管理、市场营销、人力资源管理）	3	7	7	0	0	14	0	0	14	14

专业名称	年制	毕业生数	授予学位数	招生数		在校生数				预计毕业生数
				合计	其中应届毕业生	合计	一年级	二年级	三年级及以上	
旅游管理	3	8	8	0	0	4	0	0	4	4
农业经济管理	3	9	9	0	0	5	0	0	5	5
美术学	3	5	5	0	0	1	0	0	1	1
金融学（含：保险学）	3	2	2	0	0	9	0	0	9	9
专业学位硕士	-	273	273	517	231	1492	517	482	493	493
其　中：女	0	139	139	310	148	808	310	266	232	232
国家任务专业学位硕士	-	0	0	222	178	418	222	196	0	0
国际商务	3	0	0	29	22	54	29	25	0	0
法律	3	0	0	6	6	9	6	3	0	0
法律	3	0	0	1	1	1	1	0	0	0
翻译	3	0	0	32	21	62	32	30	0	0
翻译	3	0	0	19	14	42	19	23	0	0
工程	3	0	0	13	11	32	13	19	0	0
工程	3	0	0	24	17	44	24	20	0	0
工程	3	0	0	16	16	34	16	18	0	0
工程	3	0	0	14	12	32	14	18	0	0
农业推广	3	0	0	13	13	28	13	15	0	0
农业推广	3	0	0	11	10	11	11	0	0	0
农业推广	3	0	0	10	9	10	10	0	0	0
农业推广	3	0	0	10	8	10	10	0	0	0
农业推广	3	0	0	10	8	22	10	12	0	0
农业推广	3	0	0	14	10	27	14	13	0	0
自筹经费专业学位硕士	-	273	273	295	53	1074	295	286	493	493
法律	3	60	60	53	21	161	53	53	55	55
法律	3	64	64	54	32	168	54	57	57	57
翻译	3	0	0	0	0	23	0	0	23	23
翻译	3	0	0	0	0	15	0	0	15	15
国际商务	3	1	1	0	0	22	0	0	22	22
工程	3	0	0	0	0	18	0	0	18	18
工程	3	0	0	0	0	20	0	0	20	20
工程	3	0	0	0	0	17	0	0	17	17
工程	3	0	0	0	0	17	0	0	17	17
工商管理	3	119	119	93	0	370	93	105	172	172
公共管理	3	29	29	95	0	243	95	71	77	77

普通本科分专业学生数统计表

单位：人

专业名称	年制	毕业生数	授予学位数	招生数	在校生数					
					合计	一年级	二年级	三年级	四年级	五年级及以上
总　计	-	6461	6176	8655	33748	8655	8629	8421	8012	31
其　中：女	-	3295	3247	4880	18472	4880	4797	4574	4206	15
高中起点本科	-	6461	6176	8655	33748	8655	8629	8421	8012	31
法学	4	131	123	107	538	107	147	146	138	0
法学	4	0	0	33	33	33	0	0	0	0
法学	4	27	27	0	0	0	0	0	0	0
国际经济与贸易	4	72	71	73	329	73	90	86	80	0
金融学	4	102	102	80	517	80	151	162	124	0
金融学	4	0	0	0	30	0	0	0	30	0
经济统计学	4	0	0	74	74	74	0	0	0	0
商务英语	4	0	0	170	627	170	163	175	119	0
广告学	4	109	99	78	315	78	87	49	101	0
数学与应用数学	4	54	52	50	186	50	35	62	39	0
信息与计算科学	4	51	50	50	205	50	38	57	60	0
应用化学（注：可授理学或工学学士学位）	4	69	66	83	299	83	81	66	69	0
人文地理与城乡规划（注：可授理学或管理学学士学位）	4	0	0	43	43	43	0	0	0	0
人文地理与城乡规划（注：可授理学或管理学学士学位）	4	58	52	0	143	0	41	43	59	0
海洋科学	4	54	52	57	236	57	61	56	62	0
生物科学	4	57	54	85	298	85	75	71	67	0
生物技术（注：可授理学或工学学士学位）	4	100	96	100	385	100	94	84	107	0
统计学	4	33	33	0	163	0	68	58	37	0
机械设计制造及其自动化	4	70	69	98	352	98	97	74	83	0
机械电子工程	4	77	76	105	362	105	99	82	76	0
车辆工程	4	77	75	102	360	102	102	81	75	0
材料科学与工程	4	91	89	84	360	84	97	88	91	0
材料科学与工程	4	0	0	0	62	0	0	32	30	0
高分子材料与工程	4	69	68	94	333	94	84	80	75	0
电气工程及其自动化	4	80	76	100	422	100	132	97	93	0
电子信息工程（注：可授工学或理学学士学位）	4	63	58	120	401	120	141	82	58	0

专业名称	年制	毕业生数	授予学位数	招生数	在校生数					
					合计	一年级	二年级	三年级	四年级	五年级及以上
电子信息工程（注：可授工学或理学学士学位）	4	27	27	0	0	0	0	0	0	0
电子科学与技术（注：可授工学或理学学士学位）	4	0	0	128	329	128	85	116	0	0
通信工程	4	107	105	117	479	117	141	110	111	0
自动化	4	0	0	56	56	56	0	0	0	0
计算机科学与技术（注：可授工学或理学学士学位）	4	106	101	121	467	121	94	122	130	0
网络工程	4	104	81	128	502	128	121	122	131	0
网络工程	4	0	0	0	225	0	0	129	96	0
信息安全（注：可授工学或理学或管理学学士学位）	4	49	45	60	234	60	59	60	55	0
物联网工程	4	0	0	128	224	128	96	0	0	0
日语	4	59	58	62	248	62	68	58	60	0
俄语	4	29	29	29	117	29	30	29	29	0
俄语	4	0	0	93	392	93	99	121	79	0
英语	4	120	119	93	409	93	101	106	109	0
英语	4	77	77	148	484	148	142	108	86	0
英语	4	0	0	88	407	88	85	119	115	0
英语	4	108	95	0	0	0	0	0	0	0
汉语国际教育	4	116	116	0	216	0	53	52	111	0
汉语国际教育	4	0	0	67	67	67	0	0	0	0
汉语言文学	4	100	96	93	379	93	93	95	98	0
思想政治教育	4	26	26	45	153	45	38	37	33	0
土木工程	4	168	154	195	783	195	188	197	203	0
土木工程	4	0	0	0	29	0	29	0	0	0
化学工程与工艺	4	90	89	91	379	91	97	93	98	0
化学工程与工艺	4	0	0	33	33	33	0	0	0	0
制药工程	4	80	76	92	343	92	87	77	87	0
交通运输	4	75	74	97	330	97	76	78	79	0
交通运输	4	0	0	0	297	0	67	123	107	0
农业机械化及其自动化	4	62	56	50	240	50	63	65	62	0
环境科学（注：可授工学或理学学士学位）	4	63	59	102	349	102	85	86	76	0
食品科学与工程（注：可授工学或农学学士学位）	4	122	120	155	573	155	134	149	135	0
食品质量与安全	4	87	86	120	415	120	112	99	84	0
食品质量与安全	4	63	60	0	164	0	69	49	46	0

专业名称	年制	毕业生数	授予学位数	招生数	在校生数					
					合计	一年级	二年级	三年级	四年级	五年级及以上
建筑学	5	25	25	27	155	27	34	31	32	31
风景园林（注：可授工学或艺术学学士学位）	4	0	0	130	240	130	110	0	0	0
风景园林（注：可授工学或艺术学学士学位）	4	57	48	0	187	0	0	118	69	0
风景园林（注：可授工学或艺术学学士学位）	4	0	0	116	473	116	116	127	114	0
生物工程	4	68	66	82	281	82	72	57	70	0
农学	4	76	69	94	350	94	88	89	79	0
农学	4	54	50	64	180	64	64	0	52	0
园艺	4	96	89	105	425	105	110	120	90	0
园艺	4	84	80	111	394	111	108	88	87	0
园艺	4	0	0	90	331	90	64	96	81	0
植物保护	4	75	70	174	492	174	121	101	96	0
植物保护	4	66	60	118	331	118	82	66	65	0
植物保护	4	0	0	89	282	89	61	60	72	0
设施农业科学与工程（注：可授农学或工学学士学位）	4	66	58	82	322	82	96	73	71	0
农业资源与环境	4	40	40	64	236	64	57	59	56	0
动物科学	4	42	35	67	220	67	62	48	43	0
动物科学	4	63	59	77	263	77	67	60	59	0
园林	4	155	149	83	477	83	90	150	154	0
水产养殖学	4	49	45	96	313	96	88	66	63	0
草业科学	4	37	35	64	227	64	62	48	53	0
信息管理与信息系统（注：可授管理学或工学学士学位）	4	64	63	63	233	63	57	57	56	0
工程管理（注：可授管理学或工学学士学位）	4	55	54	81	277	81	80	57	59	0
工商管理	4	69	68	71	296	71	79	81	65	0
市场营销	4	80	79	78	278	78	62	65	73	0
市场营销	4	102	98	42	218	42	38	46	92	0
市场营销	4	53	50	44	189	44	43	47	55	0
会计学	4	80	79	113	530	113	166	126	125	0
会计学	4	202	196	231	918	231	273	210	204	0
会计学	4	0	0	153	671	153	182	203	133	0
财务管理	4	120	119	106	446	106	126	113	101	0
财务管理	4	0	0	157	622	157	150	192	123	0
人力资源管理	4	74	74	85	291	85	74	65	67	0

专业名称	年制	毕业生数	授予学位数	招生数	在校生数					
					合计	一年级	二年级	三年级	四年级	五年级及以上
人力资源管理	4	54	51	0	57	0	0	0	57	0
农林经济管理	4	70	68	84	259	84	64	59	52	0
行政管理	4	111	109	106	396	106	104	94	92	0
行政管理	4	57	56	0	55	0	0	0	55	0
行政管理	4	0	0	115	426	115	81	105	125	0
土地资源管理（注：可授管理学或工学学士学位）	4	68	68	96	331	96	88	77	70	0
公共关系学	4	52	48	101	343	101	89	78	75	0
公共关系学	4	0	0	0	254	0	72	85	97	0
物流管理	4	0	0	52	204	52	49	49	54	0
物流工程（注：可授管理学或工学学士学位）	4	0	0	0	194	0	73	121	0	0
旅游管理	4	83	79	0	91	0	0	0	91	0
旅游管理	4	57	52	41	185	41	44	40	60	0
旅游管理	4	50	48	44	177	44	40	39	54	0
旅游管理	4	98	98	110	374	110	82	83	99	0
旅游管理	4	49	46	0	135	0	38	39	58	0
旅游管理	4	0	0	39	168	39	38	41	50	0
旅游管理	4	0	0	34	34	34	0	0	0	0
旅游管理	4	0	0	0	66	0	33	33	0	0
旅游管理	4	0	0	192	670	192	187	177	114	0
旅游管理	4	51	47	0	0	0	0	0	0	0
旅游管理	4	107	97	0	0	0	0	0	0	0
酒店管理	4	0	0	87	176	87	41	48	0	0
会展经济与管理	4	0	0	41	121	41	42	38	0	0
音乐表演	4	57	57	72	263	72	72	60	59	0
舞蹈编导	4	44	41	51	214	51	57	54	52	0
戏剧影视文学	4	0	0	67	276	67	70	70	69	0
戏剧影视文学	4	50	47	0	0	0	0	0	0	0
绘画	4	61	61	70	281	70	69	76	66	0
视觉传达设计	4	0	0	81	81	81	0	0	0	0
视觉传达设计	4	77	77	0	243	0	85	79	79	0
服装与服饰设计	4	15	15	0	46	0	16	14	16	0
服装与服饰设计	4	16	16	0	46	0	18	12	16	0
服装与服饰设计	4	0	0	16	16	16	0	0	0	0
服装与服饰设计	4	0	0	22	22	22	0	0	0	0

成人本科分专业学生数统计表

单位：人

专业名称	年制	毕业生数	授予学位数	招生数	在校生数					
					合计	一年级	二年级	三年级	四年级	五年级
总　计	0	517	0	862	1742	862	754	38	36	52
其　中：女	0	269	0	450	882	450	380	21	10	21
函授本科	0	113	0	103	243	103	140	0	0	0
其　中：女	0	57	0	65	139	65	74	0	0	0
专科起点本科	0	113	0	103	243	103	140	0	0	0
人力资源管理	2	1	0	16	16	16	0	0	0	0
行政管理	2	4	0	0	13	0	13	0	0	0
旅游管理	2	24	0	33	71	33	38	0	0	0
法学	2	11	0	9	20	9	11	0	0	0
国际经济与贸易	2	4	0	0	0	0	0	0	0	0
计算机科学与技术（注：可授工学或理学学士学位）	2	20	0	4	35	4	31	0	0	0
土木工程	2	1	0	0	0	0	0	0	0	0
动物医学	2	8	0	9	21	9	12	0	0	0
园林	2	10	0	13	21	13	8	0	0	0
会计学	2	30	0	19	46	19	27	0	0	0
业余本科	0	404	0	759	1499	759	614	38	36	52
其　中：女	0	212	0	385	743	385	306	21	10	21
高中起点本科	0	5	0	45	220	45	49	38	36	52
美术学	5	0	0	0	9	0	2	0	0	7
会计学	5	0	0	18	60	18	24	18	0	0
计算机科学与技术（注：可授工学或理学学士学位）	5	5	0	5	49	5	8	6	11	19
法学	5	0	0	22	102	22	15	14	25	26
专科起点本科	0	399	0	714	1279	714	565	0	0	0
艺术设计学	2	2	0	7	18	7	11	0	0	0
音乐表演	2	0	0	0	7	0	7	0	0	0
舞蹈编导	2	2	0	3	3	3	0	0	0	0
行政管理	2	48	0	79	117	79	38	0	0	0
人力资源管理	2	20	0	65	121	65	56	0	0	0
农林经济管理	2	2	0	0	0	0	0	0	0	0
法学	2	88	0	95	161	95	66	0	0	0
广告学	2	7	0	0	0	0	0	0	0	0
计算机科学与技术（注：可授工学或理学学士学位）	2	12	0	36	53	36	17	0	0	0
英语	2	16	0	31	54	31	23	0	0	0

专业名称	年制	毕业生数	授予学位数	招生数	在校生数					
					合计	一年级	二年级	三年级	四年级	五年级
会计学	2	75	0	119	203	119	84	0	0	0
财务管理	2	18	0	37	69	37	32	0	0	0
工商管理	2	49	0	80	147	80	67	0	0	0
土木工程	2	60	0	137	229	137	92	0	0	0
农学	2	0	0	25	97	25	72	0	0	0

成人专科分专业学生数统计表

单位：人

专业名称	年制	毕业生数	招生数	在校生数				
				合计	一年级	二年级	三年级	四年级及以上
总　计	0	547	819	1648	819	829	0	0
其　中：女	0	323	403	812	403	409	0	0
函授专科	0	238	336	696	336	360	0	0
其　中：女	0	113	92	170	92	78	0	0
高中起点专科	0	238	336	696	336	360	0	0
会计	2	50	0	4	0	4	0	0
会计电算化	2	27	62	89	62	27	0	0
经济管理	2	22	15	45	15	30	0	0
电子商务	2	1	0	0	0	0	0	0
工商企业管理	2	12	0	1	0	1	0	0
旅游管理	2	2	0	0	0	0	0	0
作物生产技术	2	1	0	0	0	0	0	0
农业技术类专业	2	7	9	22	9	13	0	0
畜牧兽医	2	73	70	140	70	70	0	0
数控技术	2	9	39	62	39	23	0	0
模具设计与制造	2	1	0	0	0	0	0	0
机电一体化技术	2	3	0	0	0	0	0	0
电气自动化技术	2	10	79	129	79	50	0	0
汽车检测与维修技术	2	8	62	201	62	139	0	0
计算机应用技术	2	12	0	3	0	3	0	0
业余专科	0	309	483	952	483	469	0	0
其　中：女	0	210	311	642	311	331	0	0
高中起点专科	0	309	483	952	483	469	0	0

专业名称	年制	毕业生数	招生数	在校生数				
				合计	一年级	二年级	三年级	四年级及以上
会计	2	55	110	219	110	109	0	0
工商企业管理	2	57	73	138	73	65	0	0
商务管理	2	0	0	12	0	12	0	0
旅游管理	2	35	60	100	60	40	0	0
酒店管理	2	22	30	55	30	25	0	0
行政管理	2	42	45	84	45	39	0	0
商务英语	2	38	49	84	49	35	0	0
艺术设计	2	3	26	50	26	24	0	0
音乐表演	2	0	5	5	5	0	0	0
舞蹈表演	2	0	2	4	2	2	0	0
传媒策划与管理	2	6	0	0	0	0	0	0
法律事务	2	6	12	18	12	6	0	0
计算机应用技术	2	7	11	27	11	16	0	0
计算机网络技术	2	6	3	11	3	8	0	0
材料类专业	2	0	16	16	16	0	0	0
建筑工程技术	2	28	36	95	36	59	0	0
建筑工程项目管理	2	1	0	0	0	0	0	0
农业技术类专业	2	0	5	34	5	29	0	0
作物生产技术	2	3	0	0	0	0	0	0

教职工基本情况

2013 年教职工分类情况统计表

单位：人

	合计	校本部职工					科研机构人员	校办企业职工	其他附设机构人员
		小计	专任教师	行政人员	教辅人员	工勤人员			
总　计	3546	3455	1744	600	365	746	0	25	66
其　中：女	1741	1692	790	287	167	448	0	3	46
正高级	326	326	302	10	14	0	0	0	0
副高级	663	655	568	39	48	0	0	0	8
中级	912	892	619	150	123	0	0	2	18
初级	351	335	204	63	68	0	0	1	15
无职称	1294	1247	51	338	112	746	0	22	25

专任教师、聘请校外教师岗位分类情况

单位：人

	本学年授课专任教师				本学年授课聘请校外教师			
	合计	公共课基础课	专业课		合计	公共课基础课	专业课	
			小计	其中双师型			小计	其中双师型
总　计	1741	518	1223	96	433	56	377	23
其　中：女	788	206	582	28	171	22	149	6
正高级	302	61	241	9	154	4	150	8
副高级	567	148	419	63	211	30	181	9
中级	617	243	374	24	48	18	30	6
初级	204	51	153	0	5	1	4	0
无职称	51	15	36	0	15	3	12	0

专任教师、聘请校外教师学历（位）情况一览表

单位：人

	合计	博士研究生			硕士研究生			本科			专科及以下
		小计	其中获学位		小计	其中获学位		小计	其中获学位		
			博士	硕士		博士	硕士		博士	硕士	小计
专任教师	1744	402	402	0	644	0	644	624	0	134	74
其　中：女	790	118	118	0	327	0	327	307	0	81	38
正高级	302	156	156	0	59	0	59	84	0	9	3
副高级	568	147	147	0	212	0	212	198	0	53	11
中级	619	76	76	0	253	0	253	260	0	68	30
初级	204	0	0	0	104	0	104	72	0	3	28
无职称	51	23	23	0	16	0	16	10	0	1	2
聘请校外教师	433	199	199	0	186	0	186	48	0	0	0
其　中：女	171	51	51	0	97	0	97	23	0	0	0
正高级	154	65	65	0	80	0	80	9	0	0	0
副高级	211	113	113	0	90	0	90	8	0	0	0
中级	48	21	21	0	8	0	8	19	0	0	0
初级	5	0	0	0	5	0	5	0	0	0	0
无职称	15	0	0	0	3	0	3	12	0	0	0
外籍教师	0	0	0	0	0	0	0	0	0	0	0
其他高校教师	0	0	0	0	0	0	0	0	0	0	0

专任教师年龄情况一览表

单位：人

	合计	29岁及以下	30-34岁	35-39岁	40-44岁	45-49岁	50-54岁	55-59岁	60-64岁	65岁及以上
总　计	1744	152	387	354	308	249	190	86	14	4
其　中：女	790	86	234	182	127	76	60	21	4	
按职称分： 正高级	302		2	20	47	91	77	54	8	3
副高级	568		65	161	150	95	69	21	6	1
中级	619	16	259	150	89	53	41	11		
初级	204	112	53	17	13	8	1			
无职称	51	24	8	6	9	2	2			
按学历（学位）分： 博士研究生	402	9	77	89	94	75	45	10	2	1
硕士研究生	644	85	184	167	88	61	37	21	1	
本科	624	52	123	93	111	97	93	46	8	1
获硕士学位	134		29	38	39	19	8	1		
专科及以下	74	6	3	5	15	16	15	9	3	2
获硕士学位	1				1					

分学科专任教师数一览表

单位：人

	合计	正高级	副高级	中级	初级	无职称
总　计	1658	288	535	587	197	51
其　中：女	790	68	243	332	125	22
哲学	15	2	2	6	5	
经济学	181	37	79	44	12	9
法学	97	18	34	30	10	5
教育学	154	9	46	49	46	4
其　中：体育	66	3	24	22	17	
文学	222	25	61	91	36	9
其　中：外语	198	20	52	90	31	5
历史学	4	0	1	2	1	0
理学	142	40	55	24	20	3
工学	343	63	119	134	23	4
其　中：计算机	123	20	46	44	11	2
农学	348	74	102	143	19	10
其　中：林学	35	3	14	13	3	2
医学	7	0	1	5	1	0
管理学	145	20	35	59	24	7

2013 年度调出、调入及离退休人员统计表

单位：人

类别	计	正高	副高	中级	初级	正厅	副厅	正处	副处	正科	其他	毕业生
调出人员	7	2	1	3	1	0	1	0	1	1	4	0
调入人员	53	4	2	3	1	0	0	0	0	0	53	29
离退休人员	39	7	4	5	2	0	0	2	2	4	31	0

"211 工程" 建设

【概况】 2013 年，学校分别入选"中西部高校基础能力建设工程"和"中西部高校提升综合实力计划"两个国家中西部高等教育振兴计划重大项目。完成了海南省第三批重点学科中期检查、中央财政支持地方高校发展专项资金省级重点学科建设项目和教育部第三轮学科评估工作。

【两个中西部高校建设项目】 "中西部高校基础能力建设工程"和"中西部高校提升综合实力计划"是继"211 工程"之后，国家支持地方重点高校力度最大的工程。"中西部高校基础能力建设工程"重点支持中西部地区 100 所有特色、有实力的省部共建或省属重点地方高校的建设。"中西部高校提升综合实力计划"是在中西部没有教育部直属高校的省份（自治区），专项支持一所本区域内办学实力最强、办学水平最高，有区域优势的地方综合性高校，全国共有 14 所高校入选该计划。海南大学是少数几所同时入选这两项重点工程的高校之一。本年度，共获中央财政资助 5 亿元，其中"中西部高校基础能力建设工程"1 亿元，侧重于教学实验基础条件建设；"中西部高校提升综合实力计划"4 亿元，侧重于学科整体实力提升为标志的内涵建设。

【学科评估检查】 1.组织推荐了作物学、法学、信息与通信工程、水产等 16 个具有博士或硕士学位授权点的学科参加了教育部学位与研究生教育发展中心第三轮学科评估。

2.通过海南省第三批重点学科中期检查，作物学、化学工程与技术等 10 个学科完成了中期建设任务，专家组充分肯定了这些学科三年来的建设成绩，对各学科点存在的问题及下阶段建设提出了意见和建议。

【学科重点项目建设】 1.取得中央财政支持地方高校发展专项资金省级重点学科建设项目。本年度，化学工程与技术、法学、作物学、水产养殖、通信与信息系统 5 个学科获 450 万元项目资助，主要用于学科基础平台建设，购置的仪器设备已经全部到位并投入使用。

2.完成了省级重点学科 2013 年、2014 年项目申报，项目经费下拨及项目推进等工作。2013 年省级重点学科建设经费 270 万元，其中，责任教授岗位津贴 30 万元，条件建设（包括仪器设备购置等）85.2 万元，团队建设及人才培养 17.1 万元，科学研究与学术交流 130.4 万元。2014 年省级重点学科建设的重点放在条件建设及科学研究两大类，分别占整个项目经费的 30%和 36%。

3.2013 年，财政部、教育部评审通过了《海南大学 中西部高校提升综合实力建设规划（2012-2015 年）》以及规划概要；完成了该项目 2014 年省级财政配套项目的申报工作；出台了相关管理办法。2013 年，中央下达"中西部高校提升综合实力计划"专项资金 1.1 亿元。

【学科建设成效】 1.师资队伍建设成效显著。截至 12 月 31 日，学校具有博士学位的教师 402 人。入选 2013 年度海南省"515 人才工程"第一层次人才 6 人，第二层次人才 10 人。

2.科研水平、创新及服务地方能力不断增强。2013 年，学校到账科研经费 8000 多万元。新增国家级项目 78 项，经费 3881 万元；在 SCI、EI、SSCI、CSSCI 等期刊上发表论文 560 多篇；2013 年学校获得海南省科技进步一等奖 3 项、二等奖 3 项，三等奖 3 项；服务区域经济发展的诸如海南石英砂资源开发、海洋生物资源利用、南海养殖污染防治等一批"接地气"的科研项目得到资助；由中国政法大学牵头的国家"2011 计划"——

司法文明协同创新中心在学校设立南方基地，涉南海多份研究报告被国家和海南省有关部门采纳。

本年度，学校获批省首个“国家级专业技术人员继续教育基地”。自筹 270 万元支持专家、教授深入农村、工矿企业一线，帮助解决生产中最紧迫的难题；派出科研人员帮助昌江的芒果、澄迈的香蕉种植示范点改善品质、提高产量、增加农户收入。累计承担省委组织部委托的省直机关干部培训班选学课程 3 期；开办 EMBA 总裁研修班 9 期。

【国内校际合作交流】 2013 年，学校主动构建对外合作与国际交流的新局面。与清华大学、天津大学、南开大学等 9 所国内一流高校、海南省各县市以及著名企事业，以多种形式开展了“省校合作、校校合作、校地合作、校企合作”的全方位合作，与境外 10 多所知名高校建立了校际合作关系，在人才培养、队伍建设、科学研究、社会服务以及资源共享等方面取得了重要进展。

招 生 工 作

本 科 招 生

【概况】 2013年,本科招生生源质量得到进一步提升，一本批次录取人数、学校录取分数线、院校第一志愿率、新生入学报到率等指标均有提高，二本招生省份减少6个。

【招生计划】 2013年，本科招生计划8925人（含海南省下达计划8680人，教育部追加西部协作补偿计划115人，贫困地区定向招生专项计划130人)。校本部（海甸校区）6890人，城西校区820人，儋州校区1215人。一本5484人，二本2814人，艺术类本科390人，高水平运动员68人，2012年预科班转入39人，贫困地区定向招生专项计划130人。另外，海南省少数民族预科班（以下简称“预科班”）40人。

【录取批次】 2013年的录取批次有艺术类本科提前批、贫困地区专项计划批次、一本批次、二本批次、高水平运动员和少数民族预科班。艺术类本科提前批在12省份招生,一本批次在全国31省份（除港、澳、台）招生，二本批次在17省份招生。北京等14个省市仅有一本批次招生计划，2013年新增吉林、江苏、辽宁、内蒙古、天津和新疆6省只在一本批次招生。

2013年起，园艺、园艺（花卉与景观设计方向）和设施农业科学与工程3个农科类专业安排在一本批次招生。海甸校区农学等8个农科类专业和城西校区、儋州校区的所有专业在二本批次招生。

【招生录取】 2013年本科录取新生8919人，其中一本5474人，二本2848人，艺术类382人，高水平运动员45人，2012年预科班转入39人，贫困地区专项计划131人。2013年预科班录取40人。

【新生入学报到】 截至9月5日，2013年本科新生入学8670人，其中一本批次5372人，二本批次2707人，艺术类本科380人，高水平运动员45人，2012年预科班转入39人，贫困地区专项计划127人，本科新生报到率97.21%，高于2012年的97.12%。2013年预科班新生入学40人，报到率100%，高于2012年的97.5%。

【生源概况】 录取新生中，女生5005人，占56.12%，比2012年增加0.44%，连续4年超过录取男生人数；农村生源3610人，占40.48%，比2012年减少1.77%;少数民族753人，占8.44%，比2012年增加0.12%；中共（预备）党员45人；小语种考生3人（俄语、日语)；国家二级运动员47人（含2名非高水平运动员考生)；获得国家级奖励110人次，省级奖励153人次。

【分类招生规模、录取人数和报到率】 2013年招生计划比2012年增加64人，增幅0.72%。录取新生报到率一本98.14%，二本95.05%，详见附表1。

附表 1　2013 年本科招生计划、实际录取、入学报到统计表

招生类型	招生计划	占总计划比例%	实际录取	新生入学	新生报到率%
一本批次	5484	61.45	5474	5372	98.14
二本批次	2814	31.53	2848	2707	95.05
贫困地区专项计划	130	1.46	131	127	96.95
艺术类专业	390	4.37	382	380	99.48
高水平运动员	68	0.76	45	45	100.00
2012 年预科班转入	39	0.44	39	39	100.00
合　计	8925	100.00	8919	8670	97.21

备注：新生报到率指新生入学后取得学籍人数占实际录取人数的比例。

【各省招生规模、录取人数和报到率】　在海南省下达的招生计划 8680 人中，本省招生计划 1591 人（不含高水平运动员），占 18.33%；占全校计划 8925 人的 17.83%。海南生源录取 1624 人，占全校的 18.21%；外省生源 7295 人，占全校的 81.79%。

新生入学报到率高于 98%且位居前 9 位的省份是宁夏、青海、上海、西藏、内蒙古、湖南、江苏、吉林和贵州，其中宁夏、青海、上海、西藏报到率为 100%；报到率低于 95%且排在最后 5 位的省份是重庆、河南、河北、广西、北京，详见附表 2。

附表 2　2013 年各省招生计划、录取人数和新生报到统计表

序号	省份	招生计划	占总计划的比例%	实际录取人数	占总录取人数的比例%	实际报到人数	各省报到率%	一本录取人数	一本报到人数	一本报到率%	二本录取人数	二本报到人数	二本报到率%
1	宁夏	22	0.25	22	0.25	22	100.00	20	20	100.00	—	—	—
2	青海	27	0.30	27	0.30	27	100.00	25	25	100.00	—	—	—
3	上海	10	0.11	7	0.08	7	100.00	7	7	100.00	—	—	—
4	西藏	8	0.09	8	0.09	8	100.00	6	6	100.00	—	—	—
5	内蒙古	104	1.17	104	1.17	103	99.04	100	100	100.00	—	—	—
6	湖南	343	3.84	351	3.94	347	98.86	288	284	98.61	—	—	—
7	江苏	136	1.52	137	1.54	135	98.54	105	103	98.10	—	—	—
8	吉林	111	1.24	110	1.23	108	98.18	110	108	98.18	—	—	—
9	贵州	445	4.99	450	5.05	441	98.00	258	255	98.84	180	175	97.22
10	天津	48	0.54	48	0.54	47	97.92	48	47	97.92	—	—	—
11	福建	330	3.70	334	3.74	327	97.90	196	192	97.96	125	122	97.60
12	江西	359	4.02	363	4.07	355	97.80	222	218	98.20	105	101	96.19
13	陕西	253	2.83	256	2.87	250	97.66	246	240	97.56	—	—	—
14	山东	340	3.81	371	4.16	362	97.57	193	191	98.96	114	107	93.86
15	新疆	121	1.36	121	1.36	118	97.52	119	116	97.48	—	—	—
16	四川	389	4.36	382	4.28	372	97.38	231	229	99.13	115	107	93.04

序号	省份	招生计划	占总计划的比例%	实际录取人数	占总录取人数的比例%	实际报到人数	各省报到率%	一本录取人数	一本报到人数	一本报到率%	二本录取人数	二本报到人数	二本报到率%
17	山西	380	4.26	378	4.24	368	97.35	207	200	96.62	138	135	97.83
18	浙江	290	3.25	300	3.36	292	97.33	175	174	99.43	113	106	93.81
19	黑龙江	139	1.56	149	1.67	145	97.32	90	89	98.89	53	50	94.34
20	安徽	675	7.56	676	7.58	657	97.19	353	348	98.58	287	273	95.12
21	海南	1552	17.39	1664	18.66	1612	96.88	769	764	99.35	773	767	99.22
22	辽宁	58	0.65	63	0.71	61	96.83	63	61	96.83	—	—	—
23	云南	270	3.03	271	3.04	262	96.68	172	167	97.09	88	84	95.45
24	甘肃	335	3.75	343	3.85	329	95.92	198	195	98.48	105	95	90.48
25	广东	162	1.82	162	1.82	155	95.68	162	155	95.68	—	—	—
26	湖北	377	4.22	384	4.31	366	95.31	256	251	98.05	122	110	90.16
27	重庆	243	2.72	249	2.79	236	94.78	161	156	96.89	83	75	90.36
28	河南	697	7.81	713	7.99	675	94.67	368	358	97.28	268	241	89.93
29	河北	229	2.57	234	2.62	220	94.02	150	145	96.67	77	68	88.31
30	广西	275	3.08	272	3.05	255	93.75	166	160	96.39	102	91	89.22
31	北京	10	0.11	10	0.11	8	80.00	10	8	80.00		—	—
32	高水平运动员	68	0.76	—	—	—	—	—	—	—	—	—	—
33	民族预科班转入	39	0.44	—	—	—	—	—	—	—	—	—	—
34	预留计划	80	0.90	—	—	—	—	—	—	—	—	—	—
总计		8925	100.00	8919	100.00	8670	97.21	5474	5372	98.14	2848	2707	95.05

备注：按省份报到率从高到低排序。招生计划、录取人数和报到人数不含 2013 年预科班人数。

【各专业招生规模、录取人数和报到率】 2013 年共有 19 个学院 75 个专业招生，其中新增招生专业 1 个（自动化），停招专业（方向）3 个：公共关系学（公关礼仪方向）、物流工程、交通运输（汽车服务工程方向）；学科覆盖经济学、法学、文学、理学、农学、工学、管理学、艺术学等 8 大门类。高分子材料与工程等 26 个专业报到率达到 100%，详见附表 3。

附表 3　2013 年各专业招生计划、录取人数和新生报到统计表

序号	专业名称	招生计划	录取人数	报到人数	报到率%
1	材料科学与工程	92	92	91	98.91
2	高分子材料与工程	99	100	100	100
3	化学工程与工艺	95	96	94	97.92
4	生物工程	88	87	85	97.7
5	应用化学	90	90	88	97.78
	材料与化工学院 汇总	**464**	**465**	**458**	**98.49**

序号	专业名称	招生计划	录取人数	报到人数	报到率%
6	法学	120	118	117	99.15
	法学院 汇总	**120**	**118**	**117**	**99.15**
7	海洋科学	60	61	60	98.36
8	水产养殖学	99	103	96	93.2
9	制药工程	92	95	94	98.95
	海洋学院 汇总	**251**	**259**	**250**	**96.53**
10	环境科学	100	103	102	99.03
11	植物保护	183	182	174	95.6
12	植物保护（农药方向）	125	125	119	95.2
	环境与植物保护学院 汇总	**408**	**410**	**395**	**96.34**
13	车辆工程	100	102	102	100
14	电气工程及其自动化	100	99	98	98.99
15	机械电子工程	104	107	105	98.13
16	机械设计制造及其自动化	103	101	98	97.03
17	交通运输（汽车运用工程方向）	100	100	97	97
18	农业机械化及其自动化	54	53	51	96.23
19	自动化	56	57	57	100
	机电工程学院 汇总	**617**	**619**	**608**	**98.22**
20	财务管理	110	108	107	99.07
21	工商管理	67	73	71	97.26
22	国际经济与贸易	79	74	73	98.65
23	会计学	120	118	116	98.31
24	金融学	79	80	78	97.5
25	经济统计学	77	77	75	97.4
26	农林经济管理	84	84	84	100
27	人力资源管理	90	90	90	100
28	市场营销	84	82	81	98.78
29	物流管理	54	54	53	98.15
30	信息管理与信息系统	65	64	62	96.88
	经济与管理学院 汇总	**909**	**904**	**890**	**98.45**
31	会展经济与管理	44	44	43	97.73
32	酒店管理	90	91	89	97.8
33	旅游管理（高尔夫管理方向）	44	42	40	95.24
34	旅游管理（旅游规划与景区管理方向）	49	48	45	93.75
35	旅游管理（旅游信息管理方向）	47	48	45	93.75
36	旅游管理（应用外语方向（英、日））	132	132	128	96.97
37	人文地理与城乡规划	44	44	44	100
38	市场营销（电子商务方向）	44	44	44	100

序号	专业名称	招生计划	录取人数	报到人数	报到率%
39	市场营销（旅游市场营销方向）	44	44	44	100
	旅游学院 汇总	**538**	**537**	**522**	**97.21**
40	思想政治教育	46	46	46	100
	马克思主义学院 汇总	**46**	**46**	**46**	**100**
41	草业科学	70	71	65	91.55
42	动物科学	75	74	68	91.89
43	动物医学	75	78	78	100
44	农学	95	97	94	96.91
45	农业资源与环境	67	67	66	98.51
46	生物技术	110	107	103	96.26
47	生物科学	90	89	86	96.63
	农学院 汇总	**582**	**583**	**560**	**96.05**
48	广告学（网络传播方向）	81	80	78	97.5
49	汉语国际教育	71	70	68	97.14
50	汉语言文学	93	93	93	100
51	戏剧影视文学（影视编导方向）	70	68	68	100
	人文传播学院 汇总	**315**	**311**	**307**	**98.71**
52	食品科学与工程	160	158	157	99.37
53	食品质量与安全	126	126	121	96.03
	食品学院 汇总	**286**	**284**	**278**	**97.89**
54	工程管理	80	81	79	97.53
55	建筑学	30	30	29	96.67
56	土木工程	190	192	190	98.96
	土木建筑工程学院 汇总	**300**	**303**	**298**	**98.35**
57	俄语	30	30	29	96.67
58	日语	64	65	64	98.46
59	英语	99	99	97	97.98
60	英语（经贸英语方向）	155	156	154	98.72
	外国语学院 汇总	**348**	**350**	**344**	**98.29**
61	电子信息工程	120	119	119	100
62	计算机科学与技术	120	120	120	100
63	数学与应用数学	49	50	50	100
64	通信工程	120	119	118	99.16
65	信息安全	60	60	60	100
66	信息与计算科学	50	50	50	100
	信息科学技术学院 汇总	**519**	**518**	**517**	**99.81**
67	服装与服饰设计	16	16	16	100
68	服装与服饰设计（服装表演方向）	20	22	22	100

序号	专业名称	招生计划	录取人数	报到人数	报到率%
69	绘画	70	70	70	100
70	视觉传达设计	83	82	81	98.78
71	舞蹈编导	57	52	51	98.08
72	音乐表演（大小提琴、钢琴方向）	26	24	24	100
73	音乐表演（二胡方向）	4	4	4	100
74	音乐表演（古筝方向）	4	4	4	100
75	音乐表演（声乐方向）	40	40	40	100
	艺术学院 汇总	**320**	**314**	**312**	**99.36**
76	风景园林	130	130	130	100
77	设施农业科学与工程	99	87	82	94.25
78	园林	81	83	82	98.8
79	园艺	125	117	108	92.31
80	园艺（花卉与景观设计方向）	123	119	111	93.28
	园艺园林学院 汇总	**558**	**536**	**513**	**95.71**
81	公共关系学	102	102	102	100
82	土地资源管理	99	98	96	97.96
83	行政管理	108	107	106	99.07
	政治与公共管理学院 汇总	**309**	**307**	**304**	**99.02**
84	会计学（注册会计师方向）	230	230	227	98.7
85	旅游管理	206	206	194	94.17
86	农学（观光农业方向）	70	70	65	92.86
87	商务英语	180	178	172	96.63
88	网络工程	134	134	130	97.01
	应用科技学院（城西校区） 汇总	**820**	**818**	**788**	**96.33**
89	财务管理（企业理财方向）	160	165	158	95.76
90	电子科学与技术	130	136	130	95.59
91	俄语（商务俄语方向）	100	101	93	92.08
92	风景园林（园林工程技术方向）	120	122	116	95.08
93	会计学（涉外会计方向）	160	162	156	96.3
94	物联网工程	130	135	128	94.81
95	行政管理（行政文秘方向）	115	121	115	95.04
96	英语（旅游英语方向）	100	98	88	89.8
97	园艺（草坪科学与工程方向）	100	100	90	90
98	植物保护（农药与农产品安全方向）	100	97	89	91.75
	应用科技学院（儋州校区） 汇总	**1215**	**1237**	**1163**	**94.02**
	总 计	8925	8919	8670	97.21

备注：按照学院（校区）第一个字拼音排序，表中录取人数和报到人数不含新生注册前调整专业人数。

【一本批次录取分数线】 2013年，一本批次录取5474人，其中文史1339人，理工4135人。达到一本分数线新生有5781人（达到一本分数线的二本批次录取新生263人，贫困专项计划新生119人），比2012年增加563人，增幅为10.79%。29省份的一本录取最低分高于或与各省份一本控制线持平。福建、新疆等18省份的一本文史最低分高出控制线10分以上，福建、山东等18省份的一本理工最低分高出控制线10分以上。详见附表4。

附表4　2013年各省一本批次录取分数线统计表

序号	省份	科类	当地控制线	录取分	录取分高出控制线	平均分	平均分高出控制线	最高分	最高分高出控制线
1	北京	文史	549	551	2	563	14	577	28
		理工	550	574	24	586	36	601	51
2	天津	文史	533	533	0	537	4	549	16
		理工	521	526	5	535	14	551	30
3	河北	文史	561	576	15	580	19	590	29
		理工	538	555	17	560	22	579	41
4	山西	文史	507	509	2	514	7	528	21
		理工	493	495	2	501	8	520	27
5	内蒙古	文史	474	487	13	499	25	527	53
		理工	482	492	10	508	26	539	57
6	辽宁	文史	554	568	14	571	17	593	39
		理工	538	559	21	566	28	587	49
7	吉林	文史	510	521	11	529	19	547	37
		理工	535	540	5	550	15	577	42
8	黑龙江	文史	504	533	29	540	36	558	54
		理工	527	550	23	559	32	585	58
9	江苏	文史	328	328	0	336	8	351	23
		理工	338	343	5	354	16	371	33
10	上海	文史	448	436	-12	445	-3	452	4
		理工	405	388	-17	388	-17	388	-17
11	浙江	文史	619	627	8	631	12	645	26
		理工	617	634	17	639	22	656	39
12	安徽	文史	540	557	17	560	20	570	30
		理工	490	512	22	519	29	551	61
13	福建	文史	513	545	32	553	40	560	47
		理工	501	540	39	552	51	574	73
14	江西	文史	532	542	10	546	14	556	24
		理工	517	529	12	537	20	556	39
15	山东	文史	570	586	16	593	23	606	36
		理工	554	585	31	593	39	628	74

序号	省份	科类	当地控制线	录取分	录取分高出控制线	平均分	平均分高出控制线	最高分	最高分高出控制线
16	河南	文史	519	535	16	538	19	549	30
		理工	505	527	22	533	28	550	45
17	湖北	文史	531	539	8	543	12	555	24
		理工	527	539	12	546	19	565	38
18	湖南	文史	557	577	20	580	23	597	40
		理工	495	520	25	527	32	553	58
19	广东	文史	594	591	-3	594	0	610	16
		理工	574	567	-7	577	3	635	61
20	广西	文史	541	545	4	560	19	575	34
		理工	510	515	5	533	23	564	54
21	海南	文史	667	673	6	688	21	736	69
		理工	608	611	3	634	26	699	91
22	重庆	文史	556	573	17	581	25	601	45
		理工	520	536	16	546	26	574	54
23	四川	文史	567	571	4	577	10	589	22
		理工	562	564	2	577	15	598	36
24	贵州	文史	522	545	23	553	31	588	66
		理工	449	455	6	497	48	538	89
25	云南	文史	520	531	11	547	27	568	48
		理工	495	505	10	530	35	573	78
26	西藏	文史	310	323	13	331	21	357	47
		理工	290	299	9	299	9	299	9
27	陕西	文史	540	555	15	561	21	570	30
		理工	485	508	23	518	33	547	62
28	甘肃	文史	503	507	4	515	12	537	34
		理工	489	489	0	503	14	539	50
29	青海	文史	435	436	1	447	12	461	26
		理工	383	387	4	409	26	438	55
30	宁夏	文史	484	500	16	505	21	509	25
		理工	455	469	14	474	19	481	26
31	新疆	文史	460	492	32	504	44	530	70
		理工	443	464	21	485	42	536	93

备注：2013 年西藏录取新生为少数民族，分数线为少数民族分数线；山东省有地区控制线，表中为最低控制线。

【二本批次录取分数线】 2013 年，二本批次在 17 个省份招生，录取 2848 人，其中文史 845 人，理工 2003 人。在 16 个省份第一志愿生源充足，文理科在第一轮投档均能额满投档，只有甘肃文史第一轮未投满。17 省份的二本录取最低分均高于各省份二本控制线，其中福建、黑龙江等 16 省份的二本文史最低分高出省控制线 30 分以上，黑龙江、山东等 9 省份的二本理工最低分高出控制线 30 分以上，详见附表 5。

附表5 2013年各省二本批次录取分数线统计表

序号	省份	科类	当地控制线	录取分	录取分高出控制线	平均分	平均分高出控制线	最高分	最高分高出控制线
1	河北	文史	511	558	47	561	50	571	60
		理工	478	528	50	534	56	546	68
2	山西	文史	459	496	37	500	41	508	49
		理工	440	471	31	476	36	489	49
3	黑龙江	文史	424	496	72	505	81	521	97
		理工	437	516	79	527	90	560	123
4	浙江	文史	468	536	68	564	96	572	104
		理工	438	450	12	552	114	567	129
5	安徽	文史	498	533	35	537	39	550	52
		理工	429	465	36	471	42	498	69
6	福建	文史	431	507	76	517	86	543	112
		理工	401	457	56	487	86	515	114
7	江西	文史	484	527	43	529	45	533	49
		理工	456	497	41	509	53	530	74
8	山东	文史	486	550	64	559	73	571	85
		理工	451	532	81	550	99	585	134
9	河南	文史	465	511	46	516	51	528	63
		理工	443	480	37	491	48	521	78
10	湖北	文史	480	515	35	523	43	535	55
		理工	462	468	6	500	38	531	69
11	广西	文史	467	515	48	533	66	549	82
		理工	413	425	12	476	63	550	137
12	海南	文史	590	620	30	637	47	687	97
		理工	541	556	15	574	33	622	81
13	重庆	文史	499	530	31	543	44	602	103
		理工	462	473	11	493	31	521	59
14	四川	文史	505	556	51	562	57	572	67
		理工	492	523	31	540	48	582	90
15	贵州	文史	446	510	64	518	72	536	90
		理工	360	389	29	432	72	471	111
16	云南	文史	455	504	49	516	61	540	85
		理工	425	430	5	473	48	521	96
17	甘肃	文史	451	459	8	485	34	544	93
		理工	430	431	1	456	26	489	59

备注：山东省有地区控制线，表中所列为最低控制线；农科类专业按专业志愿优先原则录取，表中录取最低分未区分农科和非农科专业。

【特殊类型招生】 2013年特殊类型招生有高水平运动员、艺术类本科专业和少数民族预科班招生。

（1）高水平运动员招生项目有篮球、排球、田径、男子足球，报名参加专项测试169人，发放合格证书68人，招生计划68人，实际录取45人。其中：篮球16人，足球16人，排球10人，田径3人；录取海南26人，山东8人，黑龙江4人，山西3人，贵州、湖南、江苏、浙江各1人。录取专业为：工商管理8人、金融学6人、行政管理5人、土木工程5人、法学4人、车辆工程3人、工程管理3人、人力资源管理3人、酒店管理2人，广告学（网络传播方向）、会计学、旅游管理（旅游信息管理方向）、水产养殖学、信息管理与信息系统、园林专业各1人。

（2）艺术类专业面向安徽等12省份招生，广东、广西、黑龙江3省不再安排艺术类招生，新增浙江和江苏2个艺术类招生省份。招生专业6个，招生计划390人，其中：绘画70人、视觉传达设计83人、服装与服饰设计16人、服装与服饰设计（服装表演方向）20人、音乐表演（声乐方向）40人、音乐表演（器乐方向）34人、舞蹈编导57人、戏剧影视文学（影视编导方向）70人。实际录取382人，详见附表6。

（3）少数民族预科班招生计划40人，文史和理工计划各20人；实际录取40人。文史录取最低分597，高出海南省二本文史控制线7分，理工录取最低分544，高出海南省二本理工控制线3分。

附表6　2013年艺术类本科各省录取人数统计表

省份	计划	录取人数	省份	计划	录取人数	省份	计划	录取人数
安徽	27	26	湖南	52	55	四川	34	27
福建	12	13	江苏	31	31	浙江	14	11
甘肃	25	27	江西	27	31	预留	5	0
海南	13	17	山东	53	56	合计	390	382
河南	67	63	山西	30	25			

【贫困地区专项计划招生】 本年度，教育部下达海南大学面向20个省贫困地区定向招生专项计划130人（比2012年增加64人）。招生计划安排在22个专业方向（2012年招生专业方向13个），实际录取131人。其中安徽、贵州、云南等15省全部是在省一本控制线上完成招生计划，录取分数线比2012年有较大提高。入学报到127人，报到率为96.95%，略高于2012年的96.88%。

【农科类专业新生奖学金】 2013年，第一专业志愿报考农科类专业的高分考生明显增加，其中内蒙古、湖南、重庆、广西等省区市考生第一志愿报考农科类专业踊跃，其农科类专业第一志愿率高于50%。录取农科类本科专业新生中共有132人符合农科类专业新生奖学金申请条件，最终有39名新生获得农科类专业新生奖学金。其中，一本批次录取新生12人，占30.77%（2012年为5%），18人成绩排在本省本批次录取理科新生前十名（含）。获奖学生的专业分布详见附表7。

附表 7　2013 年农科新生奖学金获奖新生专业分布情况

获奖专业	草业科学	农学	农业资源与环境	动物医学	水产养殖学	园林	园艺	园艺（花卉与景观设计方向）	植物保护	植物保护（农药与农产品安全方向）	总计（人）
人数	1	6	6	3	6	7	1	4	4	1	39

【招生宣传和咨询】 2013 年设计编印 85cm×58cm 彩色招生简章 5500 份，6 折页（6 页×14cm×28cm）彩色招生简章 20000 份，邮寄各省中学、招生办公室、部分兄弟院校近 14000 份。在海南省《考生志愿填报指南》、全国《求学》杂志中做专版宣传，在教育部阳光高考、学校招生信息网、新浪微博等网络平台上做招生宣传与咨询。

组织 18 人次赴内蒙古、甘肃、河北、广东、江苏、山东、海南 7 省份参加 10 场招生现场咨询会，发放招生简章 7000 多份。派人参加海南高考巡视 10 人，到各市县 10 个考点现场发放招生简章 1500 份。

通过学校招生信息网考生留言、招生专用咨询电子邮箱、教育部阳光高考平台、中国教育在线平台、湖南网上咨询会、江西网上咨询会、四川网上咨询会、江苏网上咨询会、重庆网上咨询会、安徽网上咨询会、新浪微博、QQ 微博，电话、面谈和现场招生咨询等途径为考生和家长提供招生咨询服务。

研究生招生

【概况】 2013 年，各类研究生招生人数 1680 名，其中博士 37 名，硕士 1643 名。硕士中全日制专业学位 529 名，学术型硕士 545 名，在职攻读硕士专业学位 569 名。

【博士研究生招生】 2013 年，在博士研究生招生工作中，努力改革创新博士研究生招生方法和模式，进一步提高招生选拔质量，完善人才培养机制；将入学考试分为资格考试、专业测试和面试三个阶段进行，初步按一级学科设置考试科目并开展招生考试，为逐步实现宽口径培养提供条件。

进一步改进和完善网络版海南大学博士研究生招生管理系统，增加并优化多项工作流程，增强系统实用性，逐步实现博士研究生招生的全程网络化管理。

正式实施《海南大学硕博连读研究生选拔和管理暂行办法》，完成 2013 年硕博连读研究生的推荐和选拔工作。

本年度，国家下达给学校博士研究生招生计划 37 名。报名考试人数超百人，经过考试和复试，按照综合成绩排名，共录取了 37 名博士研究生。详见附表 8。

附表 8　2013 年博士研究生计划招生和实际录取统计表

序号	专业代码	专业名称	计划招生人数	实际录取人数
1	030100	法学	6	6
2	071001	植物学	3	3
3	071004	水生生物学	2	2
4	071007	遗传学	3	3

序号	专业代码	专业名称	计划招生人数	实际录取人数
5	071010	生物化学与分子生物学	6	6
6	071300	生态学	5	5
7	081000	信息与通信工程	2	2
8	090101	作物栽培学与耕作学	1	1
9	090102	作物遗传育种	9	9
合　计			37	37

【全日制硕士研究生招生】 2013 年，国家下达给学校全日制硕士研究生招生计划共 1066 名（其中：学术型硕士 544 名,专业学位 522 名）。研究生处在相关学院的配合下，进行了合理的调剂，并按录取人数与参加复试人数的比例 1∶1.2 的原则下组织了复试（包括同等学力考生的加试），经过严格的筛选，录取 1074 人，超额完成招生计划，同时也基本保证了学校特色优势学科的招生计划。详见附表 9。

附表 9　2013 年全日制硕士研究生计划招生和实际录取统计表

序号	专业代码	专业名称	计划招生人数	实际录取人数
1	010102	中国哲学	4	4
2	010103	外国哲学	4	4
3	020101	政治经济学	2	2
4	020105	世界经济	11	11
5	020202	区域经济学	2	2
6	020204	金融学	13	13
7	025400	国际商务	30	30
8	030101	法学理论	3	3
9	030102	法律史	3	3
10	030103	宪法学与行政法学	3	3
11	030104	刑法学	4	4
12	030105	民商法学	14	14
13	030106	诉讼法学	5	5
14	030107	经济法学	4	4
15	030108	环境与资源保护法学	3	3
16	030109	国际法学	5	5
17	030201	政治学理论	12	12
18	030204	中共党史	2	2
19	030501	马克思主义基本原理	3	3
20	030503	马克思主义中国化研究	2	2
21	030505	思想政治教育	12	14
22	035101	法律（非法学）	57	60
23	035102	法律（法学）	55	55
24	050101	文艺学	8	8
25	050105	中国古代文学	3	3

序号	专业代码	专业名称	计划招生人数	实际录取人数
26	050106	中国现当代文学	5	5
27	050108	比较文学与世界文学	5	5
28	050201	英语语言文学	8	8
29	050211	外国语言学及应用语言学	9	9
30	055101	英语笔译	30	33
31	055102	英语口译	19	19
32	070104	应用数学	6	6
33	070703	海洋生物学	5	5
34	071001	植物学	13	13
35	071002	动物学	4	4
36	071005	微生物学	15	15
37	071007	遗传学	5	5
38	071008	发育生物学	3	3
39	071010	生物化学与分子生物学	23	23
40	071300	生态学	10	10
41	080500	材料科学与工程	24	24
42	081000	信息与通信工程	13	13
43	081200	计算机科学与技术	8	8
44	081401	岩土工程	7	7
45	081402	结构工程	8	8
46	081700	化学工程与技术	22	22
47	082801	农业机械化工程	5	5
48	083002	环境工程	6	6
49	083201	食品科学	14	14
50	083203	农产品加工及贮藏工程	6	6
51	083204	水产品加工及贮藏工程	3	3
52	083400	风景园林学	10	10
53	083500	软件工程	3	3
54	085204	材料工程	14	14
55	085208	电子与通信工程	24	24
56	085216	化学工程	16	16
57	085231	食品工程	16	16
58	090101	作物栽培学与耕作学	12	12
59	090102	作物遗传育种	21	21
60	0901Z1	★农业生物技术	16	16
61	090201	果树学	5	5
62	090202	蔬菜学	2	2
63	0902Z1	★观赏园艺	6	6
64	090301	土壤学	6	6
65	090302	植物营养学	5	5

序号	专业代码	专业名称	计划招生人数	实际录取人数
66	090401	植物病理学	8	8
67	090402	农业昆虫与害虫防治	3	3
68	090403	农药学	3	3
69	090501	动物遗传育种与繁殖	3	3
70	090703	森林保护学	3	3
71	090705	野生动植物保护与利用	5	5
72	090801	水产养殖	17	17
73	090900	草学	4	4
74	095102	园艺	15	15
75	095104	植物保护	11	11
76	095107	林业	11	11
77	095108	渔业	10	10
78	095109	农业机械化	10	10
79	095110	农村与区域发展	16	16
80	100701	药物化学	3	3
81	100703	生药学	5	5
82	120201	会计学	5	5
83	120202	企业管理	15	15
84	120203	旅游管理	11	11
85	120204	技术经济及管理	4	4
86	120301	农业经济管理	9	9
87	125100	工商管理	94	94
88	125200	公共管理	95	95
89	130400	美术学	10	10
合　计			1066	1074

备注：有★的专业系一级学科下自主设置的二级学科。

【在职攻读硕士】 2013年，在职人员攻读硕士专业学位研究生也取得了较好的成绩，共招收569人，其中法律硕士100人，MPA 88人，MBA 98人，农业推广218人，工程硕士65人。详见附表10。

附表10　2013年在职攻读专业学位研究生计划招生和实际录取统计表

序号	录取类别代码	录取类别名称	计划录取人数	实际录取人数
1	0351	法律硕士	100	100
2	0852	工程硕士	65	65
3	1251	工商管理硕士	98	98
4	1252	公共管理硕士	88	88
5	0951	农业推广硕士	218	218
合　计			569	569

研究生招生考试

博士研究生招生考试

【概况】 2013年，共有116名考生参加学校11个博士研究生专业的26个科目考试，27名教师参加命题。22名教师参加21个考试科目77人次评卷。

【博士研究生命题】 本年度，博士研究生入学考试的命题、制卷、评卷首次按照5个一级学科博士点招生专业进行，命题科目比上年减少23个，考试形式由初试、复试调整为资格考试（科目代码为1101与21XX）和专业测试（科目代码为31XX）。27名教师参与27个科目的命题，命题教师减少23人。印制26个科目试题348份。

【博士研究生评卷】 2013年博士研究生报名考生116人。资格考试实考77人，比上年减少24人，专业测试实考45人。实考科目21个，22名教师评卷199份（其中1101英语为2名教师共同评卷）。博士研究生入学考试成绩通过校园网公布，有1名资格考试考生要求对1个科目成绩复核，经核无误。详见表11。

表11 2013年博士研究生入学考试统计表

序号	科目名称	科目代码	试题印数（份）	评卷份数	备注
1	公共英语	1101	116	77	
2	作物学综合	2101	21	14	
3	生物学综合	2102	37	29	
4	生态学综合	2103	21	11	
5	法学综合	2104	30	21	
6	信息与通信工程综合	2105	7	2	
7	遗传学	3101	6	4	
8	生物化学与分子生物学	3102	13	8	
9	作物栽培学综合	3103	7	3	
10	作物遗传育种学	3104	12	8	
11	植物生态学	3106	3	2	
12	园林植物资源学	3109	2	1	
13	农学概论	3111	2	1	
14	环境科学概论	3113	5	1	
15	植物保护概论	3114	4	1	
16	生态经济学	3115	8	2	
17	民商法学前沿	3117	13	7	
18	民事诉讼法学前沿	3118	6	2	
19	海洋法学	3119	4	1	
20	嵌入式系统理论	3122	2	1	

序号	科目名称	科目代码	试题印数（份）	评卷份数	备注
21	水生生物学	3124	9	3	
22	植物生理学	3108	3	0	缺考
23	微生物学	3110	5	0	
24	刑法学前沿	3116	7	0	
25	现代通信理论	3120	3	0	
26	高级网络控制系统	3121	2	0	
27	现代微生物学	3105	0	0	无考生选考
合　计			348	199	

硕士研究生招生考试

【概况】 2013年，共有3241名考生参加学校94个硕士研究生专业83个初试科目，88个复试科目的考试。

【硕士研究生初试自命题评卷】 2013年2月15日至21日，91名教师参与2013年硕士研究生入学考试79个初试考试科目的1414份试卷评卷。

【硕士研究生复试】 2013年4月12至20日硕士研究生复试笔试，招生办公室负责命题、印制和阅卷88个复试科目，比上年减少6个复试科目。

【2014年硕士研究生自命题命题】 2013年9月至12月，组织178名教师参与2014年硕士研究生自命题命题。初试科目92个，比上年87个初试科目增加5个，复试科目84个较上年减少4个。实际开展90个初试、84个复试科目。印制90个科目2299份试题。

【研究生考试命题专家选拔】 2013年10月面向全校选拔硕士研究生命题专家，共23个科目，33名教师入选。

艺术类招生专业考试

【概况】 2013年，学校在11个省份设点组织艺术类专业招生考试，共有18169名考生参加5个专业（10个专业方向）的考试。

【艺术类专业招生计划】 本年度，艺术类专业招生考试省份为山东、安徽、山西、江西、河南、甘肃、湖南、福建、四川、浙江、江苏、海南等12个，比上年增加了浙江、江苏，暂停在黑龙江、广西和广东三个省设考点。除海南省考生参加本省招生部门组织的专业统考外，其余11个省的考生须参加学校在生源省当地组织的艺术类专业招生考试。招生专业为视觉传达设计、绘画、服装与服饰设计、音乐表演、舞蹈编导、戏剧影视文学。戏剧影视文学（影视编导）专业除继续在湖南、山东、河南、四川进行专业考试外，新增江苏考点，暂停在江西设考点，专业考试省份仍为5个。原艺术设计专业调整为视觉传达设计专业和服装与服饰设计专业。招生计划390人，较上年增加4人，详见附表12。

附表 12　2013 年艺术类分专业招生计划

学院	专业名称	2013 年	2012 年
艺术学院	视觉传达设计	83	115
	绘画	70	70
	服装与服饰设计	36	新增
	音乐表演	74	74
	舞蹈编导	57	57
人文传播学院	戏剧影视文学（影视编导方向）	70	70
	合　计	390	386

【艺术类专业招生考试】　2013 年，共有 18169 人参加学校在 11 个省份设点组织的艺术类考试。人文传播学院戏剧影视文学（影视编导方向）专业在 5 省份考试人数 5067 人，比上年增加 1256 人。艺术学院 5 专业考试人数 13102 人，较上年增加 955 人，其中：视觉传达设计 5212 人、绘画 2340 人、服装与服饰设计 664 人；服装与服饰设计（服装表演方向）194 人、舞蹈编导 1720 人；音乐表演 2972 人（声乐方向 2232 人，大小提琴方向 562 人，古筝方向 66 人，二胡方向 112 人）。

2013 年艺术类专业招生考试成绩录入数据共 54507 个。本年度艺术类专业考试统分工作在原统分系统上增加一录、二录异同筛查的同时还进行原始成绩在电脑上逐个评委成绩核查，对成绩为 0 分的考生得分情况的合理性，要检查对比每个考场的记录表，核对缺考考生和 0 分记录是否一致等，确保数据的准确性。

【发放艺术类专业合格证】　2013 年，共发放艺术类专业测试合格证 1493 份（网上打印），其中人文传播学院戏剧影视文学（影视编导方向）专业在 5 省份发放 278 个合格证，艺术学院 5 专业在 11 省份发放 1215 个合格证。

教 学 工 作

研究生教育

【概况】 2013年，学校依托“中西部高校提升综合实力计划”，启动了研究生教育教学改革计划、研究生创新中心建设计划、联合培养优秀研究生计划、研究生参加高水平学术会议资助计划、优秀研究生访学资助计划、研究生优秀学位论文培育计划，不断优化研究生人才培养环境，提高研究生教育的质量，提升学校的创新人才培养能力和高层次应用型人才培养水平。

【学位点建设】 本年度，学校公共管理（MPA）硕士专业学位研究生教育接受全国公共管理专业学位研究生教育指导委员会评估。被确定为A级，即优秀等级。

【研究生培养规模】 至2013年底，在校各类研究生人数为4807人。其中，普通全日制博士研究生162人，普通全日制硕士研究生3117人，在职攻读硕士学位研究生1528人。

【研究生培养与质量监督工作】 1.选拔了5名硕士研究生，获国家留学基金委资助，公派出国留学攻读博士学位。

2.成立了第二届研究生培养质量与评估专家组，开展研究生教学及其培养环节的监督、检查和评估。

【研究生学位论文质量监控工作】 为了进一步提高研究生的培养质量，继续实施对学位论文学术不端行为检测和对博士、硕士（含专业学位）学位论文“盲审”制度。

1.实施学位论文学术不端行为检测。2013年，博士学位论文检测33篇，通过33篇；硕士学位论文检测1206篇，通过1198篇。

2.实行博士研究生学位论文“盲审”制度。对申请答辩的33名博士研究生的学位论文进行了“双盲”评审，有4名博士的学位论文未通过盲审，不允许参加答辩。

3.实行硕士学位论文抽查制度。2013年共抽查97位硕士的学位论文进行双盲评审，其中1位硕士的学位论文未通过盲审，不允许参加答辩。

【学位授予工作】 6月，学校授予了13名博士研究生博士学位、863名硕士研究生硕士学位。12月，学校授予了12名博士研究生博士学位、233名硕士研究生硕士学位。

【优秀博士、硕士学位论文评审】 经答辩委员会评定、学位分委员会推荐，校学位评定委员会审核，1篇博士学位论文、31篇硕士学位论文评定为校级优秀博士、硕士学位论文。有1篇博士学位论文、26篇硕士学位论文被评为海南省优秀博士、硕士学位论文。详见附表13。

【博士后科研流动站管理】 1.本年度，学校共有1名博士后进站，1名博士后完成开题报告，4名博士后出站。

2.编制并发布《海南大学2013年博士后研究人员招收简章》。

3.完成第53批、第54批中国博士后科学基金面上资助的申报工作。

4.编制《海南大学博士后出站报告形式规范》，进一步规范博士后出站工作。

5.与企业工作站联合招收的博士后首次出站，指导企业工作站完成2名博士后的考核和出站工作。

【思想政治工作】 1.加强研究生的党建工作和思想政治教育。一是加强校级研究生工作队伍和学院（中心）研究生基层组织建设，增强思想政治教育工作队伍建设；二是强化校院两级管理，重视研究生党小组的组织与建设，指导和建立学校和学院两级研究生会组织；三是打造五个育人平台，即：办好一本研究生杂志——《海志》杂志，做好一个研究生讲坛——“致远”讲坛，搭好一个研究生交流平台——“学术资源”平台，出好一份研究生报纸——海大研究·声报，建好一批研究生培养基地——校外实习（联合培养）基地。

2.加强研究生科学道德和学风建设。本年度，研究生处通过各种形式多次举行科学道德和学风建设教育报告会。9月，国务院学位委员会学科评议组成员，海南大学环境与植物保护学院院长郑服丛教授在2013级研究生开学典礼上为1000多名研究生做了科学道德与学风建设专题报告。11月，崔昌华参加全国高校科学道德和学风建设宣讲教育专题研究班学习，回校后对全体研究生干部做了相关培训。

3.鼓励研究生参加科研创新和社会实践。本年度，学校共有110名研究生获得科研奖励，奖励金额总计为8.89万元；6名博士和75名硕士获得研究生国家奖学金，奖学金金额总计为168万元；18项实践育人项目和33项资源调查项目获得立项，有300多名研究生直接从事相关科学研究。

4.积极开展丰富多彩的校园文化和对外交流活动。本年度，学校举办了首届研究生创业计划大赛、首届“发现身边的美”微电影大赛、团体操比赛、“研究生骨干培训”、院际杯篮球赛、“十大歌手暨欢送毕业生”晚会等校园文化活动，其中，11月举办的海南大学2013年“宏祺藤业”杯研究生新生才艺大赛，吸引了来自14个学院的100多名研究生选手参加比赛。12月18日，学校研究生会创办的杂志《海志》参加了哈尔滨媒体联席会，向全国研究生培养单位展示了海南大学研究生教育的风采和积极向上的精神风貌。

附表13 2013年海南省优秀博、硕士学位论文名单

序号	作 者	论文题目	所属专业	导 师	类别
1	王 颖	调控橡胶树bSRPP的转录因子HbWRKY1的分离与功能分析	植物分子遗传学	彭世清	博士
2	蔡佳佳	莱茵衣藻（Chlamydomonas reinhardtii）油脂合成相关基因的功能研究	植物分子遗传学	胡新文	硕士
3	黄风迎	细胞松弛素D聚乙二醇脂质体抗肿瘤作用实验研究	生物化学与分子生物学	梅文莉	硕士
4	唐依莉	老鼠簕根际土壤放线菌培养与非培养水平多样性、菌株生理活性及新种鉴定	农业生物技术	洪 葵	硕士
5	王 超	木薯遗传图谱9号、17号和18号连锁群物理定位的研究	能源植物	王 英	硕士
6	张冬琳	海南黄牛Cdc42基因的克隆、原核表达及其组织表达分析	野生动植物保护与利用	王凤阳	硕士
7	蓝基贤	橡胶胶乳转化酶的分离纯化、生化特性与表达分析	发育生物学	唐朝荣	硕士

序号	作　者	论文题目	所属专业	导　师	类别
8	张武元	二氧化碳聚合反应催化剂双金属氰化物的机械化学法合成及性能	应用化学	林　强	硕士
9	廖建军	新型结构 TiO2 光电极的制备及其光催化性能研究	材料物理与化学	林仕伟	硕士
10	陈　缔	锆钛酸钡陶瓷和钛酸钡纳米阵列的制备及研究	材料学	李建保	硕士
11	李士普	高有序 TiO2 纳米管阵列 N 掺杂能带调节技术研究	材料物理与化学	林仕伟	硕士
12	龚　殿	辣椒环斑病毒（Chilli ringspot virus）全基因组克隆及序列分析	微生物学	刘志昕	硕士
13	曾志刚	四氢苯并吡喃衍生物的合成及生物活性研究	农药学	骆焱平	硕士
14	金呈之	4-水杨酰基氨基硫脲衍生物及其铁金属冠醚的合成、表征和生物活性的研究	农药学	杨　叶	硕士
15	丁　旭	斜带石斑鱼 Toll 样受体 22 基因的 cDNA 克隆、表达模式分析及其信号通路的初步探讨	水产养殖	林浩然	硕士
16	李俊青	自适应并行遗传算法求解专家指派问题及其实现	通信与信息系统	杜文才	硕士
17	王清隆	海南爵床科的分类学修订	植物学	王祝年	硕士
18	段宙位	罗非鱼皮、鱼鳞、鱼尾的高效利用研究	食品科学	申铉日	硕士
19	武良军	教唆未遂的可罚性问题研究——兼议我国《刑法》第 29 条第 2 款的问题与完善	刑法学	童伟华	硕士
20	宋　健	宰我问难与孔子意向	中国哲学	滕　琪	硕士
21	温小平	抗战后期国共两个中国之命运论战研究	中共党史	赵康太	硕士
22	丁天全	国际旅游岛建设与海南公民文明素质提升研究	思想政治教育	李德芳	硕士
23	宋军发	ASEAN+3 区域金融一体化程度：基于 Feldstein-Horioka 方法的实证研究	金融学	孙建军	硕士
24	李　灿	国家创新体系的动态演进研究——基于 OECD 国家面板数据的实证分析	世界经济	黄景贵	硕士
25	吴奇宣	旅游文本的人际意义研究：以美国农家乐景点简介为例 Interpersonal Meanings in Tourism Texts: A Text Analysis of the Introductions to Some American Agritourist Attractions	外国语言学及应用语言学	王　琳	硕士
26	陈　芸	海南旅游季节性研究	旅游管理	田　良	硕士
27	朱　茜	小说《香水——一个谋杀犯的故事》的隐喻性解读	比较文学与世界文学	闫广林	硕士

本科教学

【概况】 2013 年，学校本科教学获得 2 项国家本科教学工程项目、6 项省级本科教学工程项目；获教育部首批“国家级大学生校外实践教育基地”；高分子材料与工程专业被列入教育部批准的卓越工程师教育培养计划；修订并实施 2013 版本科人才培养方案；推进大学英语、思想政治理论课等基础课程的全面教学改革；组织实施本科实践育人专项建设项目。

【中西部高校提升综合实力工程实施情况】 2013 年,学校启动中西部高校提升综合实力子项目——“本科教学质量与教学改革工程项目”“教学创新团队建设项目”等 2 个项目的资助、建设工作，实施完成了 9 个专业综合改革试点项目，27 项教学创新团队项目，10 个重大教学改革项目，5 门精品资源共享课，3 门精品视频公开课等共 54 项提升综合实力工程。

【修(制)订 2013 版本科人才培养方案】 本年度，学校对本科人才培养方案进行了一次全面的修订。重新优化课程结构体系，设置“公共课程、学科基础课、专业课、文化素质教育课和实践教学环节”五个模块的课程；增加了创新创业课程和英语拓展课程的选修课；要求本科生通过课外活动获取大学生素质拓展不得少于 3 个学分。

【本科专业建设】 本年度，学校新增药学 1 个本科专业，交通运输和食品质量与安全 2 个专业被批准为省级特色专业建设点。截至 12 月，学校共有国家级特色专业建设点 8 个，省级特色专业建设点 24 个。

【实施公共课程教学改革】 继续推进大学英语教学改革,将 2013 级本科学生的《大学英语》课程从“4+4+4+4”（共 16 学分）四学期的统一学分要求模式，改为“4+4”（共 8 学分）两学期的统一学分再加“3+3”（共 6 学分）两学期的分流选学模式。2013 年秋季学期，学校选用 6 门超星尔雅通识教育网络课程作为文化素质教育选修课程，共有 1891 名学生选修了该课程。

【精品课程建设】 2013 年，农学院的《基因工程》、马克思主义学院的《马克思主义基本原理概论》2 门课程被评为省级精品课程，材料与化工学院的《天然橡胶加工学》、环境与植物保护学院的《农业微生物学》、机电工程学院的《金属切削机床概论》等 7 门课程被评为校级精品课程。截至 12 月，学校共有国家级精品课程 2 门、省级精品课程 49 门、校级精品课程 118 门。

【实践教学】 本年度，组织开展度实践育人资助项目 38 项，邀请企业家、专业技术人才和能工巧匠等行业知名人士 18 人次为本科生授课；完成“海南大学中西部高校提升综合实力建设工程（教学实验平台建设）”23 个建设项目的前期准备工作，预计投入经费 4460 万元；完成 4 个基础教学实验室的续建工作，投入经费 955 万元；海洋生物实验教学中心等使用智能实验室管理系统；常规教学设备购置与维护投入 350 万元，完成艺术学院音乐多媒体实验室、材化与化工学院计算机实验室等 14 个项目。5 月，海南大学法学教育实践基地获批建国家级“本科教学工程”大学生校外实践基地。

【教师队伍建设】 本年度，材料与化工学院李光教授负责的大学物理基础课教学团队和农学院庄南生教授负责的遗传学教学团队被评为省级教学团队。截至 12 月，学校共获国家级教学团队 2 项、省级教学团队 13 项。马克思主义学院秦晓华老师和龙借琼老师在“粤桂琼滇赣五省区高校思想政治理论课青年教师教学基本功大赛”中分别获得一等奖和二等奖。

【学科竞赛】 承办第十四届海南省高校大学生英语演讲比赛暨 2013 年“外研社杯”全国英语演讲大赛，以及“外研社杯”全国英语写作人赛（海南赛区复赛）。共组织参加省（地区）、国家级比赛 18 项，国际比赛 1 项。截至 12 月 31 日，已获得国家级一等奖 2 项，二等奖 10 项，三等奖 19 项；省级特等奖 5 项、一等奖 20 项（含赛区奖），二等奖 27 项（含赛区奖），三等奖 20 项（含赛区奖）。其中，“外研社杯”全国英语演讲大赛中获得国家级二等奖 1 名，三等奖 1 名，全国大学生数学建模竞赛中获得国家级一等奖 1 队，二等奖 5 队。

【教学评估】 信息科学技术学院的信息安全、土木建筑工程学院的工程管理以及应用科技学院（城西校区）的风景园林三个本科专业顺利通过海南省教育厅组织的新办专业评估检查，取得学士学位授予权。

【文理科实验班】 学校对 2013 级开设旅游管理、化学工程与工艺和法学等 3 个本科专业实验班，每班招收 33 人。第二届实验班毕业生中文科实验班（法学专业）毕业生 30 人、理科实验班（电子信息工程专业）毕业生 29 人，文理科实验班毕业生 85%英语六级考试成绩达 425 分以上、82%的同学被录取攻读硕士研究生、获各类学科竞赛国家级奖项 53 人次、有的学生作为第一作者在国际核心期刊发表科研论文并被 SCI 全文收录，法学专业文科实验班学生还取得工商管理第二专业证书。

【冬季小学期】 在 2011 级全面推开冬季小学期的工作，实施安排内容包括：围绕学生的外聘专家授课、学术讲座、创新创业、心理健康教育、实习实践等，共邀请 65 位外聘专家开设了 42 门课程，覆盖全校普通本科 2011 级 4000 多名学生。

【国内高校联合培养情况】 本年度派出工程管理、数学与应用数学、物流工程、电气工程及其自动化、信息管理与信息系统、金融学、食品科学与工程、环境科学、生物工程、应用化学、英语、商务英语、汉语言文学等 13 个专业 35 名学生参加与天津大学联合培养学生项目。

【本科生国际合作与交流】 本年度，由教务处负责的国际合作和联合培养项目共派出 35 名普通本科生参加带薪实习和中美人才培养计划项目等境外学习和交流。其中 2009 级机械设计制造及其自动化专业学生王耀辉参加中美人才培养计划项目留学美国北亚利桑那大学，本科毕业后获得美国康奈尔大学攻读硕士研究生机会。

【学籍管理】 本年度，普通本科学生学籍注册 33757 人。顺利完成 2013 届普通本科毕业生资格和学士学位资格审核。2013 届普通本科毕业生 6435 人，授予学士学位 6192 人，毕业率达到 97%，学位授予率达到 93.3%。制定了《海南大学高水平运动员成绩管理办法》，修订了《海南大学普通本科学生转专业规定》，保障了相关工作更加规范、有序地开展。

【本科毕业生免试攻读硕士学位研究生工作】 教育部下达学校 2014 年推免指标 431 名（含 4 个补偿名额），其中学术型指标 299 名，专业学位指标 132 名。本次按规定不再区分内推和外推指标，所有具有推免资格并获得推免指标的学生均可报考海南大学或其他招生单位。实际接收 431 人，其中外单位接收 380 人、本校接收 51 人。外单位接收占总接收人数的 88.2%；全国 39 所 985 高校中的 35 所高校共接收海南大学推免生 247 人，占全部高校（含海南大学）接收总人数的 63.7%；985、211 重点高校和中国科学院（含中国科学院大学）共接收 409 人，占接收总人数的 95%。

留学生教育

【概况】 2013年，学校圆满完成首届中国政府奖学金生、海南省政府奖学金生和留学生汉语言本科专业的宣传和录取工作；成功承办了海南省第二届“琼州杯”国际学生汉语与才艺大赛并获得大赛组委会颁发的“优秀组织奖”；正式出台《海南大学国际学生本科教育教学管理暂行条例》，加强对国际本科生的教育教学管理。

【留学生先进代表，为校争光】 9月7日，国家主席习近平在哈萨克斯坦纳扎尔巴耶夫大学发表题为《弘扬人民友谊共创美好未来》的重要演讲。其中，讲述了哈萨克斯坦籍留学生鲁斯兰在海南大学读书期间无偿捐献稀有血型RH阴性血（俗称“熊猫血”）救助中国病患的故事。鲁斯兰被习近平主席誉为“中哈人民友谊的使者”。鲁斯兰不仅为中哈人民友谊做出了积极贡献，也为学校增添了荣耀。为了表彰鲁斯兰这种大爱无疆，无私奉献的国际主义精神，学校授予他，海南大学“突出贡献奖”荣誉称号，奖励人民币10万元。

【招生工作】 本年度，共接收中国政府奖学金生26名，海南省政府奖学金生15名，汉语言本科专业留学生22名。

招收各类留学生共324人（不含援外培训班和短期班），分别来自俄罗斯、哈萨克斯坦、马达加斯加、美国、英国、日本等42个国家和地区，其中语言生238人，学历生86人，与2012年度相比，语言生人数增长28%，学历生人数增长100%。他们分别在学校国交、法学、经管、环植、农学、人文、信息、艺术、旅游、外国语等10个学院学习。共有6名本科留学生顺利毕业，获得学校颁发的毕业文凭和学位证书。成功举办“第十四届中国海南大学·美国夏威夷大学汉语暑期班”和“首届北二外留学生海南文化之旅短期班”，接待26名留学生来校学习。接收境外交换学生20人。

【宣传工作】 修订更新国家留学基金管理委员会“留学中国”网站上的海南大学招生信息；对国际交流学院的网页进行改版和更新，扩大学校的对外宣传力度。

【教学工作】 新增留学生汉语言（汉语言文化方向/旅游方向）本科专业（专业代码050102），学制4年，属应用语言学学科，专门为外国留学生开设本科学历教育。留学生完成规定课程，达到相应学分要求，通过毕业论文答辩，由海南大学颁发本科毕业证书，符合学位授予规定的授予学士学位。

6月和12月组织第七、八次国家汉语水平考试（简称HSK）。考试级别涉及HSK二级到六级。共有校内外留学生共145人次报名参加，人数创历年之最，首次有非洲国家的考生参考。

5至7月，举办“第十四届中国海南大学.美国夏威夷大学汉语暑期班”，6名美国夏威夷大学学员参加。6月6日，副校长傅国华教授为暑期班学员作了一场关于《道德经》与管理智慧的学术讲座；6月18日，著名黎族文化研究专家周伟民教授为暑期班全体学员作题为“海南黎族文化”的学术讲座。11月10日至17日，举办“首届北二外留学生海南文化之旅短期班”，共有3名老师和20名留学生参加。

【学生工作】 修订《海南人学留学生手册（语言生）》，制定《海南大学留学生手册（学历生）》。出台《海南大学国际学生本科教育教学管理暂行条例》（海大办[2013]28号），加强对学校国际本科生的教育教学管理。出台《海南大学国际学生奖学金实施条例（暂行）》，表彰在课外活动比赛中表现优异的留学生。

成功承办了由教育厅主办的海南省第二届“琼州杯”国际学生汉语与才艺大赛，海南大学获得大赛组委会颁发的“优秀组织奖”。3 月 16 日至 18 日，学校两支留学生代表队参加由省教育厅主办、琼州学院承办的“留动中国——在华留学生阳光运动文化之旅”活动海南省决赛，分获二等奖和三等奖，海南大学还荣获本次大赛颁发的“体育道德风尚奖”。

【华文教育基地】 完成外派国际汉语教师志愿者选拔派出工作。应国家汉办和省教育厅要求，学校从在职在编教师、在读研究生、2013 届应届本科毕业生中选派出 5 批国际汉语教师志愿者，分别赴泰国、菲律宾、柬埔寨、印度尼西亚、蒙古等国支教。其中泰国 63 人（新任 44 人，留任 19 人）；菲律宾 17 人（新任 10 人，留任 7 人），另外派管理教师 1 人；印度尼西亚 11 人（新任 10 人，留任 1 人）；柬埔寨 15 人（新任 5 人，留任 10 人）；蒙古 1 人。

孔子学院建设工作稳步推进。4 月 18 日，孔子学院首期汉语班在查尔斯· 达尔文大学（Casuarina 校区）正式开学。6 月 19 日和 12 月 6 日，根据国家汉办要求和三所大学签署的协议，国际文化交流学院杨云升院长应邀出席在安徽、北京举行的查尔斯·达尔文大学孔子学院第一、二次理事会全体成员大会。

继 续 教 育

【概况】 2013 年，继续教育学院积极为开设国家级专业技术人员继续教育基地培训班的开班做准备工作，在完成成人教育与自学考试任务的基础上，不断挖掘、拓展省内市县干部培训资源和省外干部培训市场，继续扩大 EMBA 课程总裁班和国际旅游岛高管论坛的规模，提高层次、扩大影响。

【国家级基地】 2013 年 10 月，海南大学国家级专业技术人员继续教育基地首个培训班——“南海资源开发与权益保护高级研修班”在海南大学开班。研修班邀请到了著名军事专家、海军信息化专家委员会主任尹卓少将，中国社科院边疆史地研究中心党委书记李国强研究员，中国南海研究院吴士存院长等一批知名专家学者前来授课。 11 月，由海南省人力资源和社会保障厅主办、海南大学国家级专业技术人员继续教育基地承办的海南省“515 人才工程”高级研修班开班。本次研修班的学员均来自入选海南省“515 人才工程”第一、二层次的人才，研究方向涉及社会科学、自然科学、医疗、卫生、教育、工业、农业、海洋、旅游等领域。

【成人教育】 2013 年，开办成人高等本专科学历教育专业 42 个，涵盖经济学、管理学、法学、文学、理学、工学、农学、艺术学等 8 大学科门类。在校生 4619 人，毕业 1109 人。在省外设有 4 个函授站（福建、河南、江西、湖南），在省内设有 3 个教学点（海南工业学校、海南农垦党校、海南海天教育培训中心）。

【自学考试】 本年度，学校与海南政法职业学院、海南科技职业学院、阳光自考助学中心等 8 个单位开展了自考助学班合作，先后开办 14 个“专接本”专业助学，在读考生 2 千余人，累计助学 1 万余人；以海南大学为主考学校的自学考试毕业生为 986 人，共有 464 名自考生获得了海南大学本科成人教育学士学位；安排社会考生实践考核 156 科次，完成 16 门自学考试省级命题任务；两次承担海南省高等教育自学考试评卷任务，顺利完成 504 门课程，共计 108811 份试卷的评卷工作。

【干部培训】 本年度，组织了三亚市工商局科级领导干部培训班、文昌市党外领导干部高级研修班、儋州市非公经济党务工作者提升履职能力培训班等多个品牌培训项目；策划了贵州省黔南州妇女领导干部培训班、浙江省丽水市财政局干部综合素质能力提升班等多个省外干部培训项目。9 月，松阳县司法干部专业能力提升班在海南大学开班，标志着海南大学与浙江松阳的校县合作项目正式启动。

2013 年，共举办了 86 个干部选学专题，其中校内 49 个班，送教上门 37 个班，新开发专题 50 个，选学学员超过 10000 人次。

【EMBA 课程总裁班】 2013 年，新开八、九、十班，每个班报名人数均超过 100 人，三年累计招生已达 1400 余人，其中有 90 余名现职厅局级领导干部参加学习，其他则为董事长、总裁、总经理等企业高管。

【国际旅游岛高管论坛】 由海南大学、海南省社科联、海南省工商联共同主办的第九、十、十一届“国际旅游岛高管论坛”分别在澄迈县、琼海市、万宁市举行。著名实战派管理专家翟新兵教授分别作了《管理哲学与高效领导力》、《21 世纪卓越领导力》的专题报告，共有 1000 余名政府和企业的管理精英以及海南大学 EMBA 课程总裁班学员参加了论坛。

教 学 成 果

2013 年度省级特色专业建设点一览表

序号	获奖年度	专业名称	所在单位	授予部门
1	2013	交通运输	机电工程学院	海南省教育厅
2	2013	食品质量与安全	食品学院	海南省教育厅

2013 年度省级教学团队一览表

序号	评选时间	所在学院	团队名称	负责人	获奖级别
1	2013	材料与化工学院	大学物理基础课教学团队	李 光 曹 阳	省级
2	2013	农学院	遗传学教学团队	庄南生	省级

2013 年获省、校精品课程一览表

序号	评选时间	课 程 名 称	课程组负责人	职称	级别
1	2013	基因工程	陈银华	教 授	省级
2	2013	马克思主义基本原理概论	张云阁	教 授	省级

序号	评选时间	课 程 名 称	课程组负责人	职称	级别
3	2013	天然橡胶加工学	廖小雪	副教授	校级
4	2013	农业微生物学	谭志琼	教　授	校级
5	2013	金属切削机床概论	樊军庆	教　授	校级
6	2013	物流管理	李玉凤	副教授	校级
7	2013	公司金融	谢　妍	副教授	校级
8	2013	传播学	毕研韬	副教授	校级

中西部高校提升综合实力工程子项目
“本科教学质量与教学改革工程项目”“教学创新团队建设项目”
资助项目一览表

序号	所属单位	项目名称	项目负责人	资助经费（万元）
1	园艺园林学院	园林专业综合改革试点	杨定海	4
2	海洋学院	海洋科学专业综合改革试点	方再光	4
3	机电工程学院	电气工程及其自动化专业综合改革试点	翁绍捷	4
4	材料与化工学院	高分子材料与工程专业综合改革试点(卓越工程师班)	李志君	4
5	材料与化工学院	化学工程与工艺专业综合改革试点（卓越工程师班）	李嘉诚	4
6	食品学院	食品质量与安全专业综合改革试点	刘四新	4
7	政治与公共管理学院	公共关系学专业综合改革试点	陈小桃	4
8	经济与管理学院	农林经济管理专业综合改革试点	韦开蕾	4
9	外国语学院	日语专业综合改革试点	金　山	4
10	农学院	生物技术专业教学创新团队	庄南生	10
11	园艺园林学院	园艺学本科教学创新团队	李绍鹏	10
12	环境与植物保护学院	植物病理学创新教学团队	郑服丛	10
13	海洋学院	海洋生物实践教学团队	周永灿	10
14	材料与化工学院	大学物理教学团队	李　光	10
15	法学院	诉讼法学教学团队	王　琦	10
16	经济与管理学院	财务管理重点教学团队	胡国柳	10
17	农学院	基于综合素质培养的动物医学专业实践教学创新团队	王凤阳	5
18	农学院	农业资源与环境专业教学创新团队	林　电	5
19	园艺园林学院	园艺产品采后科学教学创新团队	黄绵佳	5
20	园艺园林学院	热带观赏植物课程群教学创新团队	宋希强	5
21	环境与植物保护学院	绿色农药教学创新团队建设	骆焱平	5
22	环境与植物保护学院	环境科学教学创新团队	葛成军	5
23	机电工程学院	电工电子系列课程教学创新团队	翁绍捷	5
24	机电工程学院	热带农业机械设计课程群创新教学团队	廖宇兰	5
25	信息科学技术学院	现代通信技术教学团队	周又玲	5

序号	所属单位	项目名称	项目负责人	资助经费（万元）
26	信息科学技术学院	大学数学创新团队	王志刚	5
27	材料与化工学院	天然橡胶加工学教学团队	廖双泉	5
28	材料与化工学院	有机化学类教学团队	陈祎平	5
29	政治与公共管理学院	土地资源管理专业本科教学创新团队	韦仕川	5
30	马克思主义学院	思想政治教育专业教学创新团队	张云阁	5
31	经济与管理学院	金融学应用型人才培养模式创新教学团队	徐　艳	5
32	经济与管理学院	人力资源管理课程群教学团队	蔡东宏	5
33	旅游学院	智慧旅游创新团队	胡　涛	5
34	艺术学院	海南文化艺术范畴教学研究创新团队	张巨斌	5
35	艺术学院	视觉传达设计本科教学创新团队	张　风	5
36	体育部	公共体育教学创新团队	罗远标	5
37	外国语学院	海南大学大学英语教学改革研究	金　莹	5
38	马克思主义学院	海南大学思想政治理论课实践教学建设研究	张云阁	5
39	人文传播学院	海南大学大学语文教学改革研究	刘复生	5
40	体育部	海南大学黎族传统体育特色教学改革研究	宋静敏	5
41	材料与化工学院	生物工程专业毕业论文教学模式改革探析	曹献英	5
42	土木建筑工程学院	基于创新能力培养的土木工程专业实践教学内容体系研究	陈奕柏	5
43	法学院	地方高校卓越法律人才教育培养机制与实施路径研究	邓和军	5
44	信息科学技术学院	电子信息 CDIO 工程教育模式研究	陈褒丹	5
45	旅游学院	高尔夫本科人才培养中“产业实际前移”模式改革研究	王　琳	5
46	外事侨务处	探索高校创业教育国际化	华世佳	10
47	农学院	遗传学	刘进平	3
48	农学院	土壤肥料学	陈明智	3
49	园艺园林学院	植物学	陈惠萍	3
50	海洋学院	水产动物病害防治	周永灿	3
51	法学院	诊所法律教育	叶英萍	3
52	法学院	海洋法与中国海洋争端	童伟华	3
53	马克思主义学院	永远的马克思	张云阁	3
54	艺术学院	服装专题设计	钟　恒	3

中西部高校提升综合实力工程子项目
“教学实验平台建设项目”资助项目一览表

序号	批次	实验室名称	资助经费（万元）	备注
1	第 1 批	材料科学与工程实验室	112	
2	第 1 批	食品科学技术实验教学中心	300	
3	第 1 批	力学实验教学中心	300	

序号	批次	实验室名称	资助经费（万元）	备注
4	第1批	信息教学综合实验室	267	
5	第1批	物流工程实验室	170	儋州校区
6	第1批	语音实验室	287	儋州校区
7	第2批	化学化工专业综合实验室	159	
8	第2批	基础化学实验教学中心	400	
9	第2批	海洋生物实验教学中心	400	
10	第2批	热带果树实验室	131	
11	第2批	动画教学实验室	145	
12	第2批	艺术设计与美术教学实验中心	159	
13	第2批	电子通信领域实习实践基地	150	
14	第2批	热带植物保护实验教学中心	380	
15	第3批	基础物理实验教学中心	100	
16	第3批	法学应用综合实验室	250	
17	第3批	广告新媒体实验室	100	
18	第3批	数字影像实验室	200	
19	第3批	政管教学综合实验室	150	
20	第3批	电算化与综合模拟实验室	150	
21	第3批	物流管理专业教学实验室	150	
合　计			4460	

2013年度校级教育教学研究课题立项一览表

项目编号	项 目 名 称	项目负责人	所在单位	项目类别	完成时间（年月）	成果形式
hdjy1301	《动物学》课程创新教学手段的探索与师生互动平台的建设	周海龙	农学院	重点	2015.12	互动平台 论文
hdjy1302	以海口城市绿地、公园、景区为依托的植物学课程实践教学研究	单家林	园艺园林学院	重点	2015.12	论文
hdjy1303	分组研究型教学模式在热带园艺作物种子种苗学教学中的应用研究	陈　萍	园艺园林学院	重点	2016.09	论文
hdjy1304	设施农业科学与工程专业工科课程综合实践平台设计研究	刘　建	园艺园林学院	重点	2016.12	论文 设计方案 图纸
hdjy1305	植物保护专业全程导师制探索	范咏梅	环境与植物保护学院	重点	2016.12	论文
hdjy1306	环境科学专业创新创业型人才培养模式的研究与实践	王　旭	环境与植物保护学院	重点	2016.12	论文
hdjy1307	海洋底栖动物学多媒体素材库网络教学的开发	刘均玲	海洋学院	重点	2016.01	论文
hdjy1308	基于工程制图工科学生的创新思维培养模式探索与实践	朱冬云	机电工程学院	重点	2015.12	论文

项目编号	项 目 名 称	项目负责人	所在单位	项目类别	完成时间（年月）	成果形式
hdjy1309	车辆工程专业实践性教学体系研究与实践	林妙山	机电工程学院	重点	2015.12	论文 报告
hdjy1310	数学建模导向模式下学生创新能力培养与提高的策略研究	王浩华	信息科学技术学院	重点	2015.01	论文
hdjy1311	生物工程专业三位一体、多层次、多角度教学整体优化的研究与实践	罗先群	材料与化工学院	重点	2016.12	论文
hdjy1312	产学研合作框架下构建实习实训基地平台的探索研究	文　峰	材料与化工学院	重点	2015.12	论文 报告
hdjy1313	工程造价课程教学方法改革与实践	李　艳	土木建筑工程学院	重点	2016.08	论文 教学案例集
hdjy1314	公关专业“实践育人”教学模式改革与规范化管理	王　芳	政治与公共管理学院	重点	2016.12	专著
hdjy1315	以就业为导向的人力资源管理专业人才培养模式研究	林銮珠	经济与管理学院	重点	2015.12	论文
hdjy1316	金融学专业创新人才培养模式的探索与实践——基于国际旅游岛建设的视角	谢　妍	经济与管理学院	重点	2015.12	论文
hdjy1317	产业结构升级背景下的海南省高等教育人才培养布局与结构调整研究	耿松涛	旅游学院	重点	2016.12	论文 报告
hdjy1318	高校思想政治理论课课堂教学实践方式研究	陈思莲	马克思主义学院	重点	2015.12	论文 报告
hdjy1319	如何将地域文化融入广告专业教学	张　睿	人文传播学院	重点	2015.09	论文 报告
hdjy1320	网络环境下大学生英语自主学习能力培养和评价研究	覃成海	外国语学院	重点	2015.06	论文
hdjy1321	艺术类本科毕业设计（论文）质量管理评价体系研究	袁晓莉	艺术学院	重点	2016.12	论文
hdjy1322	基于一级学科的硕士研究生课程体系改革与优化研究——以海南大学为例	李远颂	研究生处	重点	2015.12	论文
hdjy1323	精品资源共享课视频资源的建设与利用研究——以“民事诉讼法学”为例	王中香	网络与教育技术中心	重点	2016.12	课程教学录像 论文
hdjy1324	海南高校本科人才培养适应区域经济发展研究——以海南大学实践为视角	曲　涛	教务处	重点	2016.06	论文
hdjy1325	基于云环境的 CDIO 理念网络工程专业教学改革	钟杰卓	应用科学技术学院（城西校区）	重点	2016.01	论文
hdjy1326	组块记忆法在预防兽医学专业课程教学中的应用研究	杨雨辉	农学院	一般	2016.12	论文 报告
hdjy1327	海南大学农科大学生学习现状分析与对策研究	赵建国	农学院	一般	2015.12	论文
hdjy1328	基于虚拟技术的计算机网络开放性实验教学改革	谭毓银	信息科学技术学院	一般	2015.12	论文 开放实验项目

项目编号	项 目 名 称	项目负责人	所在单位	项目类别	完成时间（年月）	成果形式
hdjy1329	以培养非计算机专业大学生“计算思维”能力为导向的计算机基础课程教学改革研究	王秀明	信息科学技术学院	一般	2015.03	论文
hdjy1330	PBL 教学法在电子信息类课程教学中的应用研究	刘细阳	信息科学技术学院	一般	2016.08	论文
hdjy1331	高等教育大众化背景下的大学数学教学改革研究	李胜军	信息科学技术学院	一般	2016.12	论文
hdjy1332	“卓越”化工人才绿色化学及实践创新能力培养研究与实践	陈祎平	材料与化工学院	一般	2016.12	论文
hdjy1333	基于创新型人才培养的大学课程改革研究	徐树英	材料与化工学院	一般	2015.05	论文 学生作品展
hdjy1334	材料专业实验课程体系改革和创新	张　苹	材料与化工学院	一般	2015.12	论文
hdjy1335	《电脑组装、使用与维护》公选课创新教学的研究	冯爱国	食品学院	一般	2016.12	论文
hdjy1336	海南应用型高校体育课程内容改革、开发与现代化研究	贾　健	体育部	一般	2015.12	论文
hdjy1337	创新思维下的土地资源管理专业“3S”类课程综合实践教学方案方法研究	谷秀兰	政治与公共管理学院	一般	2015.12	论文 报告
hdjy1338	大学生创新创业教育的研究与实践	李伟铭	经济与管理学院	一般	2016.12	论文
hdjy1339	融会式分级教学法在理论经济学教学中的运用研究	袁　蓓	经济与管理学院	一般	2016.12	论文
hdjy1340	财务管理专业实践教学体系改革与实践	张长海	经济与管理学院	一般	2016.12	论文
hdjy1341	海南省高校拔尖创新人才培养的研究与实践	黄成明	经济与管理学院	一般	2015.12	论文
hdjy1342	戏剧影视专业教学优化研究	李风逸	人文传播学院	一般	2016.12	论文
hdjy1343	英语专业语音课程教学改革与实践	郭锦萍	外国语学院	一般	2015.09	论文
hdjy1344	英语专业本科生毕业论文质量调查	白丽芳	外国语学院	一般	2016.12	论文
hdjy1345	基于需求分析的大学英语课程设置改革研究——以海南大学《科技英语阅读》课程为例	肖艳玲	外国语学院	一般	2015.12	论文 报告
hdjy1346	海南黎族民歌钢琴伴奏的编写应用研究	吴兆萍	艺术学院	一般	2016.12	论文
hdjy1347	高校教学型教师激励机制研究	熊勇先	法学院	一般	2014.12	论文
hdjy1348	移动互联网在教学中的应用研究	郑兆华	应用科技学院（城西校区）	一般	2016.01	论文
hdjy1349	大学生创业支持体系构建研究—以海南高校为例	黄小欧	团委	一般	2014.06	论文
hdjy1350	（留学生）汉语言专业课程体系研究	邓百意	国际文化交流学院	一般	2016.12	论文

学 生 工 作

【概况】 2013 年，学生工作不断创新工作理念，总结新经验，通过“五个到位”，全面提升学生工作的科学化水平。出台了《海南大学学院学生工作考核实施办法》等制度文件；开展了“优秀辅导员、班主任”“十佳励志大学生”等先进个人的评选表彰活动；完成了辅导员公开招聘、高层次心理健康教育教师引进、配齐配好班主任等工作；下拨学生工作经费 1500 多万元，保障学生工作各项活动顺利开展；为加强校园文化阵地建设，新建了青春记忆广场等学生活动场所。

【思想政治教育】 1.深入开展系列主题教育活动，引导大学生坚定理想信念。利用专题讲座、主题报告会等形式，深入开展社会主义核心价值体系和社会主义核心价值观教育，激励广大大学生勇于创新，开拓进取，增强大学生建设中国特色社会主义的使命感和责任感；通过倡导阅读原著、观看历史文献视频、参观调研、社会实践等多种形式开展马克思主义中国化最新理论成果宣传教育，提升大学生坚定走中国特色社会主义道路的理想和信念；利用国庆节、建党节、五四青年节等重要节庆日和十八大、十八届三中全会召开等重要事件，深入开展“中国梦”教育，激励广大学生成才报国。

2.注重开展日常思想政治教育活动，不断提升大学生思想政治素质。重视新生入学教育工作，制定《海南大学新生入学教育工作方案》，围绕理想信念教育、专业教育、安全教育、爱岛爱校教育、励志教育、心理健康教育、信息安全等内容推动新生教育活动；深入开展爱心传递教育活动，支持和鼓励大学生积极参加“义务献血”等各类社会公益活动，教育大学生学会感恩，回报社会，弘扬中华民族传统美德，积极践行社会主义核心价值观；开展“十佳励志大学生”评选表彰活动，教育和鼓励大学生“热爱祖国、热爱人民；百折不挠、奋发有为；自强自立、励志成才”。这一活动已经成为海南大学学生思想政治教育的一大品牌，得到了《海南日报》、《海口晚报》、《特区报》和新华网、教育网、南海网等国内多家媒体的专题报道，在学校和社会上产生了广泛的影响。

3.开展团干团员培训工作。本年度，学校划拨专项经费用于团干部及青年教师培训。举办团干理论学习班、学生干部培训班、学习座谈会，组织团干部及广大团员青年广泛开展爱国主义教育、集体主义教育和社会主义教育，开展共青团深化内涵发展专题考察调研活动。举办团校第十一期培训班，培训学员 424 人，学员合格率达 100%；积极组织大学生思想状况、团学工作调研活动，开展有针对性的形式多样的主题教育活动，如“中国梦，海南梦，我的梦”海南大学中文演讲大赛、“看科学发展，与信仰对话”主题教育实践活动。用爱国主义凝聚青年，用新风正气陶冶青年，用健康向上的活动激励青年。

【日常管理】 1.完善学生事务管理有关规章制度。修订了《海南大学学生奖学金评定实施细则》、《海南大学寒暑学生安全管理暂行规定》、《海南大学学生校外住宿的通知》等文件，加强学生的日常管理。

2.强化纪律教育，推进学风建设。坚持从新生报到起，组织开展《海南大学学生手册》学习和考试，上好新生纪律教育的第一堂课。学生处、教务处等相关职能部门与各学院不定期、不定时地深入课室、实验室、自修场所和宿舍进行检查，对违纪违规学生，依校纪校规进行处理。为进一步加强学校学风建设，制定了《海南大学学风建设工作实施方案》，召开全校性学风建设工程动员大会，启动学风建设立项工作，共立重点项目 3 项，特色项目 7 项，一般项目 10 项，通过项目化的形式有效推进学风建设。

3.继续开展学生安全教育。以“共建和谐校园”为主题，深入开展“安全教育宣传月”“安全生产活动月”活动，通过播放《珍爱生命成就梦想》教育宣传片、开设安全教育选修课等活动引导大学生增强安全意识，掌握安全常识，预防和减少各类安全事故的发生。适时发布《关于做好清明节期间学生教育管理工作的通知》、《关于做好期末及寒假期间学生工作的通知》等文件，强化节假日大学生安全教育管理工作。建立假期安全信息员制度，形成学生安全管理常态化机制；严格对返乡、社会实践、毕业实习活动和春节期间留校学生的管理；加强新生安全教育、毕业生文明离校教育和就业安全教育，确保新生学习生活安全、学生就业安全、毕业生文明离校；通过消防演练、自救自护演练等方式提升学生安全防范技能。本年度，学校实现大学生突发事件责任事故“零发生”。

【资助工作】 1.全面落实“绿色通道”制度。2013 级新生报到期间，设立了“绿色通道”办理入学报到点，对确因经济困难无法缴纳相关费用的新生，一律先办理入学手续；对因家庭经济困难未能按时报到的学生，积极采取措施，帮助学生顺利入学；在“绿色通道”办理现场，给 51 位家庭经济特别困难的 2013 级新生发放 1000 元现金作为临时生活补助，并将这些学生列入学校重点资助对象，同时要求各学院给予更多的人文关怀和经济支持。2013 年共有 1270 名（其中海甸校区 920 人，儋州校区 223 人，城西校区 127 人）新生通过绿色通道顺利入学，约占 2013 级新生人数的 14.17%。

2.认真把好家庭经济困难学生认定和临时困难学生审核关。由学生本人提交申请、学院认定评议小组评议、公示，无异议后上报学生处审核、学生处通过随机抽查、公示等方式，确定对象，建立 2013 年家庭经济困难学生档案库。2013 年，本科生家庭经济困难学生人数 10763 人，约占在校生总人数的 30.79%；临时困难学生有 261 名。

3.积极探索资困育人新机制，帮助经济困难大学生顺利成长。学校着力完善“国家解困、高校帮困、社会助困、个人自我脱困”的开发式体系，建立起“奖、助、贷、勤、补、免”的多方位模式，推广“以勤代补”，用勤工助学代替“免费午餐”式的无偿现金资助。2013 年，学校在奖、贷、勤、助、补方面共资助 24209 人，提供 1276 个勤工助学岗位，共发放 5948 万元。

4.保障奖助学金资金到位。本年度，安排 684.98 万元，用于设立综合奖学金等各类奖学金；发放各类奖、助学金 3081.1 万元，临时困难生活补贴和补助 260.43 万元。

【心理健康教育】 1.开展心理健康教育宣传活动。大学生心理健康教育中心依托“5•25（我爱我）心理健康宣传活动月”为载体，以“我的人际交往”为主题，开展了心理嘉年华趣味运动会，“爱在心中，和谐你我”心理情景剧大赛等一系列丰富多彩的心理健康教育宣传活动；编制了《海南大学新生导航——心理适应篇》、《海南大学 2013 年心理漫画优秀作品集》等心理健康教育宣传手册；通过学校心理健康教育中心的心理咨询网平台开展各种宣传活动，普及心理卫生知识，提高大学生心理保健意识。

2.建立大学生心理电子档案。心理健康教育中心组织全校 2013 级新生和 2012 级大二学生进行升级版心理测试系统网上心理测试，安排 312 场大学生积极心理品质和心理健康自我评测（SCL-90）两个量表测试。筛查出 1437 名 2013 级新生和 931 名 2012 级学生存在异常心理状况，分别建立了档案，并对这些学生进行心理辅导和跟踪关注。本年度，各学院急需重点关注的学生有 38 名，危机干预 17 起。

3.加强心理健康教育工作队伍建设和教学科研工作。2013 年，全校具有心理咨询师资格证的教师共有 20 名。心理健康教育中心积极开展专题研讨会活动，组织队伍赴省外参加各种学术会议和调研，鼓励心理辅导员参加国家心理咨询师等各类业务培训；举办辅导员、班主任和朋辈心理咨询员、心理学协会会员、心理委员等学生干部心理知识培训和心理讲座十余场，为应用科技学院（儋州校区）、应用科技学院（城西校区）、旅游学院等学院和校学生会举办近10场培训，不断提升学校心理健康教育工作队伍的技能和工作水平。开设了《大学生心理危机处理》、《幸福心理学》、《大学生心理卫生与咨询》等心理健康教育理论课程，本年度选修心理健康教育方面课程的学生达到1200余人次。

【辅导员队伍建设】 1.以职业发展平台为载体，加强辅导员队伍建设。2013年，学校实施“优选高进计划、素质提升计划、激励管理计划、团队文化建设计划、职业发展计划”五项计划；搭建并完善辅导员创新论坛、辅导员沙龙、辅导员合唱团和篮球队、辅导员科研团队、辅导员上讲堂、辅导员高级研修等六个发展平台，帮助辅导员提升工作水平。本年度，辅导员合唱团拥有成员百余人，谱写了《辅导员之歌》。制定了《海南大学学生工作研究课题管理办法》,组织辅导员申报《大学生思想政治教育前沿问题研究》、《大学生思想政治教育生态系统构建与平衡路径研究》等专项科研课题。通过岗前培训、专题培训、高级研修等措施，提升辅导员工作技能,实现辅导员队伍内涵式发展。

本年度涌现出一批优秀人物，其中崔昌华获得2013年全国辅导员年度人物，李洋获得2013年全国辅导员职业技能竞赛一等奖，海南大学是全国唯一一所在一年中同时获得这两项荣誉的高校。学校辅导员积极开展科学研究，获教育部课题立项1个，海南省社科联立项3个，海南省教育厅立项3个。

2.以年轻骨干专任教师为主体，不断提高班主任队伍建设水平。做好班主任的选聘配备工作，把德才兼备、乐于奉献、潜心教书育人、热心学生工作的教师选聘到班主任队伍中来。本年度，共安排了508名教师担任班主任。

实行校、院两级《班主任培训计划》，采取日常培训和专题培训相结合的灵活形式，通过班主任例会、经验交流会等，实施对班主任的培训工作，要求新生班主任必须参加培训方能上岗。

落实《海南大学班主任队伍管理规定（试行）》等规章制度，建立班主任评优机制。建立班主任工作量化考核制度，采取班主任自评、学生民主评议、学院考核、学生处审查备案的四级考评机制，对班主任进行综合考核与评优。

截至12月31日，学工队伍有150余人，专职辅导员117名，其中拥有高级职称10人，中级职称65人；正处级辅导员1名，副处级辅导员4名。设有见习辅导员60名，学生公寓辅导员24名；安排了508名教师担任627个班级的班主任。

【校园文化】 本年度，学校团委按照突出精品文化，提升校园文化品位的工作思路，精心打造新年晚会、中秋晚会、各项文艺晚会及“校园十大歌手比赛”“社团文化节”“舞林盛会”等精品活动，营造了浓厚的校园文化氛围。

发挥学生会、学生社团联合会在校园文化建设中的生力军作用。打造了学生社团文化节社团发展研讨会、社团巡礼、大学生戏剧节等精品活动。

加强艺术团的建设，利用艺术团平台，着手组建校园合唱队、舞蹈队、器乐队等艺术团队，活跃青年学生的校园文化生活。

【社会实践与志愿服务】 海大共青团建立了志愿服务和社会实践的常态化工作机制，将社会实践和志愿服务纳入教学体系，形成了“大实践”的育人环境。截至12月31日，在校志愿者有3万余人，约占全校学生总人数90%；建立了博鳌亚洲论坛等200多个志愿服务和社会实践基地；创建关爱农民工子女等100多个志愿服务项目，成立300多支志愿服务和社会实践团队。涌现出“全国百家扶残助残先进集体”、海南省大学生志愿者暑期“三下乡”社会实践活动先进学校、

"全国先进青年志愿者""中西部计划杰出志愿者"等一大批先进集体和个人。

【校学生会】 海南大学学生会是校党委领导和校团委指导下的全校学生的自治组织，设有办公室、学习部、文娱部、体育部、女生部、宣传部、财务部、学风督导部、文明督导部、生活部、权益部、人力资源部、外联部、多媒体技术部共14个部门，其宗旨是"全心全意为同学服务"。下设19个学院学生会。

本年度，校学生会成功举办了"中国梦，海南梦，我的梦"海南大学中文演讲大赛、第二十届院际辩论对抗赛、第十五届院际杯篮球赛、第三届院际杯足球赛、第六届舞林盛会等传统品牌活动和首届微电影节、"一战到底"知识竞赛等活动。

【校研究生会】 海南大学研究生会是在校党委领导下，在党委研究生工作部、研究生处、团委的直接指导下为全校研究生服务的群众性组织。下设办公室、宣传新闻部、学术科研部、文体部、权益服务部、对外联络部、培训实践部、财务部和研究生媒体中心。

5月20日，举办第六届研究生"十大歌手"暨2013届毕业生欢送晚会。8月18日，《海志》杂志第三期正式发行。8月29日，第八届研究生委员会选举大会暨2013-2014学年研究生会主席团选举大会召开，选举何宏米、冯宇佳、李成梁、岑选任、胡倩、周朝宋、王波、吴璠、朱帅等9人为海南大学第八届研究生委员会委员。10月8日，召开2013-2014学年第一次研究生会全体干部大会。12月18日，《海南大学研究生报》创刊正式发行。

【学生社团联合会】 海南大学学生社团联合会是在海南大学党委领导、海南大学团委指导下的全校性学生社团自治组织，是学生社团的忠实代表。下设办公室、财务部、人力资源部、宣传部、学生社团文化发展中心、学生社团管理部、对外联络部、会员权益服务部、《筑梦》编辑部、文工团等10个职能部门。截至12月31日，共有学术科技类、社会实践类、文娱体育类、公益服务类学生社团148个，会员2万余人。

4月14日，召开2012-2013学年度十佳学生社团评选大会。5月15日，举行"社团最强音"活动。9月20日，举办"社团博览会"社团招新活动。11月3日，在思源大礼堂举行第十二届社团文化节开幕式暨微电影《夏末•转瞬》首映。12月31日，举办"跨越新年•舞动1314"新年舞会。

【大学生艺术团】 海南大学大学生艺术团在校党委领导和校团委指导下，以"传播高雅艺术，繁荣学校文艺生活"为宗旨，以"崇尚艺术、构建和谐、关爱集体、共同成长"为团训，是校园文化建设中不可或缺的一部分。选举学生团长、秘书长各一名，下设综合事务办公室、宣传部、公共关系部、演出策划部、实践部、财务部等6个管理部门。有合唱团、舞蹈团、器乐团、礼宾队、戏剧团、影视剧团等6支团队。

9月，举办了2013-2014年学生干部招新。10月，举办以"筑梦海大，青春飞扬"为主题的迎新文艺晚会。11月，承办以"唱响沃青春，有梦你就来"为主题的"沃音乐校园歌手争霸赛"。12月，承办首届校园主持人大赛；举办了"风华国乐"海南大学国乐团新年音乐会。

【大学生创新院】 大学生创新院是由团委负责管理的积极引导和帮助大学生较早地参与科研训练，培养大学生创新精神和实践能力的组织。

本年度，创新院开展了独具特色的"创新创业沙龙"、第十三届"挑战杯"全国大学生课外学术科技作品竞赛海南大学选拔赛、"青春与创新同行"2013年海南大学创业大赛、"SYB（Start Your Business）创业培训"等系列科技文化、创新创业活动，哺育了一批批优秀学员。

海南大学学生会、研究生会与社团组织

2013年度海南大学学生会组织机构及干部名单

主席团

主　　席：宋子琛

副 主 席：杨　畅　唐　蜜　李汶锦　史付田
贾宝莹　蔡　爽　何晶晶　曹献阳
何宏米　李佳珊

指导老师：王远露

办公室

主　任：乔　聿

副主任：钟嘉澍　李嘉琳

干　事：张月旻　赵浩杰　毕　捷　牛　凯
谭力豪　田守德　王柳菁　夏君霞
贾　婷　王子狮

学习部

部　长：伍籽章

副部长：李学成　胡周灵　仲婉宁

干　事：吴俊峰　孙　莘　张乃元　张　意
隋林轩　周兰兰　黄好天　申　丽

文娱部

部　长：周科勇

副部长：张　萌　李晓东　李　冕

干　事：吴雨蓓　舒志鸣　杨唯格　宋欣原
韩金良　孙鸿滨　李晓萱　郭　聪
曾满江红

体育部

部　长：高　远

副部长：李　扬　范丽华

干　事：左安安　吕　爽　彭美佳　卢华伟
黄令周　闫靖豪　朱智超　于浩然
周兴锋

女生部

部　长：徐　露

副部长：高嘉豪　金　真

干　事：邵泽宇　王申浩　赵　韵　张晓楠
杨　维　樊子歆　王菁华　季岩琳
张宏姝

宣传部

部　长：孟瑛婕

副部长：洪　健　王艺诺　倪张豪

干　事：程文萍　卢　琳　苏艺涵　吴明达
邹　严　刘翼飞　杨茜囡　刘程菁
刘怀钰　刘宗瑞　李宇鹏　朱培航
卢永哲　朱　元　何　啸

财务部

部　长：范松泉

副部长：李琬玥

干　事：陈玲丽　沈香香　程　璇　孙　杰

学风督导部

部　长：杜明远

副部长：李小涵　陈　怡

干　事：郭　鑫　宫熙晟　吕浩远　林炜唯
仇昶旭　隋　鑫　姚曼蔓　臧明星
荀　玥

文明督导部

部　长：谢卓琳

副部长：曹乾龙　郑　飞

干　事：任建成　陶　丹　朱文辉　起家林
周　喆　张彦宇　刘小靖　陈贵梅
许　可　付童童

生活部

部　长：吴　越

副部长：徐　璐　赵玲玉

干　事：李梦雨　尹慧娟　张经纬　李倩雅
初依依　王彭皓　罗小川　李嘉昊
牛翔宇　孙　亮

权益部

部　长：傅　宪
副部长：邱顺达　张　婧
干　事：杨迎迎　杨东东　卜浩桐　苏　昕
　　　　王　雅　罗泽清　崔　松　兰雅琴
　　　　张　鑫　何召华

人力资源部

部　长：陆思宇
副部长：曹　阳　安　娜　王裕麟
干　事：杨　楠　贺铱涵　郭　策　陈　茁
　　　　于　洋　曹小北　罗江勇　陆　珣
　　　　何　坤　乌　婧　李星霖

外联部

部　长：党少伟
副部长：刘　璐　王　丹　夏　炎
干　事：高　奇　傅佳慧　刘奕廷　席樱瑞
　　　　程麟茜　郭姝婕　张笑飞　李修儒
　　　　吴卫义　李珏磊　李家兴　朱逸潇

多媒体技术部

部　长：胡忠仁
副部长：冯军然　王林秋
干　事：王倩倩　韩建飞　何晓东　萧陶然
　　　　裘天岳　田湖花　王一芃　吴　运
　　　　向　勇　赵丽华　赵丽丽　郑　昀
　　　　杨蓓艺

2013年度海南大学研究生会组织机构及干部名单

主席团

主　席：何宏米
副主席：冯宇佳　李成梁　于　赫　李静茹

办公室

主　任：姚　瑶
副主任：唐尧平　朱文博　李小叶　路　杨
　　　　朱武飞

新闻宣传部

部　长：侯丽维
副部长：王　骄　李俊瑶　吴硕丰　逄焕学
　　　　余梦月

学术科研部

部　长：李懿莹
副部长：张　荣　王欣桐　崔学强

财务部

部　长：石敏杰
副部长：齐润杰

文体部

部　长：李静静
副部长：周窕隽　谢　辉　俞霁瓅　朱晓阳

权益服务部

部　长：李　堃
副部长：董祥宇　李芳芳　吴光灿　丰　华
　　　　魏　琳

培训实践部

部　长：张晨芳
副部长：向　飞　张　茜　李晓雨

对外联络部

部　长：杨　倩
副部长：高桦楠　于　倩　邢世昌　杨金鹏

研究生媒体中心

主　任：何宏米（兼）
副主任：于　赫（兼）
干　部：王　鹏　杨佩佩　侯丽维　李芳芳
　　　　李静茹　张　劭　余梦月

2013年度海南大学学生社团联合会组织机构及干部名单

主席团

主　　席：薛冬凌

副 主 席：董宏亮　张雅雯　张　栋　冯顺钰　温林强　武田田　罗　雪　杨展昆　李　壮　薛文华

指导老师：陈　青

办公室

主　任：王维娜

副主任：陈　宁　陈　娴

干　事：陈志方　胡鑫宇　柯　冬　李佳静　梁潇煜　孙　照　吴　璇　谢　远　俞鑫涛　周　涛

财务部

部　长：姜紫薇

副部长：王宏宇　张晨曦

干　事：徐　楠　余　文　王宇鸣　陈　戎　雷晋博　王鸿获　林道奋

人力资源部

部　长：刘　玥

副部长：康　昱　王汇宇

干　事：贺作栋　姜　鹏　李　洁　刘润柱　刘双凤　刘馨雨　刘一凡　王艺晗

宣传部

部　长：仇琪璐

副部长：高育硕　王泽宇

干　事：杜丛丛　廖彩君　林子琦　孙　琪　唐业勋　王子睿　徐倩云　于　淼　张　凯　周宇佳

学生社团文化发展中心

主　任：张　凡

副主任：张纪豪

干　事：安东辉　陈时敏　陈炎林　崔传奇　李　璇　秦　雅　王　悦　王子谦　章怡文

学生社团管理部

部　长：余松健

副部长：陈方圆　沈奕成　王奕星

干　事：杜昕玥　江贤迪　陆　地　时　蕴　王楚云　王一朴　余汉青　张　彤　张　祎　赵浩楠　左函璐

对外联络部

部　长：杜亦然

副部长：高　锟　胡　蝶

干　事：曾晶晶　戴　佳　韩佳奇　黄彦铭　李明政　刘天璐　倪梓珣　潘星宇　孙樵杉　万　隽　徐莎琪　杨志杰　张　言　赵夕冉　郑文茜

会员权益服务部

部　长：刘冰琦

副部长：李晓欣　李俊杰

干　事：崔　鹤　顾明亮　过天兆　彭兴初　王君博　郑婷婷

《筑梦》编辑部

部　长：张春杨

副部长：宋伟鑫　董德尚

干　事：李春莹　孟　斐　秦宏丽　王　晗　王晓宇　韦雪莹　许玉婷　严　洁

文工团

团　长：黄　河

副团长：韦　谊

干　事：易轩羽　郭肖冰　王富康　张　波　张　杨　周佳宁　朱　悦

2013年度海南大学团委学生组织机构及干部名单

学生副书记：齐继明　白　玉

办公室

主　任：王佳琦

副主任：刘　茉

干　部：宋立伟　欧　奇　刘思含

组织部

部　长：栾安琪

副部长：方　笑

干　部：石家齐　朱　江　李文婷

社会实践与志愿服务部

部　长：周田昊然

副部长：邵诗琪

干　部：漆凌鹏　黄张丽　王　迪　祁怀源

思想宣传教育科

部　长：姚　磊

副部长：黄　凡

干　部：戴清鹏　杜安琪　柏春宇　闫彧鑫

校园文化指导中心

部　长：刘思雨

干　部：顾哲威　高中阳　张灵馨

《思源》编辑部

部　长：翟笑冰

副部长：顾诗雨

干　部：朱陈杰　吴雅楠　曹海强

培训部（团校教研室）

部　长：殷　倩

副部长：王海威

干　部：李泓泽　孙　琪

2013年度海南大学大学生创新院组织机构及干部名单

秘书长：薛文华

科技协会副会长：秦　雨

指导老师：林　琛

办公室

主　任：张　嵛

副主任：朱毓佩

干　事：潘　婷　徐　薛　戴芳雨　洪江鹏　贾斌斌　秦昊林　阳林芝　完颜俊雄

宣传部

部　长：申绍辉

干　事：吴　涛　杨云龙　汪灵芝　蒋雪蓉

新闻部

部　长：杨　媛

副部长：邵　丹

干　事：徐灵均　卢业友　张银震　韦昕宇

项目部

部　长：廖　望

副部长：罗陵玥

干　事：慎　昂　史振宇　方清弘　毕亚男　徐若婷　孙培林　林誉婷

就业创业见习服务中心

主　任：姚　佳

副主任：陈米娜

干　事：陈　妹　李　洋　叶　亿　贺锐林　赖维锋　楼佳栋　王晓超　徐健成

团队管理中心

主　任：郭　聪

副主任：王瑞斌

干　事：王　睿　于　淼　肖小明　姜钦啸

财务部

部　长：陈贤佳

干　事：陈炫蓉

外联部

部　长：粟　莹

干　事：王　乐　李欣颖　王靖康　张艳晴　郑闲丹

2013年度海南大学大学生艺术团组织机构及干部名单

学生团长：李佳珊
秘 书 长：王祥宝
指导老师：周琳琳 董楠楠 孟上舒

综合事务办公室

主 任：姚智强
副主任：张曦伦 王 佩
干 事：刘俊丽 张文硕 陈珂丽 赵 宁 蔡 坤 张铂林 赵超越 宋婷婷 李倩男 杜晓镔 崔长伟

公共关系部

部 长：杨光辉
副部长：苗 林 陈 雅
干 事：徐浩然 郭琳仪 王鹏义 高丽君 黄翊豪 初子萱 丁千素 柳雨燕 王一朴 臧茜彤

演出策划部

部 长：陈 昕
副部长：何俊曦 陈 晨
干 事：李 璇 吴京冉 陆莘意 魏钰烨 乐康乐 李祎曼 吴晓冰 韩 伟 杨 洋 魏佳璇 濮钰晴

宣传部

部 长：曾彩玲
副部长：张馨丹 孙 越
干 事：刘佳音 陈梦依 周小玄 王 僖 回 音 曾雷霄 史鑫元 栗钰琦 周思远 毕 玥

实践部

部 长：楼家美
副部长：申慧敏 张业民 王晓威
干 事：邓祠键 王博唯 蔡笑影 林志光 赵鹄怡 杜 晗 金 兰 张亚帅 王华飞 吴晨昱 刘子豪 岳华迪 陈显中 宋 佳

财务部

部 长：肖雨薇
副部长：李 倩
干 事：陈 晗 董文迪 杜昱呈 范毓瑾 张 森 郑盈菲 朱谢莹

2013年度海南大学青年志愿者协会组织机构及干部名单

会 长：李 壮
副 会 长：张亚榕 王晓哲 李 鑫 李莉丹
指导老师：陈 青

办公室

主 任：孙泽民
副主任：卢建伟 谭 凤
干 事：白 雪 程 永 方雨萌 李佳珍 刘明宇 李少华 梁元泰 水少卿

人力资源部

部 长：施晓月
副部长：刘菁菁 李 耶
干 事：董 超 冯砚池 付 波 姜 悦 蒋 铖 孔令聪 李萌萌 闵 轩 文兵涛

项目实践部

部 长：刘思远
副部长：王国东 单泽宇 李姝漫
干 事：姜 帅 徐 宇 杨治府 王 璐 王 蕊 周浩浩 王鹤蓉 刘 杨 李兴超 贾子鋆 郝旭媛 刘正阳 孙 旗 谭 圳

志愿者管理部

部 长：王昱陌
副部长：范耀天 李博愿
干 事：张 智 乔庆坤 冯婧怡 侯 坤 马凌霄 任湘丽 汪晓之 王浩洋 王 葳

新闻宣传部

部　长：李远墨

副部长：臧　藏　杨　铭

干　事：黄秋子　陶小凤　雷灿阳　孟玉琪
李润佳　贾　婷　刘　岩　郭泽凤
巴兴儒

外联部

部　长：孙　笑

副部长：谢　岩　方　毅

干　事：夏雨濛　潘　妍　李嘉楠　顾安琪
梁志成　洪兆祥　胡雪杨　朱宇洁
蒙倩如

财务部

部　长：葛　瑶

干　事：董　莲　吉世君　战长宏　姜姿卉
朱梦雅

2013 年度校学生社团名单

一、海甸校区

社团名称	负责人	社团名称	负责人
BBOX 协会	曾中奎	魔术协会	闵一鸣
Free 街舞协会	顾雅昆	农业资源与环境协会	李肖男
idea 精英汇	唐秋莹	乒乓球协会	杨文昕
JUNIOR JOY 健身操协会	潘彦青	葡萄酒爱好者协会	薛　明
Sunshine 工作营	饶龙浩	棋弈俱乐部	贺建华
爱心协会	马　强	青春交谊舞协会	赵爱娣
爱心艺术团	陈沛龙	青年法学社和法律援助社	刘特立
保健养生协会	王葆琮	青年励志协会	马文博
大道小报社	孟佩华	青年时政研讨会	付呈祥
大学生科技协会	薛文华	日本社会与文化研究协会	李恩辉
地理人文社	欧阳威	三味书社	唐仕林
独轮车协会	马佳腾	摄影协会	刘天唱
定向越野协会	李月鲲	食品营养与科技协会	何枷柳
笛箫协会	刘　伟	市场营销协会	潘秋圆
电子竞技协会	杨　晨	书法协会	张露润
俄语协会	王　菁	生命科学协会	骆瑜琪
法律外语协会	陈胜男	数学建模协会	郝梦男
风飏动漫社	肖　聪	统计与市场调查协会	李泽慧
高尔夫协会	陈　阳	推理协会	张文强
公共关系协会	郑立品	微博协会	方　翔
广告协会	郭素君	网球协会	高嘉豪
化工科技俱乐部	宁瑶瑶	未来经理人俱乐部	许道明
海棠剧社	高　娜	武术协会	汤强生
海外交流协会	李　洋	心理学协会	陆　洲
海艺社	霍恺森	新媒体研究会	杨白明
海韵文学社	宋邦苗	形象与礼仪协会	刘晗钰
会议展览协会	方　艺	轩辕人文历史协会	寇尧飞

社团名称	负责人	社团名称	负责人
韩语协会	李　丹	演讲与口才协会	崔　然
会计协会	胡　海	杨式太极拳协会	方　鹏
吉他协会	邓京瑶	椰岛民族风情社	王燕妮
计算机协会	贺　菲	艺术设计协会	张茂平
健身爱好者协会	贾秉昆	英语俱乐部	郑小凡
经济科学研究会	余雪娇	影视协会	张　煦
军事爱好者协会	连　超	游泳协会	梁启明
机械协会	秦炎明	瑜伽协会	王晓凡
教研社	张凤顺	羽毛球协会	黄勇伟
建筑爱好者协会	张　琪	粤语协会	陈文杰
昆虫爱好者协会	林诗蓝	在路上自行车协会	廖才干
肯德基曙光公社	刘　倩	桌球协会	王敬亮
开拓者创业协会	张雄雄	足球协会	唐尚振
快乐追梦坊	董世洁	植物保护协会	黄露瑶
篮球协会	廖日圭	自卫防身与自由搏击协会	王亦寒
蓝丝带海洋保护协会	梁　春	中外文化经典研习社	周雅兰
路透者协会	苗泽强	职业新视野协会	柳常文
轮滑协会	梁金鹏	竞技体育裁判协会	马均瑞
旅游市场调研协会	范启涛	汽车协会	姜克文
旅游协会	徐　怡	电工协会	于洪刚
绿岛环境保护协会	王　晨	“笨笨”手工艺协会	石　科
绿苑环境保护协会	殷　雪	职业发展协会	程　宁
美术协会	王　东	笑声工作坊	李　尚
梦剧团	梁梦迪		

二、儋州校区

社团名称	负责人	社团名称	负责人
书画群英协会	陶　莹	武术协会	罗　懋
金牌棋友协会	王继超	羽毛球协会	邓骐浩
椰风文学社	张　源	足球协会	熊章明
吉他协会	杨恒灿	双飞交谊舞协会	高　东
乒乓球协会	舒　攀	欧蕾模特协会	刘禹衫
海韵话剧社	王龙霞	致远公关协会	许奉函雯
Summer 动漫社	蒋少伟	FOB 街舞社	张　彪
魔术社	胡伟林	电子计算机协会	秦　鹏
绿苑环保协会	陈建添	FOR U 电脑协会	覃春彦
演讲与口才协会	裴文强	军事爱好者协会	赵　雄
排球协会	梁文昌	篮球协会	林瑞宏
黑虎跆拳道协会	李亚天		

三、城西校区

社团名称	负责人	社团名称	负责人
红舞鞋舞蹈协会	王豪瀚	自定义电影社	韩　敏
永远轮滑协会	张　波	光影社	吴　江
乒乓球协会	廖鑫炎	OT 动漫	杨若兰
真武功夫协会	赵　谦	书画精英协会	谢欣汝
排球协会会长	韩丽晶	紫珊瑚文学社	李欣燕
浪漫花卉协会	朱美娟	计算机协会	刘子杨
四维创意 DIY 协会	宋重锦	会计协会	江中意
飞扬羽毛球协会	张　辰	蓝眼睛英语协会	尹　聪
疯行自行车协会	何昱辛	弈林棋社	魏　嘉
GM 台球协会	罗　伟	天之涯旅游协会	李　阳
心海爱心协会	唐玮彤	棒垒球协会	宣东奇
绿叶环保协会	丁　青	公众关系协会	马得荣

各类奖助学金

2013 年度海南大学省级及以上奖学金统计表

填表单位：学生工作处　研究生处

奖项 / 人数 / 学院	研究生国家奖学金	国家励志奖学金	国家助学金	海南省优秀贫困生奖学金	合计
材料与化工学院	11	38	412	11	472
法学院	3	19	120	4	146
海洋学院	6	29	204	6	245
环境与植物保护学院	15	34	312	8	369
机电工程学院	2	23	496	13	534
经济与管理学院	8	130	860	24	1022
旅游学院	1	96	494	14	605
马克思主义学院	0	4	36	1	41
农学院	18	44	458	12	532
人文传播学院	0	46	276	8	330
食品学院	9	38	236	6	289
土木建筑工程学院	1	22	272	8	303
外国语学院	0	52	290	8	350
信息科学技术学院	2	40	448	12	502

学院 \ 人数 \ 奖项	研究生国家奖学金	国家励志奖学金	国家助学金	海南省优秀贫困生奖学金	合计
艺术学院	0	42	236	8	286
应用科技学院（城西）	0	102	716	20	838
应用科技学院（儋州）	0	194	1204	35	1433
园艺园林学院	5	55	440	12	512
政治与公共管理学院	0	40	248	7	295
合 计	81	1048	7758	217	9104

2013 年度校内奖助学金统计表

填表单位：学生工作处　招生办　档案馆

学院 \ 人数 \ 奖项	动感服饰奖学金	农科专业新生奖学金	农科专业奖学金	林浩然院士奖学金	百翔奖学金	金光奖学金	刘建贤 张永清奖学金	“心本爱心”奖学金	雅居乐地产助学金	合计
材料与化工学院	0	0	0	0	2	22	1	1	0	26
法学院	2	0	0	0	0	12	0	0	0	14
海洋学院	0	6	106	24	0	11	1	0	0	148
环境与植物保护学院	0	4	262	0	1	17	1	1	0	286
机电工程学院	0	0	0	0	2	26	1	1	1	31
经济与管理学院	2	0	0	0	0	43	3	2	10	60
旅游学院	18	0	0	0	0	24	1	1	2	46
马克思主义学院	0	0	0	0	0	7	0	1	0	8
农学院	0	16	447	0	2	23	1	1	0	490
人文传播学院	0	0	0	0	0	16	1	1	0	18
食品学院	0	0	0	0	0	14	1	0	0	15
土木建筑工程学院	0	0	0	0	2	14	1	1	4	22
外国语学院	0	0	0	0	0	15	1	1	0	17
信息科学技术学院	3	0	0	0	1	24	1	1	0	30
艺术学院	3	0	0	0	0	19	1	1	0	24
应用技术学院（城西）	0	0	72	0	0	34	2	2	2	112
应用科技学院（儋州）	0	1	232	0	0	57	4	3	0	297
园艺园林学院	0	12	647	0	0	23	1	1	0	684
政治与公共管理学院	0	0	0	0	0	14	1	1	1	17
合 计	28	39	1766	24	10	415	23	20	20	2345

毕业生就业工作

【概况】 2013 年，学校共有毕业生 7375 人。其中，本科生 6650 人，硕士生 712 人，博士生 13 人。毕业生初次就业率 89.67%,继续保持在较高的水平；签约率 74.28%，较去年上升 2.80 个百分点。狠抓毕业生就业管理制度建设、机构建设和人才队伍建设，构建毕业生就业指导服务体系，提高毕业生就业工作的科学化水平。

【各学院就业情况】 本年度，全校 18 个学院整体就业状况良好，17 个学院就业工作均达到学校设定的初次就业率 85%，初次签约率 60%的就业目标。10 个学院就业率达到 90%以上，其中旅游学院就业率达到 94.63%；7 个学院签约率超过 80%以上，其中环境与植物保护学院签约率达到 89.85%。

【就业工作管理】 学校和二级学院分别成立以党政“一把手”为组长的校、院两级学生就业工作领导小组，形成学校统筹，相关部门通力合作，学院逐层落实，学生、教师等共同参与的就业工作机制。修订了《关于做好 2013 届毕业生就业进展情况月报的通知》、《关于 2013 届毕业生就业报到证改派修改的说明》等 10 多个就业指导与服务相关文件，规范就业管理工作。

学校现有专职就业指导人员 45 人，同时聘请企业家或成功校友为兼职就业导师，形成了一支专兼结合的就业指导队伍。投入经费对就业工作教师进行业务提升培训。拨出专项经费对申报的就业课题给予立项资助。学校教师在有关报纸杂志发表就业工作研究论文 16 篇。

搭建“大型招聘会”、“中型招聘会”（已经形成农科专场、信息专场、机电专场、分校区专场等中型招聘会）、“小型专场招聘会”、“网络招聘会”等 4 个“层次”和“大中小”相结合、“定期与不定期”相结合、现场招聘与网络招聘相结合等 3 个“结合”的就业平台。

建立校院两级就业信息网，开发毕业生就业工作信息管理系统；使用海南省就业联盟系统；率先嵌入大学生“一站式”服务平台，与教育部中国高校毕业生就业服务信息网等权威就业网站链接，及时把重要网络招聘信息通过 QQ 群、飞信、微博、微信、人人网等新媒体平台发布给毕业生；开展“一对一”辅导网络预约、职业测评系统、网络教学云平台等信息服务。

搭建“培养反馈平台”，继续与麦可思教育咨询公司开展合作，对 2012 届毕业生就业状况进行调查，形成《2013 海南大学社会需求与培养质量年度报告》。

【构建就业指导服务体系】 通过《大学生职业发展与就业指导》、《大学生职业生涯规划》、《大学生就业指导》等三个课程模块和锦程职业发展网络教育平台对全校学生进行生涯教育。

校院两级均设立专门的职业咨询室，开展“一对一”深度辅导，解决学生个性化的职业问题；关注贫困学生群体、新生群体等特殊学生群体的需求，开展有针对性和实效性的团体辅导和工作坊。

构筑“全程化”就业指导体系；面向大三、大四学生开展“毕业生就业创业广场咨询”活动；举办“大学生面试礼仪培训”“简历特训-打造个人职业品牌”等讲座。

举办第四届“大学生职业生涯规划”大赛，普及大学生职业生涯规划知识。

【创业教育】 组织有创业愿望的学生开展规范化、系统化、专业化的“创办你的企业”SYB 创业培训。

参加“2013 年海南省创业大赛”，海洋学院选送的“海南 09 水产科技有限公司”团队获得本次大赛高校组一等奖；旅游学院和机电工程学院共同选送的创业团队——海口三容教育信息咨询有限公司荣获二等奖；经管学院和信息学院共同选送的项目“掌上校园-海南大学站”荣获大赛三等奖。

【就业援助】 对“双困”毕业生开展个性化的就业服务，特别是贫困家庭和“零就业”家庭毕业生的帮扶和就业指导工作，建立就业困难学生的动态信息库。通过优先推荐就业，提供“一对一”咨询、技能培训、求职补贴等方式实施援助。

2013年，学校给予125名2014届“双困毕业生”每人800元的就业援助金；华民慈善基金会为100名贫困大学毕业生每人提供3000的就业经济援助，并组织高质量的就业能力提升培训；学校向2012、2013届贫困毕业生发放7000份《海南大学•华民专刊》，帮助大学生了解国家就业帮扶政策以及华民慈善基金会大学生就业扶助项目。

科学研究与社会服务

科 学 研 究

【概况】 2013年，继续围绕国家中长期科技发展规划及“十二五”科技发展规划，着实狠抓一批重点、重大项目的申报，组织申报国家级科技奖项，科研平台建设、科研团队建设取得了较大幅度的经费支持。加强与地方企事业单位的合作，继续开展“一院一市（县）”特色服务，积极促进科研成果的转化与推广。

【科研项目及经费】 2013年，获各类立项科研项目共513项。其中，国家级科研项目80项，部级科研项目26项，省级科研项目175项，厅级立项资助项目118项，企事业委托（横向）项目69项，海南大学服务地方经济社会发展项目21项。在国家级科研项目中有国家自然科学基金项目52项，国家社会科学基金项目18项，国家863计划项目2项，国家软科学计划项目1项，国家科技支撑计划项目5项，国家农业科技成果转化资金项目1项；部级科研项目包括自然科学类15项，人文社会科学类项目11项；省级科研项目中有自然科学类项目116项，人文社会科学类项目59项；此外，学校有科研平台建设项目14项，科研团队建设项目10项。

获批准资助科研经费10758.07万元，其中，国家级项目资助经费3988.3万元，部级项目资助经费878万元，省级项目资助经费1512.5万元，地厅级项目资助经费926.55万元，企事业委托（横向）项目资助经费1075.72万元，海南大学服务地方经济社会发展项目资助经费270万元，科研平台建设项目获得资助1607万元，科研团队建设项目获得资助500万元。

【著作、教材及论文】 自然科学类：主编和参与编写的学术著作22部、教材18部。发表学术论文686篇。其中，核心期刊372篇，国外刊物89篇，被三大检索收录150篇。

人文社科类：主编和参与编写的著作（含文学艺术作品集）76部，教材13部。发表学术论文590篇。其中，核心期刊253篇，国外刊物8篇。

【科研基地建设】 2013年，学校与司法文明协同创新中心合作建立了司法文明协同创新中心南方基地，联合开展司法精英的培养工作、司法领域的交叉学科建设、司法文明合作研究与协同攻关及学术交流等；与浪潮集团合作新建了海南省智慧城市研究院，推进海南省城镇的城市化、工业化与信息化深度融合。

学校有海南省天然橡胶协同创新中心、优质硅资源先进利用及特种玻璃协同创新中心、绿色智慧岛协同创新中心、南海政策与法律研究协同创新中心等4个协同创新中心和热带生物资源可持续利用科研平台、热带岛屿资源先进材料科研平台、海洋通信与电子服务科研平台、海南文化传承与区域问题研究基地等4个科研平台，获得国家财政部中西部高校提升综合实力项目的1450万元的专项经费支持；还有海南省热带生物资源可持续利用重点实验室、海南省热带动物繁育与疫病研究重点实验室、海南省耐盐作物生物技术重点实验室和海南省精细化工工程技术研究中心，获得海南省科技厅145万元的专项建设经费支持。

截至12月31日，学校拥有国家重点实验室培育基地1个，教育部重点实验室3个，教育部工程研究中心2个，农业部实验室1个，省级重点实验室7个，省级工程技术研究中心2个，省级人文社会科学研究基地2个，省级研究所1个，省级协同创新中心3个，联合研究机构4个，市重点实验室（中心）7个，校级实验中心2个，形成了国家、省（部）、市、校四级科技创新平台体系。

【科研成果与奖励】 2013年，学校作为负责单位结题的科研项目共278项，其中，国家级科研项目34项，部级科研项目29项，省级科研项目68项，地厅级科研项目82项，企事业委托科研项目65项。

学校作为主要完成单位有8个科研项目获海南省科学技术奖。其中，材料与化工学院张岐为负责人完成的“低窄壳糖规模化生产与应用研究”、林强为负责人完成的“细菌纤维素新材料的制备及其应用基础研究”和农学院王凤阳为负责人完成的“戊型肝炎病毒的流行规律、检测技术及其致病机制研究”等3个项目获海南省科技进步奖一等奖；园艺园林学院林师森为负责人完成的项目“金船密本南瓜新品种引进与示范推广”获海南省科技成果转化奖二等奖，信息科学技术学院孙建强为负责人完成的“几类微分方程的理论和数值解法研究”和园艺园林学院宋希强为负责人完成的“东亚特有濒危植物五唇兰保育生物学研究”2个项目获海南省科技进步奖二等奖；材料与化工学院廖双泉为负责人完成的“改性液体天然橡胶的研究”与海洋学院谢珍玉为负责人完成的“净化养殖废水的芽孢杆菌热带菌种的筛选与应用”2个项目获海南省科技进步奖三等奖。

科研机构

2013年国家级、省部级重点实验室、工程技术研究中心（所）、人文基地一览表

序号	机构类别	机构名称	责任人
1	国家重点实验室培育基地	海南省热带生物资源可持续利用重点实验室—省部共建国家重点实验室培育基地	何朝族
2	教育部重点实验室	热带作物种质资源保护与开发利用教育部重点实验室	杨小波
3		热带生物资源教育部重点实验室	罗素兰
4		热带岛屿资源先进材料教育部重点实验室	邓湘云
5	教育部工程研究中心	热带作物新品种选育教育部工程研究中心	何朝族
6		热带多糖资源利用教育部工程研究中心（筹）	张　岐
7	农业部实验室	农业部农产品质量安全风险评估实验室（海口）	章程辉
8	海南省重点实验室	海南省耐盐作物生物技术重点实验室	林栖凤
9		海南省精细化工重点实验室	张　岐
10		海南省热带水生生物技术重点实验室	陈国华
11		海南省 INTERNET 信息检索重点实验室	李太君
12		海南省硅锆钛资源综合开发与利用重点实验室	陈　永
13		海南省热带动物繁育与疫病研究重点实验室	王凤阳

序号	机构类别	机构名称	责任人
14	海南省重点实验室	海南省特种玻璃重点实验室（筹）	姜　宏
15	海南省工程技术研究中心	海南省精细化工工程技术研究中心	林　强
16		海南省海洋通信与网络工程技术研究中心	杜文才
17	海南省省级研究所	海南省食品科学研究所	李从发
18	海南省省级协同创新中心	海南省天然橡胶协同创新中心	胡新文
19		海南省优质硅资源先进利用及特种玻璃协同创新中心	李建保
20		海南省绿色智慧岛协同创新中心	刁晓平
21	海南省人文社科研究基地	海南省历史文化研究基地	闫广林
22		海南省南海法律研究中心	王崇敏
23	联合研究机构	海南国际旅游岛发展研究院	刁晓平
24		海南低碳经济政策与产业技术研究院	傅国华
25		海南省智慧城市研究院	黄梦醒
26		司法文明协同创新中心南方基地	王崇敏
27	海口市重点实验室（中心）	海口市动物基因工程重点实验室	王凤阳
28		海口市电子农务重点实验室	杜文才
29		海口市海洋药物重点实验室	罗素兰
30		海口市新药研发检测中心	冯玉红
31		海口市生物活性物质与功能食品开发重点实验室	白新鹏
32		海口市环境毒理学重点实验室	刁晓平
33		海口市信息安全综合技术创新实验室	姚孝明

2013年财政部中西部高校提升综合实力专项一览表

序号	机构名称	经费（万元）	负责人
1	海南省天然橡胶协同创新中心	110	胡新文
2	优质硅资源先进利用及特种玻璃协同创新中心	110	李建保
3	绿色智慧岛协同创新中心	110	刁晓平
4	南海政策与法律研究协同创新中心	20	王崇敏
5	热带生物资源可持续利用科研平台	300	何朝族
6	热带岛屿资源先进材料科研平台	250	邓湘云
7	海洋通信与电子服务科研平台	450	杜文才
8	海南文化传承与区域问题研究基地	100	闫广林
9	海南岛特色资源开发利用科研创新团队	70	张玉苍
10	海南文化软实力研究团队	30	刘复生
11	海洋通信与电子服务科研创新团队	70	杜文才
12	农业经济与管理创新团队	35	胡国柳

序号	机构名称	经费（万元）	负责人
13	热带水产养殖理论与技术创新团队	60	陈国华
14	热带特色海洋药物芋螺毒素资源的研究与利用创新团队	40	罗素兰
15	热带植物生态保育创新团队	30	杨小波
16	热带作物病虫害防治及生物安全科技创新团队	60	郑服丛
17	我国南海海洋权益维护研究创新团队	35	王崇敏
18	植物分子遗传学与遗传资源利用团队	70	何朝族

2013 年海南省科研平台专项建设一览表

序号	项目名称	经费（万元）	负责人	资助单位
1	海南省热带生物资源可持续利用重点实验室	50	何朝族	省科技厅
2	海南省热带动物繁育与疫病研究重点实验室	25	王凤阳	省科技厅
3	海南省精细化工工程技术研究中心	50	尹学琼	省科技厅
4	海南省耐盐作物生物技术重点实验室	20	林栖凤	省科技厅
5	海南省历史文化研究基地	2	闫广林	省社科联
6	司法文明协同创新中心南方基地	10	王崇敏	司法文明协同创新中心

科 研 项 目

2013 年科研项目立项情况

2013 年国家自然科学基金项目立项一览表

序号	项目名称	负责人
1	基于硅藻生物模板的分级多孔金属氧化物设计、合成及气敏特性研究	涂进春
2	两亲性海藻酸衍生物与糖基表面活性剂稳定载药乳液的构建及靶标表面行为	李嘉诚
3	生物质炭对南方设施蔬菜地中典型抗生素迁移转化的影响与定量表达	葛成军
4	ALAD 生化特性、编码基因克隆及其与香蕉抗寒性关系的研究	李茂富
5	地下水降温猪床缓解母猪的夏季热应激反应规律研究	庞真真
6	信号肽类似序列对黄单胞菌 Harpin 蛋白——HpaXm 转运的影响	缪卫国
7	傅氏凤尾蕨复合群的生物系统学研究	杨东梅
8	海巴戟（NONI）核心种质构建机制的研究	符文英
9	南海养殖海域特征性污损动物群落形成及变化规律研究	唐　敏
10	基于尖峰岭热带山地雨林大型固定样地的菌根共生网络结构及其形成机制研究	丁　琼
11	基于巴西橡胶树遗传图谱和重要功能基因的细胞遗传图谱构建的研究	庄南生

序号	项目名称	负责人
12	橡胶树 HbCERK1 基因过表达对激发橡胶树 PTI 免疫反应的影响及抗病转基因橡胶树的产生	陈健妙
13	广藿香根系分泌物与根际微生物间的互作效应及分子机制研究	张军锋
14	柱花草遗传图谱构建和重要性状的 QTL 定位	唐燕琼
15	木薯有性多倍化创新三倍体种质及遗传机理研究	赖杭桂
16	基于小 RNA 及降解组测序的香蕉在枯萎病菌诱导下的 miRNA 表达与调控机制研究	汤　华
17	基于 Toll 样受体通路的干制龙眼多糖免疫调节活性增效机制研究	李　武
18	基于 OD 前处理的罗非鱼片 VMD 行为及机理	段振华
19	鲜切荸荠黄化机制研究	潘永贵
20	芒果果实抗炭疽病相关基因的克隆及功能分析	史学群
21	橡胶树胶孢炭疽病菌效应蛋白基因的分离及致病机理分析	罗红丽
22	马兜铃内酰胺衍生物的分离、杀虫活性、构效关系及结构修饰研究	董存柱
23	椰子胚乳 WRI1 类转录因子的克隆及其在脂肪酸代谢调控中的功能研究	李东栋
24	柱花草对炭疽病菌应答的相关基因分离和功能分析	罗丽娟
25	受猪戊型肝炎病毒 pORF3 影响的关键的内源性 miRNAs 的鉴定及其调控靶基因的分子机制	王凤阳
26	巴西橡胶树乙烯信号途径关键转录因子的功能鉴定	黄　惜
27	有效轮作体系构建香蕉健康根际土壤微生物区系机制研究	阮云泽
28	政府行为作用下的我国制造业集聚空间演化与集聚效率研究	李世杰
29	旅游景区土地利用规划生态影响综合评价方法研究——以海南吊罗山、南丽湖为例	符国基
30	海南产疣缟芋螺毒素基因的多样性研究	长孙东亭
31	台风造成珍珠贝生长"停滞"的机理：生理能量学与功能基因学响应	顾志峰
32	西沙-环海南岛丛生盔形珊瑚和澄黄滨珊瑚群体遗传结构和连通性研究	王　嫣
33	基于 CFD 理论的变容积空气悬架系统动刚度特性与匹配理论	李　美
34	基于高有序氧化钛纳米管具有低表面能防南海生物污损控释体系探索及机理研究	曹　阳
35	利用海南石英砂资源制备氮化硅陶瓷及氮化硼纳米管增韧	陈拥军
36	椰壳基分级多孔炭锂硫电池正极材料的制备及性能研究	陈　永
37	原子层沉积设计 Cu、Ni 基催化剂调控制备超纯碳纳米螺旋的研究	王桂振
38	天然鲜胶乳中橡胶分子结构差异及其对橡胶性能影响	廖双泉
39	基于仿生学的自走式木薯收获机优化设计方法研究	廖宇兰
40	新型冷弯薄壁型钢-秸秆草砖复合墙体的力学性能及抗震机理	曹宝珠
41	有机质浸染砂的工程特性与工程可利用性研究	卫　宏
42	基于元模型的经验方式统一建模语言模型转换规则产生机制研究	段玉聪
43	下一代互联网多宿主系统国际测试床构建与性能分析	周　星

序号	项目名称	负责人
44	动态不确定对抗环境下 DDoS 攻击鲁棒检测方法研究	程杰仁
45	随机需求库存-路径问题最优策略及其算法	赵　达
46	基于移动社会网络的旅游信息服务可信性分析及其应用研究	胡　涛
47	老龄化的区域经济差距效应：基于家庭人力资本投资行为的研究	袁　蓓
48	全面开放格局下中国银行业效率机制研究：基于金融稳定性和 FDI 的视角	韦开蕾
49	特异阻断 α3β4 乙酰胆碱受体的 α-芋螺毒素溶液结构分析	罗素兰
50	广藿香中百秋李醇的动态积累模式及分子调控机制	吴友根
51	风力直驱式超重力海水淡化工艺关键技术研究	马庆芬
52	海域动态频谱的认知通信研究	周又玲

2013 年国家社会科学基金项目立项一览表

序号	项目名称	负责人
1	古希腊思想中的“诗与哲学之争”研究	贾冬阳
2	基本公共服务均等化视角下的城乡社会保障统筹发展研究	刘德浩
3	民族旅游发展对黎族女性的影响研究	陈丽琴
4	清朝经营海南黎族研究	刘冬梅
5	南海海洋文明发展史研究	阎根齐
6	黎族非物质文化遗产的动画实现研究	邓　晰
7	道家自然和谐思想研究	汪韶军
8	敦煌写本《大智度论》整理研究	刘　显
9	翻译文学与中国现代转型研究（1898-1925）	石晓岩
10	中国南海诸岛开发进程研究	李彩霞
11	战略传播理论与实战研究	毕研韬
12	中国古代政教思想及其制度研究	李英华
13	红色旅游的思想政治教育实效性研究	李德芳
14	农户参与农业知识产权利益分享的机制研究	邓须军
15	海南离岛免税政策的旅游经济效应评价及优化模型研究	刘家诚
16	我国转型社会中的法治思维研究	张静焕
17	南海岛礁在海域争端中的划界作用研究	王　萍
18	海上非传统安全犯罪的刑事规制对策研究	阎二鹏

2013 年国家 863 计划项目立项一览表

序号	项目名称	负责人
1	基于天然胶乳资源的肥效微生物开发	唐文浩
2	瓜菜类（苦瓜）和果菜类（豇豆和荷兰豆）物流过程品质维持和质量安全控制技术集成应用	李　雯

2013年国家软科学计划项目立项一览表

序号	项目名称	负责人
1	南海旅游开发与环境保护协同机制研究	王凤霞

2013年国家科技支撑计划项目立项一览表

序号	项目名称	负责人
1	天然橡胶绿色生产工艺关键技术与装备	廖双泉
2	热带海洋特色生物资源开发与利用	陈国华
3	触摸屏特种玻璃配合料混合均匀度及组分优化研究	李长久
4	滑坡地质灾害监测、预测预报示范系统建立研究	李光范
5	公共机构建筑高效节能外窗体系共性关键技术研究	李长久

2013年国家国际科技合作项目立项一览表

序号	项目名称	负责人
1	基于ERA的物联网信息自动化处理技术联合研发	杜文才 沈　重

2013年国家农业科技成果转化资金项目立项一览表

序号	项目名称	负责人
1	融合臭氧监测传感器网络中试及农业生产应用与示范	沈　重

2013年部级自然科学项目立项一览表

序号	项目名称	负责人	资助单位
1	香蕉茎秆液化物取代的精确定量与液化物分子结构设计研究	张玉苍	教育部博士学科点专项基金
2	天然药物化学	徐　静	教育部新世纪优秀人才支持计划
3	芒果炭疽菌漆酶基因lac功能鉴定	刘晓妹	教育部博士学科点专项基金
4	海南省低碳试点建设项目	傅国华	中国清洁发展机制基金管理中心
5	第二批现代农业人才支撑计划项目－热带水产健康养殖与病害控制	周永灿	农业部
6	华石斛、血叶兰生物学特性及其杂交授粉研究	宋希强	国家林业局
7	芒果采后品质安全控制技术示范与推广	李　雯	农业部
8	芒果节本高效栽培技术应用与推广	李绍鹏	农业部
9	农垦改革后中国天然橡胶产业发展研究	张德生	农业部

序号	项目名称	负责人	资助单位
10	农民合作社对热区农产品质量控制机制有效性研究	秦春秀	农业部
11	生物有机肥在香蕉生产上的应用与推广	李茂富	农业部
12	中国天然橡胶产业“走出去”的目标取向与路径选择	邹文涛	农业部
13	天然橡胶病虫害监测与防控技术支持	郑服丛	农业部
14	油梨种质资源保护	李绍鹏	农业部
15	薯蓣种质资源调查、收集、鉴定评价与创新利用	黄东益	农业部

2013 年部级人文社会科学项目立项一览表

序号	项目名称	负责人	资助单位
1	司法信息公开的理论探讨与制度构建	李荣珍	教育部
2	南海可利用无居民海岛资源开发法律问题研究	唐　俐	教育部
3	国家管辖海域刑事管辖权研究	童伟华	教育部
4	三沙市海洋管理体制创新研究	江红义	教育部
5	海南国际旅游岛建设发展报告	李辽宁	教育部
6	当代大学生国家安全意识教育研究	李辽宁	教育部
7	三沙及南海旅游发展模式与对策研究——兼对国外海洋旅游发展典型案例比较分析	黄建宏	国家旅游局
8	1950 年以来海南岛旅游开发的社会负效应生成与治理研究	范士陈	国家旅游局
9	海南省游客需求特征及旅游业发展对策研究	黄建宏	国家旅游局
10	境外藏人舆论系统研究	毕研韬	国家民委
11	军坡节	焦勇勤	文化部

2013 年省级自然科学项目立项一览表

序号	项目名称	负责人	资助单位
1	海南天然橡胶加工关键技术创新平台	廖双泉	海南省科技厅
2	天然橡胶力学性能增强剂及其深加工技术产业化	冯玉红	海南省科技厅
3	绿色生态农药关键中间体低窄壳糖专用设备设计与研制	张　岐	海南省科技厅
4	可降解复合切片及非织造材料工艺技术的研究	潘莉莎	海南省科技厅
5	石斑鱼健康高效循环水养殖模式及关键技术研究	骆　剑	海南省科技厅
6	罗非鱼链球菌病防治中西药复方筛选及其用药安全性研究	郭伟良	海南省科技厅
7	池塘养殖石斑鱼刺激隐核虫病防控关键技术攻关与示范	谢珍玉	海南省科技厅
8	聚丙烯-玻璃纤维在汽车水箱支架中的应用及关键技术	李劲松	海南省科技厅
9	海马 ABO3 改型车冲压零部件开发生产	符　新	海南省科技厅
10	海南省智能安防与智慧旅游创新研究中心	曹　扬	海南省科技厅
11	南海浅海底播牧场关键技术集成研究与示范	周海龙	海南省科技厅
12	海巴戟（NONI）深加工技术中试及产业化推广	符文英	海南省科技厅
13	槟榔专用肥与化学调控互作高效栽培关键技术研究	杨福孙	海南省科技厅
14	香蕉枯萎病绿色综合防控技术研究与示范	刘子凡	海南省科技厅

序号	项目名称	负责人	资助单位
15	热带特色发酵罗非鱼胶原蛋白肽的中试生产	申铉日	海南省科技厅
16	海南优势生鲜农产品冷链贮运关键技术集成与示范	林向东	海南省科技厅
17	海洋渔业短波岸台数字化改造系统的研发和示范建设	沈　重	海南省科技厅
18	海南观赏石斛药用成分评价及高效栽培技术研究示范	宋希强	海南省科技厅
19	牛大力种苗规模化繁育及规范化栽培示范	黄绵佳	海南省科技厅
20	纳米阵列光电极材料及其太阳能制氢技术开发	林仕伟	海南省科技厅
21	新型储气材料——金属有机框架的工业化制备合作研究	袁文兵	海南省科技厅
22	海南岛稻田节肢动物多样性保护与水稻害虫生态工程治理	蔡笃程	海南省科技厅
23	下一代互联网 SCTP 传输协议测试床构建与性能分析	周　星	海南省科技厅
24	热带海岛生态修复关键技术	顾志峰	海南省科技厅
25	海蛇酶法水解制备水解动物蛋白（HAP）	邓世明	海南省科技厅
26	海南重要港湾典型增塑剂（DEHP）的监测及其生物标志物的筛选	刁晓平	海南省科技厅
27	基于数字图像处理技术的海水珍珠自动识别系统的研究开发	李太君	海南省科技厅
28	南美白对虾加工下脚料制备虾味调味料关键技术研究	张伟敏	海南省科技厅
29	热带特色海洋戒毒α-芋螺毒素先导药物的发现	罗素兰	海南省科技厅
30	呀诺达旅游景区信息技术集成应用示范	胡　涛	海南省科技厅
31	霸王岭森林公园远程红外监控系统海南长臂猿显示示范项目	张　育	海南省科技厅
32	海南肾茶高效栽培与加工技术示范	于旭东	海南省科技厅
33	基于 WCDMA 的海上船用高清多媒体交互平台的集成开发和示范	杜文才	海南省科技厅
34	南药芦荟活性部位及其复方健康产品研究开发	刘平怀	海南省科技厅
35	特种玻璃新产品应用研究	李长久	海南省科技厅
36	海南绿色建材关键技术研发与应用	郝万军	海南省科技厅
37	石斑鱼健康高效陆基养殖模式及关键技术研究（一）	陈国华	海南省科技厅
38	石斑鱼健康高效陆基养殖模式及关键技术研究（二）	周永灿	海南省科技厅
39	深水抗风浪网箱鱼类高效健康养殖关键技术研究和应用	周永灿	海南省科技厅
40	三沙珊瑚礁生态修复与特色生物资源增殖技术集成应用与示范	谢珍玉	海南省科技厅
41	热带农作物信息共享百科知识服务系统开发与应用	张　峰	海南省科技厅
42	热带作物抗逆机理与热带植物资源利用研究	何朝族	海南省科技厅
43	热带水果资源发酵生产纤维素食品关键技术研究与产业化开发	向　东	海南省科技厅
44	香蕉、芒果和菠萝保鲜、贮运关键技术集成与产业化应用	李　雯	海南省科技厅
45	新型含氮中空玻璃产业化关键技术研究	姜　宏	海南省科技厅
46	水稻秸秆多元醇液化物在制备聚氨酯发泡材料的应用研究	张玉苍	海南省科技厅
47	高效水质净化微生态制剂海南土著菌种筛选、鉴定、改良、制剂及应用示范	郭伟良	海南省科技厅
48	天然胶乳的射流凝固技术研究与应用示范	符　新	海南省科技厅
49	海南天然橡胶产业发展分析	黄海民	海南省科技厅
50	海南省科技体系创新研究	胡国柳	海南省科技厅
51	热带农业科技服务对象信息系统研发	李怀成	海南省科技厅
52	石英砂助磨剂在机械化学法中氟化反应的应用及机理探索	贾春满	海南省科技厅

序号	项目名称	负责人	资助单位
53	载有硫苷和黑芥子酶的微胶囊 LbL 自组装及其控释机理研究	刘艳凤	海南省科技厅
54	NaGaF4 基上转换磁光复合材料的制备及性质研究	刘钟馨	海南省科技厅
55	基于生物模板的高性能气体敏感材料设计合成及其性能研究	涂进春	海南省科技厅
56	氨基、巯基双官能化 SBA-15/壳聚糖多层吸附薄膜的制备及其对废水中重金属离子的吸附研究	王　敦	海南省科技厅
57	钛表面活性二氧化钛层的生物活性研究	王小红	海南省科技厅
58	海南江蓠化学成分的分离及抗菌活性研究	王新广	海南省科技厅
59	碳化铝与水反应生成天然气水合物的温度压力条件研究	王　赵	海南省科技厅
60	钛精矿 SPS 原位制备新型细晶 TiC 基金属陶瓷及性能研究	向道平	海南省科技厅
61	重金属在垃圾填埋场及其周边区域中的迁移及环境风险评价研究	于文辉	海南省科技厅
62	化学官能团对硅藻细胞行为影响的研究	于晓龙	海南省科技厅
63	细菌纤维素生物合成中的分子量调控研究	张名楠	海南省科技厅
64	阻尼天然橡胶的结构及性能研究	赵艳芳	海南省科技厅
65	新型网衣材料研制及其海洋防污性能研究	唐　敏	海南省科技厅
66	西沙群岛周边海域渔业碳汇潜力及碳汇渔业可持续发展研究	黄建宏	海南省科技厅
67	石斑鱼杂种优势的 DNA 甲基化遗传效应分析	骆　剑	海南省科技厅
68	海南近海饵料微藻的分离、筛选及应用研究	王　珺	海南省科技厅
69	二硫键模式对 α-芋螺毒素 TxIA 活性及结构影响研究	吴　勇	海南省科技厅
70	大珠母贝 SNP 标记开发与应用	战　欣	海南省科技厅
71	海南岛反季节蔬菜病原线虫种类鉴定及防治研究	丁晓帆	海南省科技厅
72	生物质炭对典型兽药抗生素在热带设施菜地土壤中吸附-解吸行为的影响	葛成军	海南省科技厅
73	外来入侵植物飞机草致病型链格孢及其毒素生防研究	杨　叶	海南省科技厅
74	功能梯度硬质合金的制备工艺与形成机理研究	史留勇	海南省科技厅
75	太阳能干燥热带牧草工艺参数研究	王　娟	海南省科技厅
76	基于虚拟仿真技术的木薯自动排种机理研究	袁成宇	海南省科技厅
77	拍卖是否会引起“赢者诅咒”现象？——基于我国并购市场的实证研究	符　蕾	海南省科技厅
78	泛旅游业上市公司管理层特征与企业业绩相关性实证研究	韩葱慧	海南省科技厅
79	考虑政府行为的产业集聚空间演化机制研究	李世杰	海南省科技厅
80	品牌依恋对不同年龄段消费者行为的影响与比较	潘友仙	海南省科技厅
81	高管过度自信与投资效率：基于行业竞争性的理论与实证研究	余灼萍	海南省科技厅
82	低碳绿色发展要求下海南资源－环境－经济（REE）复合系统诊断预警研究	俞花美	海南省科技厅
83	南海资源开发的组织化模式研究	张尔升	海南省科技厅
84	基于 SOA 的旅游供应链产品数据管理（PDM）及协同服务关键技术研究	董林峰	海南省科技厅
85	西沙群岛旅游开发风险评估与安全保障研究	侯佩旭	海南省科技厅
86	基于多尺度的海口市土地景观格局时空演变及优化	王凤霞	海南省科技厅
87	用户驱动下的海南省旅游信息服务动态聚合系统建设研究	张　珊	海南省科技厅
88	SHEVpORF3 稳定表达细胞系的 miRNAs 的表达	杜　丽	海南省科技厅

序号	项目名称	负责人	资助单位
89	施肥水平和不同株高刈割对香茅草生物量及香茅油产量的影响	郇树乾	海南省科技厅
90	木薯 2n 配子诱导及三倍体遗传育种研究	赖杭桂	海南省科技厅
91	生物有机肥修复连作香蕉园土壤微生物区系的研究	阮云泽	海南省科技厅
92	海南野生兰杂交后代的评价及优良株系的组织培养研究	唐燕琼	海南省科技厅
93	木薯遗传图谱部分连锁群的物理定位	王　英	海南省科技厅
94	文昌鸡 HSP70 基因多态性与抗应激性能的关系研究	吴丽丽	海南省科技厅
95	4 种外源物质对高温胁迫下蝴蝶兰幼苗耐热性的影响及其作用机制研究	杨华庚	海南省科技厅
96	水产无乳链球菌细胞壁代谢调节相关基因的功能研究	郑继平	海南省科技厅
97	海南粗榧内生真菌 CH1307 生物碱的结构解析及其协同抗肿瘤机制研究	李　武	海南省科技厅
98	荔枝酒发酵过程中酿酒酵母 DCCS101 代谢醋酸的调控机制	钟秋平	海南省科技厅
99	似可燃冰混合土的力学性能试验研究	杜　娟	海南省科技厅
100	吹填海砂地基中垂直组合桩水平承载机理试验及设计理论研究	胡　伟	海南省科技厅
101	基于时间序列的海南省历史建筑全息数据库设计与建立	李　艳	海南省科技厅
102	采用空白电视频段的南海海域宽带移动自组织通信技术研究	陈褒丹	海南省科技厅
103	基于自适应算术编码的联合压缩加密理论与技术研究	邓家先	海南省科技厅
104	关于两类指数丢番图方程的若干研究	邓谋杰	海南省科技厅
105	计算机网络三维动漫设计中的动态图形效率研究	高新瑞	海南省科技厅
106	可信软件的监控构造技术研究	黎才茂	海南省科技厅
107	奇异微分系统周期轨的存在性研究	李胜军	海南省科技厅
108	分形上函数的分析理论及其应用研究	龙伦海	海南省科技厅
109	基于边界检测的运动分割方法的运动人体跟踪方法研究	龙　翔	海南省科技厅
110	贝叶斯强化学习理论及其在无线传感器网络中的应用研究	张春元	海南省科技厅
111	有限域上基于时态序列的多重数字水印研究	周晓谊	海南省科技厅
112	基于生态正义的三亚海滨旅游生态补偿动态机制研究	陈海鹰	海南省科技厅
113	木榄 BgSOS1 序列上磷酸化和去磷酸化位点的鉴定与研究	从心黎	海南省科技厅
114	基于居群生物学的傅氏凤尾蕨复合群的亲缘关系研究	杨东梅	海南省科技厅
115	海南省住房保障政策优化研究——基于选择权与福利度量视角	王　湃	海南省科技厅
116	海南省自然灾害应急管理机制研究	徐艳晴	海南省科技厅

2013 年省级人文社会科学项目立项一览表

序号	项目名称	负责人	资助单位
1	海域使用权法律制度研究——兼论海南省海域使用权法律制度的完善	陈龙江	海南省社科联
2	基于主权理论的更路簿法理意义分析	陈秋云	海南省社科联
3	国家管辖海域内外国船舶刑事管辖问题研究	童伟华	海南省社科联
4	三沙市对南海有效管辖研究	杨智平	海南省社科联
5	南京国民政府土地法律制度述评	罗旭南	海南省社科联

序号	项目名称	负责人	资助单位
6	海南低碳城镇化问题研究	王晓云	海南省社科联
7	海南省离岸金融市场的资本流动与风险控制研究	徐　艳	海南省社科联
8	基于索洛理论的近海水域环境污染经济损失估价——以海口为例	俞花美	海南省社科联
9	人口老龄化对海南区域经济增长的作用机理与测算——基于人力资源视角	袁　蓓	海南省社科联
10	海南热带农业产业链跃迁式升级的空间逻辑及路径设计	张　晖	海南省社科联
11	加快提升海南特色产品品牌国际影响力的对策研究——基于国际旅游岛发展视角	符玉琴	海南省社科联
12	国际旅游岛简要读本	王毅武	海南省社科联
13	海南在泛珠区域率先实现城乡基本公共服务均等化的研究	王丽娅	海南省社科联
14	海南旅游消费价格指数构建研究	李仁君	海南省社科联
15	海南国际旅游岛产业竞争力研究	李师慧	海南省社科联
16	地缘政治与地缘经济背景下的三沙市旅游可持续发展战略研究	游长江	海南省社科联
17	海南省旅游翻译规范化研究	李枚珍	海南省社科联
18	行为科学理论视域下的大学生思想政治教育研究	杨素稳	海南省社科联
19	海南农村基层政治文明建设新思维研究	贺尧夫	海南省社科联
20	当代大学生社会公德教育的探讨——基于社会公德教育的理论体系角度	陶欢英	海南省社科联
21	现代大学生文化的育人功能及其实现路径研究——以海南省高校为例	吴清一	海南省社科联
22	现代国有企业党建工作科学化水平提升研究：以中国石化炼化有限公司为例	李德芳	海南省社科联
23	海南现存宋代砖质券契略说	李长青	海南省社科联
24	荣格生态文艺学及其对海南民俗文化的意义	常如瑜	海南省社科联
25	海南云氏蒙古家族与海南的文化融合与发展研究	王海燕	海南省社科联
26	海上丝绸之路的中转站——海南在古代对外贸易中的地位研究	李彩霞	海南省社科联
27	南中国海航海史研究	阎根齐	海南省社科联
28	我国传统运动男性养生文化研究	王公法	海南省社科联
29	海南黎族传统体育研究	梁丽凤	海南省社科联
30	国际旅游岛建设背景下的海南旅游文本汉英翻译研究	谢庚全	海南省社科联
31	海南地域文化旅游翻译现状调查及规范化研究	陈传显	海南省社科联
32	海南省口译智库建设创新模式研究	金　莹	海南省社科联
33	海南国际赛会展人才外语语用能力培养研究	陈鸣芬	海南省社科联
34	20 世纪 50 年代海南橡胶种植开发中的中苏合作问题	吕　卉	海南省社科联
35	海南特有文化词的认知语义研究	王　勇	海南省社科联
36	民事诉讼律师法庭言语研究	何柳青	海南省社科联
37	中国志愿服务组织化研究	王志芳	海南省社科联
38	中国共产党治理海疆岛屿的战略思想研究——以南海诸岛为例	温小平	海南省社科联
39	后现代艺术与边框效应	王海艳	海南省社科联
40	文化在陈设中绽放——顶尖样板间陈设设计实例精解	邱海东	海南省社科联
41	海南黎族民歌“族域性音乐形态模式”研究	赵京封	海南省社科联

序号	项目名称	负责人	资助单位
42	海南生态管理社会协同机制构建研究	韩晓莉	海南省社科联
43	海南“和谐社会”建设的政治生态研究	庞京城	海南省社科联
44	国外海洋文化遗产保护的经验与我国南海非物质文化遗产的保护开发研究	于　营	海南省社科联
45	三沙市海洋管理体制创新研究	江红义	海南省社科联
46	海南省资源节约与环境保护对策研究	韦仕川	海南省社科联
47	基于支持联盟框架的地方政府协同创新政策研究——以国际旅游岛先行试验区为例	王　宁	海南省社科联
48	提升海南高校科技人员创新能力的机制研究	尹　红	海南省社科联
49	国际旅游岛建设背景下海南本土传统文化、体育等节庆活动的挖掘与利用研究	陈小桃	海南省社科联
50	民族旅游时空中的黎族女性发展	陈丽琴	海南省社科联
51	海南少数民族贫困儿童社会救助研究	李宜钊	海南省社科联
52	国家海上民事管辖权基本问题研究	王　琦	海南省社科联
53	构建南海特色渔业权法律制度研究	宁清同	海南省社科联
54	南海海洋生态损害责任保险制度研究	彭真明	海南省社科联
55	城镇化背景下的海南省农村基础设施建设标准体系研究	樊　燕	海南省科学技术协会
56	海南省农村垃圾现状及处理方法调查	何忠平	海南省科学技术协会
57	中国科协科技工作者调查站点费用	何　琦	海南省科学技术协会
58	从“资源导向”转向“市场导向”下的海南国际旅游岛建设问题研究——基于游客群体分层次分析	黄建宏	海南省科学技术协会
59	海南省农产品加工产业发展现状调研	张伟敏	海南省科学技术协会

2013 年地厅级自然科学项目立项一览表

序号	项目名称	负责人	资助单位
1	以创新能力提升为目标的《农机生产实习》课程改革	袁成宇	海南省教育科学规划办公室
2	海南省高校机械创新设计实践教学的研究	张　燕	海南省教育科学规划办公室
3	研究生教学质量监测和保障机制研究	杨雨辉	海南省教育科学规划办公室
4	海上无线通信虚拟教学实验系统	任　佳	海南省教育科学规划办公室
5	凸显观光农业专业特色的实践教学体系优化的研究	周其良	海南省教育科学规划办公室
6	三亚市信息化规划--三亚市电子政务外网互联互通要程（二期）安全建设方案	杜文才	三亚市科技工业信息化局

序号	项目名称	负责人	资助单位
7	海南霸王岭国家级自然保护区及其周边极小种群野生植物资源调查	李东海	海南霸王岭国家级自然保护区管理局
8	保亭县玉仙桥钢管满堂支架预压技术服务	韩建刚	海南省保亭黎族苗族自治县住房和城乡建设局
9	南海基本情况及无线电应用情况调研分析	刘文进	海南省无线电监督管理局
10	南海无线电监管需求分析及对策	陈褒丹	海南省无线电监督管理局
11	农药登记室内毒力测定试验	郑服丛	海南正业中农高科股份有限公司
12	海南重要野生植物种质资源的调查和采集	龙文兴	中国科学院昆明植物研究所
13	海南省海洋油气产业发展现状研究	李　进	海南省海洋与渔业厅
14	海口国家高新区科技企业孵化器--运营方案	张伟敏	海口国家高新技术产业开发区管理委员会
15	定安县地卜水型饮用水水源保护区规划	符国基	海南省定安县国土环境资源局
16	海口国家高新技术产业开发区科技企业孵化器政策体系制定及项目咨询	张伟敏	海口国家高新技术产业开发区管理委员会
17	2013 年度海南省重点保护野生植物资源调查项目	杨小波	海南省野生动植物保护管理局
18	违法建筑拆除后土地及建筑垃圾的再利用研究	李　艳	海口市市政市容管理委员会
19	海口市违法建设项目现状分析及对策研究	李　艳	海口市市政市容管理委员会
20	海口市城中村拆违与治理研究	李　艳	海口市市政市容管理委员会
21	海南海洋文化产业化政策研究	赵平孙	海南省海洋与渔业厅
22	农药检测委托协议	张　宇	海南省农业厅
23	瑞溪　腊肠标准制定	章程辉	澄迈县商务局
24	瑞溪　牛肉干标准制定	章程辉	澄迈县商务局
25	霸王山鸡养殖技术规程	吴科榜	海南省质监局
26	马氏珠母贝养成技术规程	冯永勤	海南省质监局
27	蔬菜水果中乙烯利残留量的测定离子色谱法	章程辉	海南省质监局
28	海口市南渡江流域富硒土壤的分级评价及农作物对硒的富集性特征	范春蕾	海南省教育厅
29	印楝悬浮细胞培养合成印楝素的研究	张云竹	海南省教育厅
30	海南养生保健数字平台研究	陈　绮	海南省教育厅
31	海南油楠种子化学成分及抑菌活性研究	梁振益	海南省教育厅
32	胡椒微生物酶法脱皮菌株的筛选与鉴定	冯建成	海南省教育厅

序号	项目名称	负责人	资助单位
33	生物合成低分子量细菌纤维素的研究	张名楠	海南省教育厅
34	海南岛铜鼓岭自然保护区热带季雨矮林群落结构及其组配规律研究	黄　瑾	海南省教育厅
35	基于 WSN 的水产养殖环境参数监测系统的研究	袁　琦	海南省教育厅
36	非线性差分方程振动性的研究	王冬梅	海南省教育厅
37	优异耐盐竹节草种质筛选与鉴定研究	王志勇	海南省教育厅
38	壳寡糖对糙海参（Holothuria scabra）肠道菌群和免疫相关因子的影响	刘均玲	海南省教育厅
39	海南三叉苦拮抗内生菌筛选、鉴定及发酵条件研究	骆焱平	海南省教育厅
40	基于网络的数字化微格教学系统研究	颜　磊	海南省教育厅
41	ACM 在运动目标检测中的关键技术研究	胡祝华	海南省教育厅
42	海南产新型α-芋螺毒素结构与功能的研究	罗素兰	海口市
43	海洋特殊生物资源的研究与开发	罗素兰	海口市
44	海口市固废物资源利用及环境保护重点实验室	张玉苍	海口市
45	海口市热带农产品深加工技术重点实验室	李从发	海口市
46	风味罗非鱼调理食品研究与开发	钟秋平	海口市
47	南美白对虾调理食品的研制及产业化开发	张伟敏	海口市
48	昌江芒果安全高效生产关键技术研究与应用	史学群	昌江县农科局
49	长茎葡萄蕨藻养殖技术示范	冯永勤	昌江县海洋局
50	方斑东风螺苗种繁育技术示范	冯永勤	昌江县海洋局

2013 年地厅级人文社会科学项目立项一览表

序号	项目名称	负责人	资助单位
1	基于物理文化的教育功能研究与实践	周诗文	海南省教育科学规划办公室
2	海南高校卓越法律人才教育培养机制研究	邓和军	海南省教育科学规划办公室
3	海南省研究生教学质量监测和保障机制研究	宋　强	海南省教育科学规划办公室
4	大学生职业生涯规划研究	张益民	海南省教育科学规划办公室
5	海南省旅游高等教育产学研协同创新机制与评价模式研究	耿松涛	海南省教育科学规划办公室
6	海南省旅游管理专业教育质量及保障机制研究	王凤霞	海南省教育科学规划办公室
7	成人高等教育外语专业教学改革研究	孙成平	海南省教育科学规划办公室
8	海南省高校学生英语社交语用能力发展研究	肖艳玲	海南省教育科学规划办公室
9	高校心理健康教育有效实施模式研究	吴九君	海南省教育科学规划办公室

序号	项目名称	负责人	资助单位
10	海南省高校服装表演专业实践教学研究	王　立	海南省教育科学规划办公室
11	海南省大学生生涯发展状况及其辅导需求研究	傅安国	海南省教育科学规划办公室
12	海南高校产学研协同创新研究 ——基于支持联盟框架的分析	王　宁	海南省教育科学规划办公室
13	市场化进程中政府职能转变的实践探索	韩晓莉	海南省人民政府政务服务中心
14	社会养老服务体系建设研究-以海南省实践为例	伍　奕	海南省民政厅
15	三亚市旅游软环境建设途经研究	黄建宏	三亚市委宣传部
16	儋州市基本农田保护农户责任卡填写	王　湃	儋州市国土环境资源局
17	海口市引进客源开发旅游市场调研与论证	胡　涛	海口市旅游发展委员会
18	海口市房屋租赁管理办法（修订草案）	梁亚荣	海口市住房和城乡建设局
19	海口市房屋安全管理条例（草案）	梁亚荣	海口市住房和城乡建设局
20	港口建设费征管廉政风险防控机制研究	童伟华	海南海事局
21	加快城乡统筹发展,实现基本公共服务均等到化新突破,提升全市人民的幸福指数	张治库	中共三亚市委农村工作委员会
22	海口市闲置土地相关司法冲突问题研究	王　琦	海口市法制局
23	万宁市海洋经济发展规划	李洁琼	万宁市海洋与渔业局
24	海南省财政资金绩效评价体系构建	李仁君	海南省财政厅
25	海南省海洋经济监测指标体系建构与应用研究	王　宁	海南省海洋与渔业厅
26	澄迈县乡村旅游精品线路设计	黄建宏	澄迈县旅游发展委员会
27	产业振兴情况评估	韦开蕾	海南省发展与改革委员会
28	万宁市农业产业发展规划	李洁琼	万宁市农业局
29	万宁市菜篮子工程发展规划	李洁琼	万宁市农业局
30	海口市未成年人违法犯罪执法司法情况调查研究	童伟华	中共海口市委政法委员会
31	海口市优化城市空间布局,提升城市内涵中的房地产开发研究	李仁君	海口市住房和城乡建设局
32	海口市"十二五"工业发展规划中期评估及后三年产业选择和发展政策研究	刁晓平	海口市科学技术工业信息化局
33	海南省酒店业的供需状况进行调查与分析研究	王　琳	海南省旅游发展委员会
34	海南省教育服务行业应对 GPA 预案研究	胡永和	海南省教育厅
35	非婚女性生育权研究	王丽娜	海南省妇女联合会

序号	项目名称	负责人	资助单位
36	海南省黎族妇女服饰文化意涵研究	周琳琳	海南省妇女联合会
37	海南省高校大学生心理危机现状调查及干预研究	吴九君	海南省教育厅
38	社会心理学视域下的大学生思想政治教育研究	杨素稳	海南省教育厅
39	三沙市海岛开发利用与保护法律问题研究	唐　俐	海南省教育厅
40	南海诸岛历史事件编年	李彩霞	海南省教育厅
41	海南省经济-资源-环境系统可持续性预警及政策路径选择	俞花美	海南省教育厅
42	海南省保障性住房的地域分布、融资渠道与分配机制研究	李世杰	海南省教育厅
43	叙事中的直接引语在身份建构中的作用	兰良平	海南省教育厅
44	国际旅游岛建设背下城市名片英译有效性的实证研究	顾小燕	海南省教育厅
45	中央决策与海南经济社会变迁	高海燕	海南省教育厅
46	高校党组织宣传工作的历史考察及其典型经验研究（1915—1949）	张继友	海南省教育厅
47	智能化高校图书馆资源管理系统开发	吴艳阁	海南省教育厅
48	海南国际旅游岛建设过程中的社会舆情研究——基于天涯社区等网络论坛的研究	吴朝阳	海南省教育厅
49	国际旅游时代海南全民健身研究	罗远标	海南省教育厅
50	海南宅基地市场培育与规制研究	梁亚荣	海南省教育厅
51	法院调解的规范化研究	唐茂林	海南省教育厅
52	海域使用管理法律制度研究——兼论海南省海域利用法律体系之构建	陈龙江	海南省教育厅
53	我国南海能源安全政策研究	张　晶	海南省教育厅
54	海南黎族服饰文化展示研究	王　立	海南省教育厅
55	海南木薯燃料乙醇循环生产模式的构建及经济效果评价	姬　卿	海南省教育厅
56	学术诚信缺失的成因及对策分析	杨　婕	海南省教育厅
57	十七大以来海南省教育领域专项治理工作回顾与展望	吴清一	海南省教育厅
58	基于“工作坊”翻译教学模式的实践与探索	纪俊超	海南省教育厅
59	地方高校应用型、复合型法律职业人才教育培养机制研究	邓和军	海南省教育厅
60	典范教学法在思想政治理论课教学中的应用研究—以班杜拉社会学习理论为指导	冯　颖	海南省教育厅
61	外语专业学生跨文化交际能力的培养模式研究	李明玲	海南省教育厅
62	材料科学与工程专业“卓越工程师培养计划”教学模式初步探讨	陈　新	海南省教育厅
63	“以学生为中心”的教学理念的理论与应用研究	马国强	海南省教育厅
64	应用型本科“双师型”队伍建设探讨--以海南大学应用科技学院（儋州校区）为例	冯社洪	海南省教育厅
65	校企合作共建动物科学与动物医学专业 特种经济动物养殖实践教学基地研究	于向春	海南省教育厅
66	高校思想政治理论课实践教学路径与方法研究	张云阁	海南省教育厅
67	以电视节目策划学的教学实践项目开发培养影视专业本科生自我创作能力	张军军	海南省教育厅
68	《昌江旅游丛书》编写	李永文	昌江县旅游局

2013年企事业单位委托自然科学项目立项一览表

序号	项目名称	负责人	资助单位
1	含PEP型表面活性剂水基化农药的示范与产业化	李嘉诚	海南力智生物工程有限责任公司
2	海口市南渡江流域富硒地区土壤中硒的分布及农作物富集性特征	潘勤鹤	海口市土地储备整理中心
3	海口骑楼建筑历史文化街区保护与综合整治项目博爱北路骑楼建筑测绘	易　彰	海口旅游文化投资控股集团有限公司
4	HD型全自动显微镜光度计与煤岩测定设备	姚伯元	广西盛隆冶金有限公司
5	动物驯导理论与技术研究	王凤阳	军事医学科学院军事兽医研究所
6	火焰兰类指纹图谱构建及观赏性状鉴定评价	唐燕琼	中国热带农业科学院热带作物品种资源研究所
7	《天然林保护等林业工程生态效益评价》(201304308)样品分析委托	刘子凡	中国林业科学研究院 森林生态环境与保护研究所
8	化学基团调控的硅藻培养	于晓龙	海南冷港科技有限公司
9	建立蔬菜产业固定观察点及相关数据调查与采集	邹文涛	华中农业大学
10	抗枯品种宝岛蕉种苗繁育及配套栽培技术示范	孟　磊	海南蓝祥联农科技开发有限公司
11	转基因生物新品种培育重大专项委托试验	黄东益	中国农业科学院作物科学研究所
12	配方肥协作网试验示范及推广	刘子凡	湖北新洋丰肥业股份有限公司
13	中国热带农业科学院环境与植物保护研究所委托科研项目样品分析	赵　艳	湛江农垦东方红农场-(中国热带农业科学院环境与植物保护研究所付款方)
14	海口骑楼建筑历史文化街区保护与综合整治项目新华北路骑楼建筑测绘	易　彰	海口旅游文化投资控股集团有限公司
15	热带海洋地区电接触材料腐蚀测试	陈拥军	北京科技大学
16	《增施猪粪对水稻土酸化的影响用其驱动机制》科研项目样品分析	朱国鹏	江苏省农业科学院资源与环境研究所
17	海南文昌森林生态系统定位研究站建设项目	余雪标	海南省林业科学研究院
18	煤岩分析仪升级合同	姚伯元	神华宁煤集团大武口洗煤厂
19	植物丰根技术的应用研究与推广	张宝琴	海南礼海文化传媒有限公司

序号	项目名称	负责人	资助单位
20	配煤车间煤岩分析仪修理	姚伯元	宣钢实业发展总公司科技开发公司
21	HD 型全自动显微镜光度计开发及其相关设备	姚伯元	湖南华菱湘潭钢铁有限公司
22	科力投资咨询项目	王　勇	科力电子信息有限公司
23	南丽湖风景名胜区北区控制性详细规划环境影响评价	符国基	海南省环境科学研究院
24	芒果控释专用肥应用研究	林　电	海洋石油富岛有限公司
25	人血液微量物质检测	王凤阳	海南世济医学技术有限公司
26	防治根结线虫缓控释生物农药颗粒剂开发及应用	李嘉诚	海南力智生物工程有限责任公司
27	南药系列产品全作研发	黄广民	白沙正生堂生物工程有限公司
28	甘薯科研项目样品分析	常春荣	江苏省农业科学院资源与环境研究所
29	热带作物种质资源网络系统维护	李文化	中国热带农业科学院热带作物品种资源研究所
30	农药残留田间试验协议	张　宇	广东省农业科学院植物保护研究所
31	几种野生兰共生萌发研究	朱国鹏	中国热带农业科学院热带作物品种资源研究所
32	龙两优 506 品种权转让	罗越华	海南神农大丰科技股份有限公司
33	施可丰香蕉稳定性肥料试验示范	孟　磊	沈阳中科新型肥料有限公司
34	一类抗肿瘤新生物制品技术服务	刘平怀	海口奇力制药股份有限公司
35	洋浦第二原水管线工程 B 标技术资料综合管理	李　艳	海口雅莱特工程咨询公司
36	海口市去龙镇城镇建设规划（2013-2030）	李　艳	海口雅莱特工程咨询公司
37	3G 农庄种植信息远距传输系统	唐荣年	海南省科学技术信息研究所
38	红毛丹采后保鲜技术的研究与应用	从心黎	海南省保亭热带作物研究所
39	HD 全自动显微镜光度计开发及相关设备	姚伯元	内蒙古双欣能源化工有限公司
40	煤岩设备升级	姚伯元	唐山佳华煤化工有限公司

序号	项目名称	负责人	资助单位
41	热带市级公园绿地边缘空间景观研究	刘拥春	海南中元市政工程设计有限公司
42	海南立体绿化植物材料的资源调查\评价与筛选	史佑海	海南中元市政工程设计有限公司
43	海南移动主体工程钢管混凝土工程施工质量控制研究（2013-2014）	李光范	中国移动通信集团海南有限公司
44	HD 型全自动显微镜光度计后续服务项目（冲全自动显微光度计研制与煤岩测定设备项目）	姚伯元	江西新余钢铁有限公司检测中心
45	土地利用变化背景下热带、亚热带区域森林土壤有机质的变化	余雪标	福建师范大学地理研究所
46	橡胶控释专用肥应用研究	林　电	海洋石油富岛有限公司
47	菠萝蜜风味成分鉴定和果汁固香技术	施瑞城	中国热带农业科学院香料饮料研究所
48	HD 型全自动显微镜光度计开发及其相关设备	姚伯元	宁夏庆华煤化集团有限公司
49	海南植物图谱编撰项目协议	杨小波	海南省环境科学研究院
50	中国林业科学研究院森林生态环境与保护研究所科研项目样品分析	赵　艳	中国林业科学研究院森林生态环境与保护研究所
51	8D 法推进设计及实施和 6S 管理推进项目	劳邦盛	海南蓝岛环保产业股份有限公司
52	海南中部山区生态环境地面生物指标监测（2013 年）	杨小波	海南省环境科学研究院
53	大洲岛整治修复及保护任务-珊瑚海草养护与修复	李洪武	海南万宁大洲岛国家级海洋生态自然保护区管理处
54	热带高效现代农业项目	傅国华	海南大乐城开发控股有限公司
55	热带海洋气候下海水中微生物协同作用对 45 钢腐蚀行为的影响	吴进怡	中国科学院海洋研究所

2013 年企事业单位委托人文社会科学项目立项一览表

序号	项目名称	负责人	资助单位
1	岩彩画表现技法与创作	林明俊	海南省青年美术家协会
2	美篆村旅游发展总体规划	陈扬乐	海南七洲洋实业有限公司
3	海南富硒土壤综合开发前期研究	雍天荣	五指山天元生物技术开发有限公司

序号	项目名称	负责人	资助单位
4	2013 年中国社会状况统合调查（CSS）地图抽样及项目执行委托协议（海南省）	王　芳	中国社会科学院调查与数据信息中心
5	茶叶食品安全规制政策研究	樊孝凤	中国农业科学院
6	海峡航运珠三角新航线市场调研	陈扬乐	海南海峡航运股份有限公司
7	海南省非遗项目海南麒麟	李　骞	海南省非物质文化遗产保护中心
8	海南省非遗项目黎族骨器制技艺研究	李风逸	海南省非物质文化遗产保护中心
9	3G 农庄移动生产履历管理系统研发	张　峰	海南省科学技术信息研究所
10	公司财务内控制度设计	曾春华	海南伟奇工程造价咨询有限公司
11	创新职业技术教育、培养社会生产力研究	樊　燕	国家行政学院
12	海口市南渡江流域土地整治重大工程相关标准规范制定项目	郝志军	海口市土地储备整理中心
13	联合中国海洋法公约视野下的海上犯罪及其刑事规制	童伟华	个人资助
14	亚洲共同体的构建-以区域内的多民族、多文化共生为视角-讲座	金　山	同一个亚洲财团（日本一般财团法人-佐藤洋治）

2013 年海南大学服务地方经济社会发展自然科学项目立项一览表

序号	项目名称	负责人
1	海洋通信关键技术研究与应用	白　勇
2	天然橡胶高性能化与功能化关键技术及应用	陈永平
3	智慧旅游服务关键技术与应用	段玉聪
4	海南特色蔬菜新品种选育与推广利用	黄东益
5	热带生物源农药创制关键技术研究及应用示范	骆焱平
6	番木瓜贮运保鲜及加工关键技术研究与应用	潘永贵
7	海南芒果安全高效生产关键技术研究与应用	史学群
8	石英砂高附加值深加工关键技术研究与应用	汪国庆
9	海南果蔬主要病虫害绿色防控关键技术研究与应用	王　萌
10	罗非鱼无公害养殖的链球菌病安全高效控制技术研究	王世锋
11	香蕉秸秆综合利用关键技术及装备	徐树英

2013年海南大学服务地方经济社会发展人文社会科学项目立项一览表

序号	项目名称	负责人
1	海南省海洋经济发展机制与措施研究	张丽娜
2	城镇化背景下的海南省农村基础设施建设标准体系研究	李　艳
3	发挥三沙市在南海开发中的战略作用研究	李仁君
4	海南新型城镇化建设与发展模式研究	林肇宏
5	海南国家热带现代农业基地建设模式与运行机制研究	韦开蕾
6	海南省绿色金融体系的构建与发展战略研究	谢　妍
7	开放型服务业发展的系统解构与路径选择	范士陈
8	海南省红色旅游市场开发及品牌传播研究	杨　娜
9	海南非物质文化遗产有效传承与文化产业研究	张军军
10	中国青少年冬令营海南品牌基地创建及运营模式研究	黄崇利

2013年度立项项目及经费来源情况统计表

序号	项目类别	项目数	经费数（万元）
1	国家自然科学基金项目	52	2360.3
2	国家社会科学基金项目	18	318
3	国家863计划项目	2	162
4	国家软科学研究计划	1	5
5	国家科技支撑计划项目	5	897
6	国家国际科技合作项目	1	186
7	国家农业科技成果转化资金项目	1	60
小　计		80	3988.3
8	部级科研项目（小计）	26	878
	（1）自然科学类	15	786
	（2）人文社会科学类	11	92
9	省级科研项目（小计）	175	1512.5
	（1）自然科学类	116	1438
	（2）人文社会科学类	59	74.5
10	地厅级科研项目（小计）	118	926.55
	（1）海南省教育厅高校科研项目	45	27
	①自然科学类	14	10.2
	②人文社科及教改类	31	16.8
	（2）其他地厅级科研项目	73	899.55
	①自然科学类	36	580.25
	②人文社会科学类	37	319.3
11	企事业委托项目（小计）	69	1075.72
	（1）自然科学类	55	910.74
	（2）人文社会科学类	14	164.98

序号	项目类别	项目数	经费数（万元）
12	校科研基金项目（小计）	21	270
	（1）自然科学类	11	220
	（2）人文社会科学类	10	50
13	科研平台建设	14	1607
14	科研团队建设	10	500
合　计		513	10758.07

2013 年科研项目结题验收情况

2013 年国家自然科学基金项目结题验收一览表

序号	项目名称	负责人
1	金属-有机框架（MOFs）的机械化学法合成及其在此条件下的反应活性研究	袁文兵
2	椰壳活性炭固载金属离子有机络合物催化剂的制备与应用	熊春荣
3	可注射原位形成的透明质酸水凝胶的研究及其作为组织工程支架材料与间充质干细胞相容性的探讨	胡碧煌
4	窄分子量分布壳聚糖基两亲分子设计/合成与环保表面活性剂	张　岐
5	机械化学制备金属-有机框架的反应动力学研究	袁文兵
6	红树植物-角果木根系盐应答基因表达谱的构建及耐盐基因克隆	陈银华
7	甘蔗栽培品种中野生种血缘特异表达序列的分析	庄南生
8	海南热带雨林林窗对土壤种子库种子萌发的影响机制	杨小波
9	橡胶乳管分化相关基因的克隆及功能鉴定	黄　惜
10	马宾灵基因（Mabinlin Ⅱ）体外甜味表达及活性结构发生规律研究	胡新文
11	海南野生胡椒种质资源遗传多样性分析和保护利用	刘进平
12	罗非鱼鱼片 OD 动力学和 OMD 形成机制研究	段振华
13	椰子胚乳发育相关基因的筛选及部分候选基因的克隆	李东栋
14	三色堇花斑色素形成关键基因的发掘	王　健
15	中国地毯草种质资源遗传多样性研究及优良抗逆种质筛选	王志勇
16	马氏珠母贝生长性状关联 SNP 和 EST-SSR 标记筛选及其遗传效应分析	王　嫣
17	中国近海石斑鱼属染色体进化研究	王世锋
18	溶藻弧菌毒力菌株特异基因的克隆及其毒力相关功能研究	谢珍玉
19	水稻隐性抗白叶枯病基因 xa5 显性化利用的研究	夏志辉
20	区域生态安全约束下的西沙群岛旅游资源可持续利用研究	游长江
21	海南岛和西沙群岛周边海域石珊瑚细菌性疾病的研究	周永灿

序号	项目名称	负责人
22	马氏珠母贝生长变异的生理能量学机理：异速生长和环境变化的作用	王爱民
23	风力驱动热力循环海水淡化工艺应用基础研究	马庆芬
24	金属基 DTi 薄膜的制备及其在热带海洋季风气候下的耐蚀性能研究	文　峰
25	面向海洋渔业的移动通信系统及关键技术研究	白　勇
26	政府主导型集群形成机制、根植性风险与相机治理研究：基于博弈分析视角	李世杰
27	非常规事件中旅游信息服务可靠性分析及相关安全机制研究	胡　涛
28	高管过度自信投资扭曲的治理机制研究	胡国柳
29	特异阻断 α3β4 乙酰胆碱受体的 α-芋螺毒素溶液结构分析	罗素兰

2013 年国家社会科学基金项目结题验收一览表

序号	项目名称	负责人
1	中国企业跨国经营中的人力资源管理模式研究	林肇宏
2	海南临高语比较研究	辛世彪

2013 年 973 前期专项结题验收一览表

序号	项目名称	负责人
1	橡胶树白粉病菌致病分子机理及病程相关基因的克隆	缪卫国

2013 年农业科技成果转化资金项目结题验收一览表

序号	项目名称	负责人
1	热带地衣芽孢杆菌的规模化培养中试与示范	谢珍玉
2	优质丰产抗病黄瓜新品种海大 2098 的中试、示范与推广	林师森

2013 年教育部科学技术研究重点项目结题验收一览表

序号	项目名称	负责人
1	香蕉枯萎病的抗病基因分离与抗性机制研究	汤　华
2	利用隐性 xa5 基因培育广谱、持久抗白叶枯病的安全转基因水稻	夏志辉
3	企鹅珍珠贝游离珍珠生产关键技术研究	顾志峰
4	生态环境 Ipv6 无线传感系统及关键技术研究	沈　重

2013 年教育部博士点专项科研基金项目结题验收一览表

序号	项目名称	负责人
1	大豆线粒体磷酸盐转运蛋白基因 GmPic 的分离及调控大豆开花的分子机理研究	陈银华

2013 年教育部新世纪优秀人才支持计划项目结题验收一览表

序号	项目名称	负责人
1	二氧化钛纳米管陈列利用太阳能制氢的研究	林仕伟

2013 年教育部人文社会科学研究一般项目结题验收一览表

序号	项目名称	负责人
1	当代中国社会分层结构变迁与思想政治教育互动研究	李辽宁
2	基于知识网格的供应链协调机制研究	黄梦醒
3	校外辅导员在地方高校学生就业报导工作中的作用研究	黄丽芹
4	经济全球化背景下我国东部沿海地区经济持续增长路径研究	王连杰
5	金融危机生成与传异的社会诱发机制研究	范士陈
6	汉语单音极性词组配空位研究	刘　甜
7	高校防范和处理邪教问题研究	赵康太

2013 年农业部项目结题验收一览表

序号	项目名称	负责人
1	椰子产业提升关键技术研究与集成示范	刘四新
2	天然橡胶现代产业技术体系建设-病虫害防控	郑服丛
3	国家牧草产业技术体系子课题－牧草产业研究	罗丽娟
4	国家牧草产业技术体系子课题－牧草产业研究	吴蔚东
5	国家香蕉产业技术体系建设－农药新剂型与施药新技术	朱朝华
6	第二批现代农业人才支撑计划项目－热带水产健康养殖与病害控制	周永灿
7	华石斛、血叶兰生物学特性及其杂交授粉研究	宋希强
8	芒果采后品质安全控制技术示范与推广	李　雯
9	芒果节本高效栽培技术应用与推广	李绍鹏
10	农垦改革后中国天然橡胶产业发展研究	张德生
11	农民合作社对热区农产品质量控制机制有效性研究	秦春秀
12	生物有机肥在香蕉生产上的应用与推广	李茂富
13	中国天然橡胶产业“走出去”的目标取向与路径选择	邹文涛
14	天然橡胶病虫害监测与防控技术支持	郑服丛
15	油梨种质资源保护	李绍鹏
16	薯蓣种质资源调查、收集、鉴定评价与创新利用	黄东益

2013年海南省重点科技计划项目结题验收一览表

序号	项目名称	负责人
1	太阳能光催化处理城市污水的技术开发	刘钟馨
2	复合纳米氧化物抗菌多功能内墙环保涂料的开发与研制	吴进怡
3	乙烯控制技术在芒果、番木瓜保鲜上的研究与示范	李　雯
4	瓜蒌胸痹滴丸新药临床前研究	陈祎平
5	高品质肉鸡配套系的初步选育	王凤阳
6	海南省工业产业结构转型升级与布局研究	黄　盛

2013年海南省自然科学基金项目结题验收一览表

序号	项目名称	负责人
1	Iniferter对环氧天然橡胶开环改性作用方式与机理研究	张　岐
2	椰壳炭负载纳米钯/碳催化剂的制备及催化偶联反应研究	杨建新
3	椰壳活性炭固载金属离子有机络合物催化剂的制备与应用	熊春荣
4	超临界二氧化碳辅助制备高性能聚乳酸复合材料的研究	徐　鼐
5	粉煤灰漂珠颗粒增强泡沫铝基复合材料的制备与性能研究	罗洪峰
6	纤维土工程特性研究	李光范
7	成长进化算法研究	钟　声
8	海洋异构合成无线网络研究及网络应用	沈　重
9	服务于南海渔业的新型移动通信系统研究	白　勇
10	贝叶斯网络自适应推理及在应急指挥控制中的应用	任　佳
11	海南省数字资源共享工程建设研究	王小会
12	基于神经网络的海南水产养殖环境因子智能监控的研究	袁　琦
13	非傍轴正弦类高斯光束的传输特性和光束控制研究	康小平
14	计算机监控系统的仿真开发平台研究	马玉春
15	几种绿色技术单独和综合应用对芒果保鲜效果的研究	贾文君
16	血红素加氧酶延迟GA诱导的水稻糊粉层PCD的发生	陈惠萍
17	黄花美冠兰菌根真菌种类及其生物活性研究	谭志琼
18	海南超级稻光合器官微结构及光合功能衰退中相关酶研究	张吉贞
19	甘蔗茎成熟相关基因的克隆与鉴定	陈　萍
20	芒果主要病害生物防治优化研究	刘晓妹
21	南药拮抗内生菌分离、筛选、鉴定及发酵条件研究	王兰英
22	海南长寿现象特有的环境因子研究	宋维春
23	海南极小种群华石斛的种群动态学研究	宋希强
24	海南省道地药材裸花紫珠种质资源评价与优良种质筛选	廖　丽
25	海南省地毯草遗传多样性及其评价研究	王志勇
26	海南野生巢蕨属植物种质资源评价及利用	于旭东
27	草坪草根际促生菌（PGPR）特性研究及生物菌肥的研制	樊俊华

序号	项目名称	负责人
28	海南近海海域典型生态系统（珊瑚礁，红树林和海草床）小型底栖生物多样性的研究	刘均玲
29	濒危植物海南油杉群落生态学研究	李东海
30	基于物种多样性和功能性状的热带云雾林群落构建规律研究	龙文兴
31	海南野生长柄鸡冠芝（竹芝）原生态保护栽培技术的研究	袁学军
32	海南萝芙木药用活性物质的研究	刘平怀
33	露兜簕中有效成分的研究	章程辉
34	诺丽叶降血压活性成分的研究	张伟敏
35	红树林植物角果木内共生真菌 Pestalotiopsis 抗肿瘤活性成分筛选	徐　静
36	罗非鱼片渗透微波复合脱水特性研究	段振华
37	海南红原鸡与文昌鸡杂交 F2 代种蛋人工孵化效果的研究	李笑春
38	利用线粒体 DNA 分析文昌鸡的起源和遗传多样性	廖承红
39	蟒蛇呼吸系统疾病病原学研究	曾纪峰
40	典型持久性有机污染物对贻贝胚胎分子毒理机制的研究	周海龙
41	病毒侵染对凡纳对虾 Dicer 基因表达的影响	姚雪梅
42	海南省高新技术产业竞争力评价研究	李玉凤
43	主要发达国家利用境外农业资源的模式研究	邹文涛
44	国际旅游岛背景下海南省土地资源可持续利用的生态安全评价研究	栾乔林
45	终极所有权、会计信息质量与投资效率研究	张长海
46	基于非参数 Malmquist 指数的海南农垦生产效率研究	许海平

2013 年海南省哲学社会科学规划课题结题验收一览表

序号	项目名称	负责人
1	国学复兴论	李英华
2	海洋经济发展与南海开发合作研究	李仁君
3	海南国际旅游岛体育冬训发展研究	罗远标
4	泛珠九省区公共政策比较研究	王丽娅
5	交往行为视域中的话语研究	鲁　苓
6	海南农村基层党建调查研究	杨素稳
7	清朝海南社会与黎族相关若干历史问题研究	刘冬梅
8	国际旅游岛背景下海南岛、台湾岛体育旅游 SWOT 比较研究	宋静敏
9	海南影视文化产业现状及前景研究	文丽敏
10	社会管理创新法治问题研究—以国际旅游岛建设为视角	熊勇先
11	海南岛文化根性研究	闫广林
12	异地养老者的生活状况及需求研究	李　芬
13	旅游开发与黎族村落社会变迁—基于五指山市水满村的调查	陈思莲
14	航天城背景下文昌中心城镇建设研究	焦勇勤
15	德国学者司徒勃眼中的海南黎族民俗习惯法研究	刘国良
16	旅游业危机管理研究	纪俊超

2013年海南省教育厅高校科研项目结题验收一览表

序号	项目名称	负责人
1	斜带石斑鱼仔稚鱼高效环保配合饲料配制技术研究	吴小易
2	高耐磨性改性废胶粉的研究	廖小雪
3	沥青与聚合物 sBs 的共混性模拟计算	李　进
4	海南国际旅游岛英语导游成败归因分析及业务提升策略研究	陈鸣芬
5	和谐社会语境下的被害人权利保障与救济制度研究——以国际刑事法院犯罪被害人为视角	曲　涛
6	国际旅游岛背景下海南知识型人才保持研究-基于工作嵌入视角	黎春燕
7	海洋生物实验教学创新性改革与实践	陈雪芬
8	当代中国公务员制度研究	周　伟
9	模拟审判教学法研究	王　琦
10	海南国际旅游岛建设背景下土地资源可持续利用战略研究	栾乔林
11	荔枝分根区灌溉根源信号对叶片生物产量调控的研究	周开兵
12	利用线粒体 DNA 分析海南文昌鸡的遗传多样性	廖承红
13	海南国际旅游岛环保标识的法律构建	魏德才
14	应用型本科专业模块化课程体系的创新研究--以网络工程专业为例	彭金莲
15	海南旅游法制建设问题研究	郭步尧
16	海南省农村养老模式研究	胡明玉
17	服装设计与表演实践模式改革的相关性研究	钟　恒
18	以交流应用为中心的专业英语教学法研究	刘进平
19	巴西橡胶树单染色体微克隆文库构建	王　英
20	海南地区树栖白蚁内生菌的分离及其纤维素酶高产菌株的鉴定	杨雨辉
21	基于国际旅游的社会普遍服务体系构建	樊　燕
22	体裁分析理论在英语写作教学中的应用研究	王　熙
23	海南经济发展新模式构造中的政府职能转变研究	罗后清
24	国家旅游的建设背景下旅游消费者权利保护研究	罗晋京
25	国际旅游岛建设背景下海南出口贸易发展战略研究	张应武
26	诊所法律教育与应用型法律人才培养模式创新的理论与实践	伍　奕
27	天然橡胶加工厂废气的生物净化处理技术研究	徐　文
28	海南省高校图书馆“十二五”发展规划研制	詹长智
29	果蔬农药残留快速检测仪	张永辉
30	大学生文化素质课程《美学》网络教学研究	章汝先
31	农民工工资与农村居民收入的关系研究	邹文涛
32	“三网融合”整体转换数字电视机顶盒的研究	王兆庆
33	海南橡胶籽氰甙去除方法的研究	刘石生
34	海南民族音乐现状与发展研究	罗晓海

2013 年其他地厅级项目结题验收一览表

序号	项目名称	负责人	资助单位
1	监狱管理创新机制研究	王崇敏	海南省监狱管理局
2	社会管理创新案例精选	宋增伟	海南省民政厅
3	《三亚市潜水旅游行业规范管理暂行办法》修订研究	王　琳	三亚市海洋与渔业局
4	海南省彩票业研究-基于国际旅游岛建设的机遇与挑战	郭慧芳	海南省财政厅综合处
5	琼州海峡跨海工程对海南旅游吸引力和承载力影响分析	陈扬乐	海南省跨海工程筹建办公室
6	洋浦经济开发区建设规划	胡永和	洋浦经济开发区经济发展局
7	海南省教育行业加入 GPA 出价清单研究	胡国柳	海南省教育厅
8	海南省文化产业人才开发工程实施方案	马国强	海南省委宣传部
9	市场化进程中政府职能转变的实践探索	韩晓莉	海南省人民政府政务服务中心
10	社会养老服务体系建设研究-以海南省实践为例	伍　奕	海南省民政厅
11	三亚市旅游软环境建设途经研究	黄建宏	三亚市委宣传部
12	儋州市基本农田保护农户责任卡填写	王　湃	儋州市国土环境资源局
13	海口市引进客源开发旅游市场调研与论证	胡　涛	海口市旅游发展委员会
14	海口市房屋租赁管理办法（修订草案）	梁亚荣	海口市住房和城乡建设局
15	海口市房屋安全管理条例（草案）	梁亚荣	海口市住房和城乡建设局
16	港口建设费征管廉政风险防控机制研究	童伟华	海南海事局
17	加快城乡统筹发展,实现基本公共服务均等到化新突破,提升全市人民的幸福指数	张治库	中共三亚市委农村工作委员会
18	万宁市海洋经济发展规划	李洁琼	万宁市海洋与渔业局（重签）
19	海南省海洋经济监测指标体系建构与应用研究	王　宁	海南省海洋与渔业厅（海南省财政国库支付局）
20	澄迈县乡村旅游精品线路设计	黄建宏	澄迈县旅游发展委员会
21	产业振兴情况评估	韦开蕾	海南省发展与改革委员会规划综合处
22	海口市未成年人违法犯罪执法司法情况调查研究	童伟华	中共海口市委政法委员会
23	海口市优化城市空间布局,提升城市内涵中的房地产开发研究	李仁君	海口市住房和城乡建设局

序号	项目名称	负责人	资助单位
24	海口市"十二五"工业发展规划中期评估及后三年产业选择和发展政策研究	刁晓平	海口市科学技术工业信息化局
25	热带瓜菜主要病虫害防治及农药安全使用科普电视片制作	郑服丛	海南省农村党员干部现代远程教育工作领导协调小组办公室
26	广东省公安边防总队执法过程视频监督管理系统	黄梦醒	广东省公安边防总队
27	海南国际旅游岛公路生态防护及彩色植物配置研究	许先升	海南省交通运输厅
28	海南省农村民居地震安全工程框架结构抗震构造实用指南	段晓农	海南省地震局
29	南海海上无线通信解决方案研究	刘文进	海南省无线电监督管理局
30	海上无线通信前沿技术调研	陈褒丹	海南省无线电监督管理局
31	海南吊罗山及其周边极小种群野生植物资源调查	杨小波	海南省吊罗山国家级自然保护区管理局
32	三亚市信息化规划--三亚市电子政务外网互联互通要程（二期）安全建设方案	杜文才	三亚市科技工业信息化局
33	海南霸王岭国家级自然保护区及其周边极小种群野生植物资源调查	李东海	海南霸王岭国家级自然保护区管理局
34	南海基本情况及无线电应用情况调研分析	刘文进	海南省无线电监督管理局
35	南海无线电监管需求分析及对策	陈褒丹	海南省无线电监督管理局
36	海南重要野生植物种质资源的调查和采集	龙文兴	中国科学院昆明植物研究所
37	海南省海洋油气产业发展现状研究	李　进	海南省海洋与渔业厅
38	海口国家高新区科技企业孵化器--运营方案	张伟敏	海口国家高新技术产业开发区管理委员会
39	定安县地下水型饮用水水源保护区规划	符国基	海南省定安县国土环境资源局
40	瑞溪　腊肠标准制定	章程辉	澄迈县商务局
41	瑞溪　牛肉干标准制定	章程辉	澄迈县商务局
42	霸王山鸡养殖技术规程	吴科榜	海南省质监局
43	马氏珠母贝养成技术规程	冯永勤	海南省质监局
44	蔬菜水果中乙烯利残留量的测定离子色谱法	章程辉	海南省质监局
45	昌江县旅游资源调查	李永文	昌江县旅游局
46	海南省昌江黎族自治县昌化镇和七叉镇概念规划	赵书彬	昌江县住房与城乡建设局
47	芒果优质高产栽培示范基地建设	史学群	昌江县农科局
48	昌化岭龙血树种质资源调查	于旭东	昌江县旅游局

2013年企事业单位委托项目结题验收一览表

序号	项目名称	负责人	资助单位
1	制约产业的法律问题研究	徐　民	海南海药股份有限公司
2	海南国际旅游岛与地域文化酒店设计研究	邱海东	海口室内装饰协会
3	强制医疗诉讼程序的世界经验与中国模式	王洪宇	普通高校人文社科重点研究基地中国政法大学诉讼法学研究院
4	中国经济社会状况和廉政建设入户调查	安应民	中国社会科学院中国廉政中心
5	律师诉讼权利保障研究	唐茂林	湖南天地人律师事务所
6	海口高新区美安科技新城产业发展及管理模式研究	周金泉	中国国际工程咨询公司
7	美篆村旅游发展总体规划	陈扬乐	海南七洲洋实业有限公司
8	海南富硒土壤综合开发前期研究	雍天荣	五指山天元生物技术开发有限公司
9	2013年中国社会状况统合调查（CSS）地图抽样及项目执行委托协议（海南省）	王　芳	中国社会科学院调查与数据信息中心
10	海口市南渡江流域土地整治重大工程相关标准规范制定项目	郝志军	海口市土地储备整理中心
11	茶叶食品安全规制政策研究	樊孝凤	中国农业科学院茶叶研究
12	海峡航运珠三角新航线市场调研	陈扬乐	海南海峡航运股份有限公司
13	海南省非遗项目海南麒麟	李　骞	海南省非物质文化遗产保护中心
14	海南省非遗项目黎族骨器制技艺研究	李风逸	海南省非物质文化遗产保护中心
15	3G农庄移动生产履历管理系统研发	张　峰	海南省科学技术信息研究所
16	芒草田间试验	黄东益	美国 CERES 公司
17	热带特色香辛饮料作物综合管理智能专家系统构建与应用	傅国华	中国热带农业科学院香料饮料研究所
18	国家牧草产业技术体系	吴蔚东	中国热科院品资所
19	国家牧草产业技术体系	罗丽娟	中国热科院品资所
20	减少中国、南亚和东南亚水产养殖系统环境污染和可持续发展	赖秋明	上海海洋大学

序号	项目名称	负责人	资助单位
21	水稻抗病高产育种	夏志辉	中国科学院遗传与发育生物学研究所
22	臭氧浓度检测系统	张永辉	深圳市汇清科技有限公司
23	热带地区水稻和根菜的重金属安全阈值田间验证	吴蔚东	中国科学院南京土壤研究所
24	太阳能电池表面污尘控制关键技术研究	郝万军	海南聚源光电产业发展有限公司
25	大型轴承水基淬火质量研究	王　磊	大连三金润滑油有限公司
26	太阳能空调溴化锂吸收式制冷机应用的环境影响	徐　文	海南日源太阳能开发有限公司
27	新型（移动）人力资源信息系统研发	陈明锐	海南慧人人力资源有限公司
28	猪主要性状相关基因检测（一期）	王凤阳	海口农工贸（罗牛山）股份有限公司
29	毒死蜱残留田间试验	王　萌	浙江省农业科学院农产品质量标准研究所
30	新型微纳米无机复合空心微球的制备及应用研究	汪国庆	上海暄洋化工材料科技有限公司
31	猪主要性状相关基因检测（二期）	王凤阳	海口农工贸（罗牛山）股份有限公司
32	海南省渔业遗传资源保护战略与行动计划	周永灿	海南省环境科学研究院
33	配方肥协作网试验及示范	赵　艳	湖北新洋丰肥业股份有限公司
34	海南移动主体工程钢管混凝土工程施工质量控制研究（2012-2013）	李光范	中国移动通信集团海南有限公司
35	化合物杀线虫活性测定	丁晓帆	华东理工大学药物化工研究所
36	农药残留田间试验协议书	王　萌	湖南省植物保护研究所
37	高烈度地区超高层钢管混凝土加消能构件结构的抗震性能分析	赵　菲	海南城建业工程施工图设计文件审查服务中心
38	胶清环保凝固方法的研究	廖双泉	海南天然橡胶产业集团股份有限公司
39	新型介孔炭材料的结构分析	谢艳丽	中国计量学院
40	汽油质量快速评定技术与系统研究	张永明	海南出入境检验检疫局检验检疫技术中心
41	DH925A 微波胶乳测试仪检修校准	方　林	澄迈金盛橡胶有限公司

序号	项目名称	负责人	资助单位
42	海南生态省与生态文明示范区关系辨析	符国基	海南省环境科学研究院
43	龙华区南渡江流域热带现代农业产业发展与土地整治规划	成善汉	海口市龙华区南渡江流域土地整治重大工程项目指挥部办公室
44	东方市大广坝水库网箱养殖的水环境影响研究	葛成军	海南东方翔泰养殖有限公司
45	海南省罗非鱼养殖现状调查及对策研究	周永灿	海南省环境科学研究院
46	中国林业科学院热带林业研究所科研项目样品分析委托	阮云泽	中国林业科学研究院热带林业研究所
47	中国热带农业科学院橡胶研究所科研项目样品委托协议书	阮云泽	中国热带农业科学院橡胶所
48	湛江农垦东方红农场委托科研项目样品分析	阮云泽	湛江农垦东方红农场
49	湛江侠剑麻试验站委托科研样品分析	阮云泽	湛江侠剑麻试验站
50	海口骑楼建筑历史文化街区保护与综合整治项目博爱北路骑楼建筑测绘	易　彰	海口旅游文化投资控股集团有限公司
51	动物驯导理论与技术研究	王凤阳	军事医学科学院军事兽医研究所
52	《天然林保护等林业工程生态效益评价》（201304308）样品分析委托	刘子凡	中国林业科学研究院森林生态环境与保护研究所
53	转基因生物新品种培育重大专项委托试验	黄东益	中国农业科学院作物科学研究所
54	中国热带农业科学院环境与植物保护研究所委托科研项目样品分析	赵　艳	湛江农垦东方红农场
55	海口骑楼建筑历史文化街区保护与综合整治项目新华北路骑楼建筑测绘	易　彰	海口旅游文化投资控股集团有限公司
56	海南文昌森林生态系统定位研究站建设项目	余雪标	海南省林业科学研究院
57	煤岩分析仪升级合同	姚伯元	神华宁煤集团大武口洗煤厂
58	南丽湖风景名胜区北区控制性详细规划环境影响评价	符国基	海南省环境科学研究院
59	热带作物种质资源网络系统维护	李文化	中国热带农业科学院热带作物品种资源研究所
60	农药残留田间试验协议	张　宇	广东省农业科学院植物保护研究所（农药残留研究室）

序号	项目名称	负责人	资助单位
61	海口市去龙镇城镇建设规划（2013-2030）	李 艳	海口雅莱特工程咨询公司
62	3G 农庄种植信息远距传输系统	唐荣年	海南省科学技术信息研究所
63	HD 型全自动显微镜光度计后续服务项目（冲全自动显微光度计研制与煤岩测定设备项目）	姚伯元	江西新余钢铁有限公司检测中心
64	土地利用变化背景下热带、亚热带区域森林土壤有机质的变化	余雪标	福建师范大学地理研究所
65	农药登记室内毒力测定试验	郑服丛	海南正业中农高科股份有限公司

科研成果转化与奖励

2013 年授权专利情况表

序号	专利名称	专利号	专利类型
1	一种人工诱导花鳗鲡性腺发育成熟的方法	201010169556.5	发明专利
2	一种网络串级控制系统时变性网络时延的补偿方法	201010557652.7	发明专利
3	一种椰子水腰果梨复合果酒及其制备方法	201110265013.8	发明专利
4	一种基于 DWT 和 DCT 的医学图像鲁棒多水印方法	201110290955.1	发明专利
5	一种可见光固化天然胶乳压敏胶粘剂的制备方法	200710305984.4	发明专利
6	一种木醋杆菌荧光染色的方法	200910179340.4	发明专利
7	一种嘧菌酯、咪鲜胺和三唑酮油烟剂的农药组合物	201010161855.4	发明专利
8	一种吡虫啉和啶虫脒水乳剂的农药组合物	201010162602.9	发明专利
9	一种吡虫啉和啶虫脒水分散粒剂的农药组合物	201010162605.2	发明专利
10	一种椰子饭及其生产方法	201010165060.0	发明专利
11	油棕花粉超低温保存法	201010247807.7	发明专利
12	网络串级控制系统外前向与内反馈通路随机时延补偿方法	201010552873.5	发明专利
13	网络串级控制系统外反馈与内回路随机性网络时延补偿法	201010552917.4	发明专利
14	网络串级控制系统外反馈与内回路非确定性网络时延补偿法	201010552961.5	发明专利
15	网络串级控制系统外前向与内反馈通路时变时延补偿方法	201010552986.5	发明专利
16	网络串级控制系统前向通路时变性网络时延补偿方法	201010557531.2	发明专利
17	变送（控制）器与执行器间带双控功能的时延补偿方法	201010557550.5	发明专利
18	一种网络串级控制系统非确定性网络时延的补偿方法	201010557638.7	发明专利
19	网络串级控制系统外反馈与内回路未知网络时延补偿法	201010557692.1	发明专利
20	一种网络控制系统的时延补偿方法	201010557711.0	发明专利
21	一种低醇腰果梨酒及其制备方法	201010587651.7	发明专利
22	一种培育兰科植物的方法及专用菌株	201010594631.2	发明专利
23	一种制备高三尖杉酯碱的方法及专用菌株	201110028195.7	发明专利

序号	专利名称	专利号	专利类型
24	椰汁酸奶冰淇淋及其制备方法	201110071541.X	发明专利
25	一种种植机	201110099212.6	发明专利
26	一种半导体臭氧传感器温度补偿电路及其补偿方法	201110128447.3	发明专利
27	椰子剥衣机	201110199547.5	发明专利
28	一种超声-微波协同提取硫酸软骨素的方法	201110218137.0	发明专利
29	光/温双梯度微藻培养箱	201110294544.X	发明专利
30	一种含有花青素的大薯黄酒的制备方法	201110347457.6	发明专利
31	一种回收胶清橡胶的方法	201110363990.1	发明专利
32	一种果脯蜜饯被膜的方法	201110426352.X	发明专利
33	一种多孔淀粉/天然橡胶复合物的制备方法	201110428392.8	发明专利
34	一种热带附生花卉天然栽培基质	201110439329.4	发明专利
35	一种热带附生花卉天然复合营养液	201110439400.9	发明专利
36	一种纳米管/粉共混态金属氧化物	201210052477.5	发明专利
37	一种鸟枪打靶式珊瑚人工感染法	201210121654.0	发明专利
38	一种马槟榔愈伤组织的诱导及再生方法	201210177095.5	发明专利
39	益智肾茶	201210185199.0	发明专利
40	一种油棕茎干切面防护剂	201210241391.7	发明专利
41	无线电动汽车充电系统	201220563312.X	实用新型
42	一种超重力真空蒸发海水淡化方法	201210336250	发明专利
43	一种旋转自供热式海水淡化方法	201210464050	发明专利
44	一种海水淡化装置	201220608724	实用新型
45	一种三相离心传质分离装置	201220463502	实用新型
46	一种海水淡化装置	201220463501	实用新型

2013 年计算机软件登记情况表

序号	软件名称	申请登记日	设计人
1	农药残留检测软件 V1.0	2013SR071011	张永辉

2013 年科研成果鉴定情况表

序号	日　期	学院	主要完成人	项目名称	组织单位
1	2013.06.15	园艺园林学院	林师森　成善汉 刘存法等	金船密本南瓜新品种引进与示范推广	海南省科学技术厅
2	2013.04.27	园艺园林学院	吴兴亮　戴玉成 李泰辉等	中国热带大型真菌资源调查及系统分类学研究	海南省科学技术厅
3	2013.04.27	农学院	李德军　夏志辉 黄　惜等	巴西橡胶树转录组数据库的建立与分子标记开发	海南省科学技术厅

2013 年出版学术著作统计表

单位：部

	学术著作	大专院校教科书	编著	工具书
自然科学	10	18	12	0
人文社科	43	13	31	2
合　计	53	31	43	2

2013 年发表学术论文统计表

单位：篇

	国外学术刊物	国内学术刊物
自然科学	150	536
人文社科	8	582
合　计	158	1118

2013 年度海南省科学技术奖

序号	成果名称	主要完成人	获奖等级	备注
1	低窄壳糖规模化生产与应用研究	张　岐	一等奖	科技进步奖
2	细菌纤维素新材料的制备及其应用基础研究	林　强	一等奖	科技进步奖
3	戊型肝炎病毒的流行规律、检测技术及其致病机制研究	王凤阳	一等奖	科技进步奖
4	几类微分方程的理论和数值解法研究	孙建强	二等奖	科技进步奖
5	东亚特有濒危植物五唇兰保育生物学研究	宋希强	二等奖	科技进步奖
6	金船密本南瓜新品种引进与示范推广	林师森	二等奖	成果转化奖
7	改性液体天然橡胶的研究	廖双泉	三等奖	科技进步奖
8	净化养殖废水的芽孢杆菌热带菌种的筛选与应用	谢珍玉	三等奖	科技进步奖

社 会 服 务

【概况】 学校坚定不移地走科研与区域经济社会发展相结合的道路，当好地方政府的思想库和智囊团，加强与地方企事业单位的合作，大力推进“一院一市（县）”的服务模式，设立服务地方经济社会发展专项项目，积极开展产学研合作项目对接活动，成功地转化一批科研成果，促进了区域经济社会发展。

【科技成果推广与转化】 2013 年，学校积极通过科技成果转化、校地校企合作、科技交流和科技服务等形式加强与地方、企业间的合作。

（一）大力推动科技成果转化和产学研联合基地建设

2013 年，海洋学院冯永勤教授主持的国家级项目“方斑东风螺无公害养殖技术示范与推广”获得科技部农业科技成果转化资金支持，经费 60 万元；信息科学技术学院沈重教授主持的国家级项目“融合臭氧监测传感器网络中试及农业生产应用与示范”获得科技部农业科技成果转化资金支持，经费 60 万元。

园林园艺学院林师森教授主持的“金船密本南瓜新品种引进与示范推广”项目获得2013年海南省科技成果转化奖二等奖。

海洋学院冯永勤教授与海南昼锦总公司临高公司合作，在临高新盈鲍鱼养殖场开展“海参人工繁育技术研究”和“法螺陆上水池试养”两个自选项目的科学研究工作。

学校与昌江县合作项目“昌江芒果安全高效生产关键技术研究与应用”列入了教育厅高教系统我为农民增产增收专项工作。

（二）积极推进校企合作

2013年，科研处发挥沟通和桥梁作用，做好对接服务工作，落实了一批校企、校所（院）合作项目。在校企合作方面，分别与浪潮集团、博鳌大乐城开发控股有限公司、海南广陵高科实业有限公司、海南瑞今投资控股有限公司等100多家公司签订了合作协议，开展联合申报科研项目，共同推进科技成果转化，共建实习实训基地等多方面的合作，为人才培养、科学研究提供了良好的产学研对接平台。在校所（院）合作方面，与中国热带农业科学院合作联合申报国家重点实验室；与中国科学院三亚深海科学与工程研究所签署合作协议，在联合培养研究生、申请并执行科技研发项目、科研人员学术交流共享机制等方面开展合作。

（三）积极开展“一院一市（县）”特色服务

2013年，分别推动与琼海市、文昌市、浙江省松阳县等三个市县签署了校地合作框架协议，在现代农业、社会主义新农村建设、农业科技创新与农业科技推广、人才培养和农业技术培训服务、现代农业、旅游项目等领域展开合作。

学校科研处与昌江县的海洋渔业局、旅游委及农林局商榷，遴选了芒果、水产养殖、旅游等4个校地合作项目，安排专项经费100多万。

9月，浙江省松阳县人民法院司法干部专业能力提升班开学典礼在海南大学举行，海南大学副校长傅国华、松阳县人民法院院长章志林出席开学典礼。本次培训班是6月海南大学与松阳县签署县校合作协议后启动的第一个项目，也是海南大学服务社会走向省外的首次尝试。

12月，胡新文副校长等一行8人赴澄迈县考察交流，探讨双方开展产学研合作的领域和方式，以及签署县校合作框架协议的可行性。双方初步达成了合作意向。

（四）科研成果的宣传与推介

2013年，组织相关科研成果参加了海南省第三届产学研合作项目对接会，荣获海南省“十二五”产学研合作突出贡献单位；组织参加2013中国（长沙）科技成果转化交易会、第15届中国国际高新技术成果交易会（深圳）、2013年中国（海南）国际热带农产品冬季交易会（简称“冬交会”）、2013年第四届海南（屯昌）农民博览会暨海南热带农业科技成果转化对接洽谈会、中国-东盟现代农业新技术与新品种技术转移对接活动；组织老师参加第二届中国农业科技创新创业大赛。

（五）科技服务专家推荐工作

完成海南省农业科技110专家、技术人员修订推荐；应美兰区科工信局的要求，推荐农学院陈定光对三江镇胶农进行割胶技术培训及现场示范；4月28日为昌江县推荐政治与公共管理学院宋增伟、章汝先、王芳、卢暄、赵士刚等5人担任昌江县五四青年节诗歌朗诵赛评审专家。

协助省科技厅的“组织百名专家、千名科技特派员深入农村开展科技服务活动”；协调王凤阳、杨雨辉、周开兵、吴庆书、许先升等5位专家深入海南省各市县农村开展技术咨询、技术培训和现场指导等科技服务活动。

【知识产权】 2013年，以学校为申请人，共申请专利95项（其中PCT（国际申请）申请2项）：发明专利86项，实用新型8项，外观设计1项。获得专利授权46项，其中发明专利42项，实用新型专利4项。获得计算机软件著作权登记的成果有：《农药残留检测软件》（张永辉）等1项。

海南省南海法律研究中心

【概况】 海南省南海法律研究中心（以下简称“中心”）成立于2011年12月17日，是海南省社会科学界联合会依托海南大学法学等学科力量组建的以南海法律问题为主要研究对象的研究机构。中心以“研究南海法律，服务国家战略”为指导思想，结合海南省具体省情与南海发展态势，研究南海当前的重大法律问题，为国家制定南海有关政策法规提供咨询服务。中心充分发挥高校科研机构教学与科研互动的优势，力争逐步建设成为全国知名的南海法律研究平台、信息资料平台、学术交流平台与海洋法律人才培养平台。中心目前拥有专职研究人员17名，兼职研究人员15名。

【科研项目建设】 2013年，中心获得国家社科基金项目“海上非传统安全犯罪的刑事规制对策研究”（项目编号13BFX061）和“南海岛礁在海域争端中的划界作用研究”（项目编号13BFX162）；获得教育部课题“司法信息公开的理论探讨与制度构建”(项目编号13YJA820024)、“南海可利用无居民海岛资源开发法律问题研究”（项目编号13YJA820043）和“国家管辖海域刑事管辖权研究”（项目编号13YJA820045）；获得司法部课题“国家海上民事管辖权研究”（项目编号13SFB2026）和“涉外侵权中我国南海渔民捕捞权保护制度研究”(项目编号13SFB2030)。

【学术交流】 中心与国家及省内相关部门（国家海洋局、中国法学会、中国南海研究院、海南省海洋与渔业厅、公安厅、安全厅等）、国内外高等院校、科研机构保持密切合作关系，注重理论与实践结合，打造“开放式”科研模式，追求学术整合效益。2013年，中心“南海法律论坛”邀请上海社科院海洋法研究中心主任金永明研究员、香港亚太研究中心主任郑海麟教授、解放军国际关系学院首席教授顾永兴等知名海洋法学者举办了系列海洋法讲座；9月，召开了“南海区域合作论坛”，对南海渔业合作、南海渔业资源养护、南海渔业执法以及南海渔业纠纷解决等问题进行了研讨；12月，召开了“南海法律高端论坛”，论坛的议题为“南海问题的历史与事实”、“南海问题的发展趋势”、“南海问题的解决方法”。中心已经成功打造以“南海法律论坛”、“南海区域合作论坛”和“南海法律高端论坛”为主的学术交流品牌，日益受到国内外海洋法学界的关注。

【社会服务】 中心研究人员主持、参与了海南省多项地方性海洋法规（如《海南省渔业管理条例》、《海南省海洋生态损害赔偿与补偿管理办法》）的制定及修订工作，中心受国家海洋局委托承担了《海洋基本法》立法的前期研究工作。2013年向海南省委、省政府提交多份研究报告，其中《构建海上丝绸之路的战略问题研究》受到中央决策部门高度肯定。

海南国际旅游岛发展研究院

【概况】 海南国际旅游岛发展研究院（以下简称“研究院”）自成立以来，围绕国际旅游岛建设的发展动向，以“面向需求、服务地方、前沿创新、注重实效”为宗旨，积极承担多项省、市政府资助的科研项目，并开展高层次人才培训工作，为实践建设国际旅游岛的国家战略、促进海南省的快速发展提供智力支撑、政策咨询、人才培养等服务。

【重大事项】 1.启动《海南国际旅游岛发展报告》项目。《海南国际旅游岛发展报告》是根据“高等学校哲学社会科学繁荣计划”设立的教育部哲学社会科学发展报告项目之一，该项目已获得教育部审批，将纳入“绿色智慧岛协同创新中心”计划中，形成系统分析和记录国际旅游岛建设的科学性、专业性报告。该报告将长期出版，每年一期。

2.着手培育“海南绿色智慧岛协同创新中心”。2013 年，协同创新中心在获得海南省政府批准成立后推动实质性平台建设，组织南开大学周恩来政府管理学院专家开展“三亚市社区流动人口专项调研及对策建议”的咨询报告，以供三亚市政府决策咨询参考。

【课题研究】 1.完成海南省委组织部人才办向社会公开招标的两项课题《党管人才科学化问题研究》及《海南省农村实用人才评价标准及培养开发问题研究》。其中，《党管人才科学化问题研究》系重点课题，项目已完成结项，受到省委组织部的好评。

2.4 月，研究院组织南开大学经济与社会发展研究院专家亲赴海南调研，完成了《三沙市发展战略的若干建议》，课题建议受到三沙市高度重视；7 月 21 日，三沙市建市一周年的座谈会上，研究院理事、南开大学刘秉镰教授做主题发言。

3.6 月，承接海口市政协重点调研课题《海口市智能公共交通发展战略研究》，研究中走访海口市相关部门 8 家，到深圳、厦门、常州、济南等城市调研；10 月，完成研究工作并顺利结项，得到海口市政协高度认可、表扬，并获得 2013 年海南省政协调研课题二等奖。

4.7 月，承接《海口市“十二五”工业发展规划中期评估》课题，该课题是在研究院 2010 年完成的《海口市“十二五”工业规划》课题基础上，通过分析海口市近三年的工业建设工作的实际，对当初制定的工业规划进行系统分析并提出调整建议，为海口市工业进一步发展提供智力支撑。

5.“西沙群岛周边海域渔业碳汇潜力及碳汇渔业可持续发展研究”（批准号：713184）获 2013 年度海南省自然科学基金立项资助。

6.“教育财政绩效预算研究”（批准号：HNSK（GJ13-174））获 2013 年度海南省社会科学基金立项资助。

【培训工作】 1.11 月，研究院与南开大学 EDP 中心共同承办了“海南高校领导干部培训班”，共有 11 场主题讲座，邀请了南开大学校长龚克、中国农业大学原党委书记瞿振元、中山大学原党委书记李延保、南开大学原校长侯自新等为学员授课；还有赴天津科技大学、天津职业技术师范大学的参观考察，开展关于探索高校内涵式发展路径、提高高校领导办学治校能力等问题的探讨。

2.9 月 4 日至 9 月 11 日、10 月 11 日至 10 月 18 日举办了“海南省建设集团有限公司 2013 年中层干部综合素质提升研修班”。海建集团 32 名领导干部参加了该研修班，此次研修班精心设计了中层领导力提升、人力资源管理、项目管理实务、企业战略转型、管理创新等课程，安排了开班仪式、案例讨论、模拟沙盘、参观考察和结业仪式等活动，得到了学员的好评。是积极贯彻落实省委省政府加快国企改革的具体行动，对落实省国资委系统开展“优秀企业家培养工程”和“未来商业精英培养工程”起到了示范作用。人民网海南视窗对此进行了专题报道。

海南低碳经济政策与产业技术研究院

【概况】 海南低碳经济政策与产业技术研究院（以下简称“低碳院”），截至2013年底，有聘用人员6人，兼职人员50人。承担着由国家发改委、省发改委和省科技厅等资助的多项科研项目。本年度，低碳院接待国内外相关机构来访约20批次，与夏威夷大学、海南天能电力有限公司、海南省气候中心等机构建立了密切的合作关系。

【项目研究】 2013年7月和8月，通过了由低碳院承担的“海南省应对气候变化规划思路研究”（项目编号：1113035）和“海南省2005年省级温室气体清单编制”（项目编号：1113061）2个项目的中期评审；本年度，“新型网衣材料研制及其海洋防污性能研究”获海南省自然科学基金立项资助。

【服务地方】 2013年3月，低碳院相关专家根据《海南省重点用能单位“十二五”节能量目标的通知》要求，对节能目标进行数据换算，便于海南大学对节能目标的理解和落实，顺利完成节能任务。

本年度，低碳院协助海南省发改委完成多项工作：5月，协助编制完成《海南省低碳试点工作实施方案》；6月，协助组织“海南省节能宣传周和低碳日活动”；10月，协助组织筹备“海南省控制温室气体排放”培训研讨会，低碳院相关领导、专家出席会议，做了《优化能源结构，创建清洁能源岛》、《低碳市县试点与海南低碳发展》、《产业结构调整与海南发展》等方面的专题报告。

【交流与合作】 1．2013年3月，低碳院赴广州参加低碳宣传周活动，同时与广东省发改委交流并讨论了广东低碳发展经验和海南低碳发展现状等问题。

2．8月，傅国华副院长和低碳院骨干成员接待了德国霍恩海姆大学的Georg Cadisch教授、Langen博士、Thomas博士一行。双方就热带植物、动物和经济三大领域开展合作进行了深入交流。

3．10月，海南天能电力有限公司许湘成总经理一行来访，双方就合作成立海南天能低碳研究所及开展项目合作达成合作意向。

4．12月，低碳院承办由中国可再生能源协会组织的“中美岛屿能源合作和示范项目海南洽谈会”，低碳院领导、海南省发改委、省科技厅、省工信厅及中国兴业太阳能集团研究院、海南电网公司、海南英利集团等企业代表同美国夏威夷大学Terrence Surles教授一行就“独立岛屿能源研究和开展示范项目”进行了交流。

学报编辑

【概况】 海南大学学报包含《海南大学学报：人文社会科学版》（双月刊）、《海南大学学报：自然科学版》（季刊）和《热带生物学报》（季刊）3种国内外公开发行的学术期刊，主要刊登学校师生在教学科研中取得的成果，为海南省的社会经济建设、精神文明建设、科学发展和文化教育提供了一个较高端的学术交流平台。

【学报工作与业绩】 1.《海南大学学报：人文社会科学版》2013年出版发行了6期，共刊载论文120篇；继续推出：“启示与理性”“海南文化研究”“南海问题研究”和“中国改革发展研究”等高端学术专栏；在新一轮CSSCI排名中名次又上升了3位（全国文科学报类位列65）；2013年仅下发3期的海南省政府监督期刊质量指导性刊物《海南期刊阅评》，在两期的头版头条发表了高度评价《海南大学学报》（人科版）的评审意见。

2.《海南大学学报：自然科学版》2013年出版发行了4期，共刊载学术论文75篇；实现了主编的新老交替，引进新闻出版专业人员，建设和提升编辑队伍；起草编委会章程，确定《海南大学学报》（自然科学版）编委会专家成员；建立《海南大学学报》（自然科学版）审稿专家库，正式启用《海南大学学报》（自然科学版）的网络投稿、审稿平台。

3.《热带生物学报》2013年被评为“中国科技核心期刊”，出版发行了4期，共刊载论文69篇，内容包括热带农林科学、热带微生物科学、热带海洋生物科学、热带动物科学、热带医药科学、热带园艺科学、热带生物安全以及生物学实验技术等领域的最新研究进展和成果。本年度，编辑人员深入科研、教学、生产第一线，与科研、教学、管理人员密切接触，跟踪在研课题和重大基金课题，完成选题策划工作；加大约稿、组稿、宣传和推广力度，吸引高质量论文，来稿量比上年增加了50%；主动与国内相关学科专业的学科带头人、著名学者、专家联系，建立动态的审稿人数据库，不断增补资深专家，组建了一支高水平的审稿专家队伍；严格执行稿件编辑初审、专家复审、主编终审的“三审”制度，不断提高论文的学术水平和技术含量。

1月20日，与海南省遗传学会、海南省生化与分子遗传学会、琼台师范专科学校3家单位签署了合作办刊协议。3月，购置了先进的编辑办公和排版软件，实现了从选题、组稿、审稿、定稿、编辑加工到出版、发行的现代化、规范化、标准化，网上稿件投审编校一体化，提高了编辑、出版、发行的办公自动化水平和工作效率，实现了网上稿件投审编校一体化。

【编辑队伍建设】 海南大学学报编辑部是海南省期刊界编辑队伍建设中高级职称人员最多、专业结构较为合理的单位。2013年，海南大学学报编辑部有专职编辑人员13名，综合办公室主任1名，内部聘用人员1名，完成了自然科学版主编的新老交替。学报编辑部现有正高职称 5名，副高职称5名，中级职称5名。

党建与思想政治工作

纪检监察与审计工作

【概况】 2013年，学校纪检监察与审计工作紧密围绕创建全国百强高校的目标，扎实推进党风廉政建设和反腐败工作，创新廉政风险防控管理体系，为学校的科学发展提供有力保障。

【党风廉政责任制及作风建设工作】 召开党风廉政建设专项工作会议，落实党风廉政建设责任制,与54个单位和部门的党政主要领导签订《党风廉政建设责任书》；制定《海南大学中层领导班子及成员党风廉政建设民主测评暂行办法》，起草《海南大学党风廉政建设责任制实施细则》（修订），加强对各二级单位、部门中层领导班子的党风廉政建设工作考核。本年度，学校共研究反腐倡廉工作26项，党委主要领导部署重要工作18次，班子成员组织研究重要工作87次（人均8次）。

开展先进典型示范教育和岗位警示教育、任前廉政谈话、诫勉谈话等活动，促进干部廉洁从政；组织党员干部学习贯彻中央"八项规定"、《党政机关厉行节约反对浪费条例》和海南省"20条规定"等一系列反腐倡廉文件，并加强对执行情况的监督检查；开展"学党章、倡廉洁"党风廉政宣传教育系列，组织各单位部门开展学习遵守党章、参观廉政教育基地、廉政文化作品征集展示宣传、基层干部勤廉榜样推荐等活动。

【制度建设】 制定（修订）《中层领导班子及成员党风廉政建设民主测评暂行办法》、《党风廉政建设责任制实施细则（修订）》、《党政领导干部问责制实施细则》、《纪检监察信访举报管理暂行办法》、《基本建设工程项目联审会议暂行办法》等制度。

【廉政风险防控管理工作】 成立廉政风险防控管理试点工作领导小组，组织11个二级单位、部门先行探索开展廉政风险防控管理试点工作。着力抓好腐败现象易发多发的重点领域、重要岗位和关键环节的廉政风险防控工作，逐步构建廉政风险防控管理长效体系。

【监督工作】 一是建立健全领导班子科学民主决策制度。坚持党委领导下的校长负责制和民主集中制原则，完善分工负责体系和书记、校长沟通机制，规范"三重一大"事项等决策程序，严格执行党委常委会、校长办公会等领导班子议事规则和集体决策制度。二是认真落实党内监督和领导干部廉洁自律各项制度，共进行领导干部任前廉政谈话32人次，领导干部述职述廉198人次。三是全面加强对组织、人事、财务、基建、采购、招生等重要领域和关键环节的监督。加强对干部拟任人选遵纪守法情况的审查公示，本年度共审查、公示处级干部人选21名、科级干部人选66名；全程监督教师公开招聘的各个环节；强化财务预算管理，从严控制经费开支，深入新生报到现场检查收费情况；加强对工程项目、物资采购招投标前期准备、招标过程、竣工验收等环节的监督，本年度共监督核查81项工程招标项目（涉及金额5004.82万元）、50项物资采购项目（涉及金额10230.97万元）；加强对艺术类招生、高水平运动员专项测试、研究生招生及英语四、六级等考试工作的监督。

【审计工作】 对两位正处级领导干部进行了离任经济责任审计，受审金额共计4347.46万元。开展基本建设工程项目审计，完成研发楼等在建项目的全过程跟踪审计。对个别科研经费使用情况开展了专项审计调查工作。本年度，共完成校内送审项目187个，送审金额4716万余元，审减金额211万元；预算50万元以上的外送审计项目30个，送审金额5595万元。在内部控制审计方面，完成物资采购项目审计82个，涉审金额1531.63万余元,审减金额56.24万元；完成合同审查项目177个，备案项目139个。

【专项治理工作】　一是深入开展党的群众路线教育实践活动督导工作。成立5个督导小组，对各二级单位查摆“四风”问题、整改治理工作跟踪检查。二是继续深入开展以整治“庸懒散贪”问题为主线的校风建设专项工作，制定《师德师风规范若干规定》，探索建立长效机制。三是认真开展治理教育乱收费、规范教育收费工作，对2013年春季、秋季学期教育收费工作进行专项检查。四是认真开展会员卡专项清退活动。对学校全体在职干部职工收受的会员卡进行全面清退，清退面达100%。

【查处违纪违法行为】　本年度，共收到并处理群众来信来访22件，给予党内警告处分2人，诫勉谈话1人，对个别举报不实的情况也给予了澄清。

组 织 工 作

【概况】　2013年，组织工作紧密围绕学校的中心工作，深入开展党的群众路线教育实践活动，重点加强基层组织建设和中层领导干部队伍建设，不断提升党建工作科学化水平，为建设有特色、高水平“211 工程”大学提供坚强的组织保证。

【党建工作】　1.党的群众路线教育实践活动。7月以来，学校深入开展党的群众路线教育实践活动，组织部按照校党委统一部署和活动领导小组办公室的要求，认真做好组织协调工作。在活动准备阶段，主持制定《海南大学深入开展党的群众路线教育实践活动实施方案》和《海南大学党的群众路线教育实践活动实施步骤和时间安排》；在学习教育、听取意见环节，协调做好党员校领导深入基层单位专题调研、征求意见工作；在查摆问题、开展批评环节，指导、协调全校29个二级单位开好民主生活会和专题组织生活会；在整改落实、建章立制环节，对全校70多项整改任务的进展、落实情况进行检查督办；在组织部网页开辟《学习与参考》专栏，选登教育实践活动相关文章50多篇，组织各基层党组织和广大党员学习

2.党员发展、教育管理工作。6月，举行发展党员和党员管理工作座谈会，贯彻落实中共中央办公厅《关于加强新形势下发展党员和党员管理工作的意见》。9月，组织全校各基层党组织学习贯彻中组部等部委联合下发的《关于进一步加强高校学生党员发展和教育管理服务的若干意见》，按照中央“控制总量、提高质量、优化结构、发挥作用”的总体要求，认真做好全校党员发展和教育管理服务工作。截至12月30日，学校有二级单位党委21个、党总支6个、直属党支部2个，党支部271个。全校党员共8218名，其中教职工党员1355名，占教职工总数的55.4%，离退休党员288名；学生党员6575名，占学生总数的17.7%；发展新党员2141名，其中发展教职工党员22名，发展学生党员2119名。

3.2012年底实存党费214148.77元，2013年全年收缴党费及利息收入204473.37元，使用52962.30元，上交119605.76元，累计结存246054.08元。

【干部工作】　1.处级干部队伍建设。本年度提拔任用处级干部21名（正处级5名，副处级16名），其中，提任基层单位处级领导干部13人；

处级干部平级交流轮岗共计 13 人次（正处级 3 人次，副处级 10 人次）；调离、退休、免职等 6 人。

2.拓宽干部选任渠道和选拔方式。本年度，通过校内竞争性选拔方式提任 5 名二级单位党委副书记。面向校内外公开选聘 3 个学院院长职位，吸引了 2 名国家千人计划特聘教授、2 名 C 类人才、14 名成果达到 D 类人才等高层次人才报名参加。

3.后备干部队伍建设。本年度，第一批后备干部实岗锻炼培养取得良好效果，有 5 名新提任的处级领导干部为第一批后备干部，其他多数同志成为教学科研岗位上的学术骨干。继续开展第二批中层后备干部推荐工作，共推选出 24 名后备干部，分别安排在学院、机关处室及三沙市等地方领导岗位挂职。

4.干部考核管理。完成处级领导班子和处级干部本学年度考核；开展处级干部试用期满考核，根据考核结果，试用期满的 16 名处级干部均按期转正；执行和落实领导干部个人事项报告、档案信息管理、出国境管理等相关工作。

截至 12 月 31 日，全校处级领导干部共 212 人（不包括 4 名副处级辅导员）。机关部门 68 人，其中正处级干部 30 人（含儋州校区管委会）；教学教辅单位 144 人，正处级干部 49 人（含毕业生就业指导中心、图书馆、学报编辑部、网教中心、档案馆、后勤集团、校医院等单位）。处级领导干部平均年龄 48 岁，35 岁以下的 8 人，35-39 岁的 14 人，40-44 岁的 44 人，45-49 岁的 48 人，50-54 岁的 63 人，55 岁及以上的 35 人。

【党校工作】 1.干部培训。(1) 制定了《海南大学干部教育培训计划（2013-2017 年）》，积极构建理论教育、知识教育、党性教育和实践锻炼“四位一体”的干部教育培训体系。(2) 共举办学习宣传贯彻党的十八大精神宣讲 36 场，受众 17290 余人次。(3) 举办中层干部上岗培训、党务干部培训、辅导员培训等专题培训 11 场，参训 2120 余人次。选派 2 名专业干部到市县乡（镇）挂副乡（镇）长职务；选派 1 名团干部到县级团委挂任副书记；选派 3 名中层后备干部到三沙市挂职锻炼；选派 2 名处级干部到地方市县挂职；选派 8 名管理干部赴天津大学挂职锻炼，挂职期半年；选派管理干部 18 人（次）（中共党员 13 人次，党外 5 人次）参加教育部、国家教育行政学院、井冈山干部学院、省委党校等单位组织的研修班学习；3 月，学校中青年干部大学国际化与办学特色新加坡培训班获国家外专局批准立项，首批 17 人于 8 月份赴新加坡南洋理工大学进行为期 21 天的培训。

2.党课培训。学校党校统筹规划，加强过程管理，加强教学质量监控，做好对分党校教学、培训的检查、指导和协调工作。加强分党校规范化建设，不断提升党校工作规范化水平。本年度，19 个分党校共培训学员 3642 人。

宣 传 工 作

【概况】 2013 年，学校宣传思想工作以中国特色社会主义理论为指导，以加快推进有特色、高水平“211 工程”大学和全国百强高校建设、服务海南国际旅游岛建设和绿色崛起战略为目标，紧紧围绕学校推进内涵式发展的部署和思路，在理论武装和职工思想政治教育、对内对外宣传、校园文化建设、宣传载体和阵地建设等方面开展了一系列富有成效的工作。

【理论学习与思想教育】 坚持学校党委和二级单位党委（党总支）中心组的理论学习制度。本年度，校党委中心组开展集中学习和专题研讨 13 次，各级党委中心组全年开展集中学习和专题研讨累计 130 余次。宣传部为校院两级党委中心组提供党的群众路线教育实践活动等各类学习辅导资料 20000 余册（份）。

开展“我的中国梦”主题系列宣传教育活动。

一是利用橱窗对“中国梦”的精神内涵做了8个版面的宣传；二是开展了“我的中国梦”主题征文活动，共征集到作品1800多篇，最终评出一等奖1名，二等奖6名，三等奖10名，优秀奖15名，优秀组织奖3个；三是组织开展“我的中国梦”主题宣讲活动。邀请专家学者解读“中国梦”的历史底蕴和时代内涵，教育和引导师生全面准确地理解党的路线方针政策，增强中国特色社会主义道路自信、理论自信和制度自信；四是承办了海南省“平凡的力量——中国梦·我的梦”基层巡回宣讲报告会。演讲者中有“中国青年五四奖章”集体获得者，有“全国道德模范提名奖”获得者，也有“感动海南十大新闻人物”等。

组织《形势与政策》课教育教学。制定《形势与政策》课程教育教学大纲和方案；编印每学期的《形势与政策》教育教学要点；组织每学期《形势与政策》授课教师的辅导培训班；将教学任务和课时经费下达到各学院，确保各项任务落到实处。

【党的群众路线教育实践活动】 根据中央和省委的部署要求，学校采取了一系列措施推动党的群众路线教育实践活动的学习宣传贯彻工作。

1.6月下旬和7月上旬，校党委班子先后召开3次专题会议，认真学习传达中央和省委关于深入开展教育实践活动的重要精神，就学校开展教育实践活动进行了研究部署。精心制订教育实践活动实施方案，成立了教育实践活动领导小组和教育实践活动工作办公室。

2.7月10日，召开教育实践活动动员大会。全校各二级单位党委、党总支、直属党支部也研究制定本单位活动实施方案，召开动员大会，成立相应的工作机构。

3.开展群众路线教育实践活动党委中心组学习会。校党委和各二级单位党委理论中心组集中学习时间超过3天，各党支部组织党员集中学习均不少于20个学时。学习内容既有必读篇目也有选读篇目；学习效果既看撰写的学习心得体会，更看重表现在本职工作中的实绩。

4.学校开设了海南大学党的群众路线教育实践活动专题网页，设置了“上级精神”“文件通知”“活动快讯”“基层信息”“文献资料”“工作简报”和“它山之石”等七个栏目，上传新闻报道和各类资料144条。

5.编印海南大学党的群众路线教育实践活动工作简报。共编印了23期，全方位报道了学校和各二级单位（部门）开展群众路线教育实践活动的进展和成果。

6.结合教育实践活动举办了13场次的专题学习培训活动，邀请了上海发展研究基金会副会长乔依德，新加坡社会发展、青年及体育部前政务部长符喜泉博士，国家行政学院许耀桐教授，中山大学前校长黄达人教授，中央党校宋福范教授等为全校中层干部做了10场次的专题报告。

7.出版党的群众路线教育实践活动专刊、校报以及通过广播、橱窗、横幅、电子显示屏等，宣传群众路线教育实践活动的开展情况、专项治理和制度建设成果。

【校园文化建设】 制定了《海南大学校园文化建设规划》（2014-2018年），并通过学校党委会审议。对学校的校训“海纳百川、大道致远”和校风“自强敬业、厚德弘毅”做了重新释义。

参与组织、协调、宣传首届校园主持人大赛、杰出校友访谈交流会、学校运动会、校园十大歌手比赛、各学院迎新晚会、元旦游园、新年晚会等活动。

【对外宣传】 紧密围绕学校在学科建设、教育教学、人才培养、科学研究、校园文化、社会服务、对外交流等方面的各项重大事件、重大活动，积极开展媒体公关，加大对外宣传力度。先后与新华社、人民日报（网）、光明日报、中央电视台、中国教育报、中国新闻社（网）、海南日报、海南电视台等建立良好的合作关系，并与新华网、人民网、南海网签订了合作协议。国内主流媒体对学校的报道与去年相比明显增加，报道形式更加多样，报道效果更加突出。

据不完全统计，全年采写各类新闻和专题稿件220余篇，平均每个工作日1篇以上，其中海南日报曾9次专题报道学校在各项教育事业中取得的突出成果。转载的各类新闻稿件超过400篇，大幅度提升了学校的社会声誉和影响力。

【基础建设与管理】 重点加强了四个方面的重点建设，一是与国资处合作完成校园电子显示屏建设。二是完成校园网改版工作。推出全新的校园网主页和校内信息门户网，并新建海南大学新闻网，搭建校园网络集群管理平台。三是完成学校视觉形象识别系统（VIS）设计和校园示意图建设。四是起草并印发了《海南大学新闻宣传工作管理办法》、《海南大学党委两级中心组学习制度》，起草并由校党委常委会审议通过了《海南大学校训和校风释义》、《海南大学校园文化建设五年规划》、《海南大学哲学社会科学课堂教学与课外学术活动管理办法》。五是更新了大学生广播台所需的麦克风等基本设备，同时在学校办公楼安装了一套新的广播系统。

在宣传队伍建设方面，重点加强了宣传部机关工作人员团队、通信员队伍、学生记者团队伍、广播台播音员队伍、校报编辑队伍和新闻媒体记者队伍的建设，选拔了一批优秀记者和播音员。

制定并严格按照《海南大学新闻宣传工作管理办法》，加强网络信息管理，做好全校新闻宣传工作和信息保密工作。

【海南大学报】 2013年，《海南大学报》编辑部按照我国新闻出版的有关规定，出版了16期报纸（总277-292期），每期印刷9000份，发行对象主要为本校广大师生，每一期都会将师生关注的热点和学校的大事要事策划一个专题。《海南大学报》为半月刊，4开4版。一版以报道学校的大事要事为主，全年刊载文稿68篇、图片58幅；二版以综合新闻为主，刊载文稿104篇、图片48幅；三版以校园精神文明建设、教学科研工作、学校先进人物事迹的宣传报道为主，刊载文稿70篇、图片53幅；四版为文艺版，刊载随笔、诗歌、影评等文稿44篇、图片45幅。

【学生宣传窗口】 大学生广播台和学生记者团是两支以学生为主要成员的校内宣传团体，他们充分发挥大学生观察敏锐、思维活跃、反应灵敏、善于传播正能量的优势，为学校的各项活动提供宣传服务。

5月12日,大学生广播站举办了“千声万籁，你我同行”校园主持人大赛暨台徽征集颁奖晚会，晚会上大学生广播站正式更名为大学生广播台，并确立了台徽。12月8日,与校艺术团合作，成功举办了首届“海南大学校园主持人大赛”。同时，派出优秀的主持人参加各学院的迎新晚会、元旦晚会、辩论赛、演讲比赛等活动。

学生记者团建立了“三言两语”“新闻零距离”等调查评论栏目，对学生关心的军训、留学生与交换生、毕业生、“十佳教师”评选等专题进行宣传报道；利用新浪微博、微信等网络平台，与学生开展即时互动；开展在线投稿活动，收到近500篇投稿，评选出获得“金笔美文”奖者10名。

4月21日，大学生广播台与海南大学记者团合作组织了“海南大学与海南师范大学校媒交流会”。11月7日至11月9日的校运会期间，海南大学记者团与大学生广播台等校内团体组成宣传小组，负责校运动会的播音主持，全面及时报道各项赛事，完成各类稿件100篇，摄影作品9267幅，并举办了校运动会宣传媒体表彰会。

统 战 工 作

【概况】 2013年，统战工作围绕学校中心任务，充分发挥统一战线特有的优势和作用，通过组织各民主党派开展政治学习，支持和帮助民主党派加强自身建设和党外干部队伍建设，积极开展参政议政、服务社会活动的宣传、调研等工作，维护学校和谐稳定，为学校 “211工程”建设和国际旅游岛建设做出贡献。

【政治学习】 按照校党委的统一部署，统战部积极组织校内各民主党派基层组织通过举行座谈会、辅导报告会等多种形式，认真学习和领会党的十八大精神；分别给各民主党派赠阅《十八大报告辅导读本》、《中国统一战线》等有关报刊、资料；组织党外知识分子学习党的基本路线、方针和政策；10月26日至27日，组织驻校省政协委员、民主党派负责人和无党派代表人士到文昌市宋庆龄故居、张云逸纪念馆等革命传统教育基地参观学习。

【帮助民主党派加强自身建设】 统战部配合各民主党派省委会和学校党委，着力抓好换届后的各民主党派基层组织的思想建设，支持他们开展丰富多彩的活动；先后选派宋静敏（校民革主委）、邓世明（校农工党主委）参加“2013年海南省党外干部培训班”，马荣江（校致公党副主委）参加致公党中央第八期参政议政干部培训班学习；6月14日，统战部召开校内各民主党派基层组织主要负责人和负责日常工作的副主委座谈会，倾听他们对民主党派工作的建议和意见。

【做好党外人士参政议政、服务社会的协调工作】 协助学校省政协委员在政协海南省第六届一次会议期间以个人提案、大会发言、党派提案执笔人的形式提交和参与的提案共有12宗。李仁君等委员还做了大会发言。

支持民建向贫困地区捐赠电脑。为了实现贫困地区孩子“摸一摸电脑”的愿望，由民建海南大学支部牵头，在校统战部、国资处、民建省委会及信息学院的大力支持下， 5月9日，向五指山市三所农村小学正式捐赠130台电脑和4台交换机；10月23日至24日,向临高、儋州、昌江等贫困地区学校捐赠80台电脑。

【党外干部队伍建设】 本年度，配合省委统战部，选派党外人士代表共三批五人次参加中央或省社会主义学院的培训学习；配合校组织部做好处级干部及中层后备干部的选拔工作，推荐7位党外人士担任处级干部（其中两位为正处级），8名党外人士作为中层后备干部。

【民族宗教工作】 不定期到学生食堂清真餐厅调研，深入了解餐厅经营情况，提出改进工作的意见和建议；配合海口市民宗局，在学校举办以“共同团结奋斗，共同繁荣发展”为主题的演讲比赛。

【宣传、调研及干部培训工作】 积极开展宣传工作，在统战部主页设立 “光荣榜”栏目，发布党外代表人士获得省级及省级以上的奖励与成果；9月，按照省委统战部的部署，认真做好《国际旅游岛建设中的统一战线》书画册图片搜集工作，共选送党外代表人士在国际旅游岛建设中的典型事迹图片及说明五篇。

积极配合省委统战部做好调研工作。参与省委统战部开展的“全省统一战线基层调研年”活动，先后赴澄迈县金江镇、东方市等开展调研工作； 6月26日上午，配合省委统战部副部长符宣国、省教育工委专职副书记麦浪一行到学校进行党外人士发挥作用情况调研。

做好干部培训工作。5月21日至22日，罗荫渠科长参加了省委统战部“全省统战宣传信息员培训班”；6月1日至3日，林少敏副部长参加了教育部思想政治工作司在中央社会主义学院举办的“全国高校统战部长培训研讨班”学习；10月28至31日，蔡鹤龄部长参加省委统战部在北京大学举办的“海南省民族宗教事务干部领导力提升高级研修班”。

工会、共青团工作

【工会工作概况】 2013年，校工会紧紧围绕学校中心工作和重点任务，及时增补基层组织班子成员，组织学习工会法及新时期工作经验，积极配合学校做好节能减排与校风建设专项工作，为学校从稳定过渡期全面转向内涵提升期的和谐发展做贡献。

【工会工作】 推荐“全国师德标兵”候选人；参加省教育工会组织的全省教育系统“中国梦、教育梦、我的梦”主题论文征集评选活动，荣获优秀组织奖；组织推荐海南省妇联开展的“三八红旗手”“三八红旗手标兵”和“三八红旗集体”活动，艺术学院音乐系获“省三八红旗集体”称号。

重视维护教职工合法权益，专人负责登记教职工维权申请、投诉和处理，及时反馈处理意见。2013年，受理并解决了桥西12栋业主蔡某某有关工程噪音影响正常生活与休息，而物业不作为的投诉。

【教代会工作】 3月31日，召开第一届教职工代表大会第六次全体会议。会议听取了李建保校长的工作报告，审议了2012年学校收支决算及2013年经费预算报告；书面审议了教代会五次全体会议的意见、建议处理情况；2012年工会经费审查报告和《海南大学教职工代表大会实施细则（审议稿）》。

【文体活动】 开展全校教职工排球、乒乓球、羽毛球赛和三八节女教职工游园竞赛等文体活动，有1400多人参加。组织海南大学教职工篮球队参加省教育工会举办的全省教育系统篮球比赛，女队荣获第一名，男队荣获第三名。

【共青团工作概况】 海南大学是共青团中央基层组织建设和基层工作试点单位。海南大学共青团是海南大学先进青年的群众组织，担负着团结和教育海南大学广大团员青年，执行党的青年工作方针，创造性地开展工作的职能。截至12月31日，全校有团员33198名，占全校全日制在校学生的89.24%，基层团委21个、团支部878个，学生社团148个。团委机关有专职干部8名，基层团委均配备专职团干，全校专职团干部27人，兼职团干部1765人。共青团海南大学委员会设综合科、组织科、思想宣传教育科，挂靠单位有大学生艺术团、大学生创新院，负责指导学生会、学生社团联合会、研究生会、青年志愿者协会。

【团委建设】 本年度，校团委遵循党建带团建工作机制，不断开创“党建带团建”工作的新局面；建立健全各级共青团组织机构，形成“校团委—学院团委（机关团委、后勤集团团委）—年级（系）团总支—班级团支部”和“校团委—校区团工委—机关团委、后勤集团团委”的建团模式；制定《海南大学基层团委工作考核评比办法》（海大团〔2013〕2号），量化考核指标，促进共青团工作的规范化和制度化。

行 政 管 理

人 事 工 作

【概况】 2013 年，人事处以《海南大学“十二五”发展规划》和《海南大学人才发展中长期规划（2011-2020）》为指导，以“人才强校战略”为工作重心，加强师资队伍建设，制定了《海南大学附属幼儿园编制使用方案和考核入编方案》和《应用科技学院（城西）校区人员安置方案》，完成了全校人员编制核定和绩效工资核发、社保的缴纳与调整、教师资格证考评、计划生育等工作。

【建立健全人事制度】 制定了《人才培养专项资金规划（2012-2015 年）》；修订了《海南大学高层次人才引进暂行规定》、《海南大学高层次人才引进暂行规定实施细则》、《海南大学高层次人才引进工作实施办法》、《海南大学绩效工资二次分配指导性意见》、《海南大学空编补贴管理办法（试行）》以及《海南大学非编聘用人员管理办法（讨论稿）》等文件。

【加大人才引进力度】 2013 年，人才引进在数量和质量上比往年有所提高，其中博士 58 人。高层次人才的引进数量有所增加，其中 C 类高层次人才 1 人，D 类高层次人才 8 人；国家级高端人才引进取得较大进展，来校面议的“千人计划”“长江学者”等高端人才已达到 6 人；柔性引进高端人才取得突破，聘请“长江学者”特聘教授张立群博士为学校校客座教授，建立海南大学首个院士工作站——侯保荣院士海南工作站。

通过公开招聘方式选录的 8 名专职辅导员，1 名心理学专业教师，已正式报到上岗。配合组织部面向海内外公开选聘信息科学技术学院、食品学院、人文传播学院等 3 个学院院长。

【专业技术职称评定与聘任工作】 1.制定了《海南大学关于 2013 年度教师系列专业技术资格评审实施办法》和《海南大学高校教师专业技术资格条件（暂行）》。

2.开展职称评审和认定工作，受理校内评审材料 132 份，其中中初级 53 份，高级 79 份；受理送评材料 21 份；受理职称认定和流动确认材料 31 份。

3.向省主管部门成功申请到按编制数设岗指标，组织有资格者进行岗位申报，同时开展制订专业技术职务聘任方案的工作。

【职工培训工作】 本年度，共选派教师攻读学位、进修学习、挂职锻炼、短期培训等 300 多人次。其中，出国进修学习 28 人，在职做博士后 10 人、在职攻读博士学位 23 人、国内访问学者 14 人、教育部精品课程进修 40 人。继续开展中青年骨干教师英语强化培训班以及新进人员入职培训班和岗前培训等专项培训工作。对口支援方面，共计选派 8 名干部和 23 名教师到天津大学学习锻炼。完成日元贷款项目，项目实施以来，共选派 106 名教师和 26 名干部赴日本研修，超额完成了原定目标。

本年度，根据《中西部高校提升综合实力海南大学师资培训建设规划》制订了《海南大学 2014-2016 年教职工培训实施方案》。

【专家队伍建设】 本年度，材化学院姜宏教授被列为中国工程院 2013 年院士增选有效候选人；海洋学院罗素兰教授作为 2012 年度“长江学者奖励计划”申报候选人报送教育部；全职聘用的外籍专家汪峻峰博士入选“千人计划”国家特聘专家。

推荐国务院特贴专家 9 人（获批 6 人），省优专家 26 人（获批 3 人）；推荐海南省第二轮“515 人才工程”第一、二层次人才 101 人，其中第一层次 38 人，第二层次 63 人；推荐“全国教书育人楷模”候选人 1 人；推荐 2013 年度海南省优秀中青年骨干教师 3 人（获批 2 人）；推荐 3 人获得“宝钢优秀教师奖”。

国际合作与交流及侨务、侨联、港澳台工作

【概况】 2013 年，学校国际合作交流与侨务、侨联、港澳台、基金会等工作稳步发展，圆满完成了境外友好院校和机构签署协议、聘请外国文教专家、选派学生赴境外学习、邀请海外专家学者及知名人士来校做学术报告、募集教育基金、开展援外培训班和国际学术研讨会等工作，为开放活校做出新贡献。

【签署协议】 本年度，与美国亚利桑那州立大学、美国亚利桑那大学、韩国建国大学、英国巴斯斯巴大学、英国爱丁堡龙比亚大学、国际水稻研究所、SAF 海外学习基金会和欧中农业交流基金会等 8 所境外友好合作院校和机构签约；与英国纽卡斯尔大学、美国密苏里州立大学、俄罗斯阿斯特拉罕大学、新加坡南洋理工大学、马来西亚马来亚大学和马来西亚南方大学学院等 6 所国外友好院校续签校际友好合作协议和学生交换项目协议。

【聘请外国文教专家】 聘请来自美国、日本、新西兰、德国、俄罗斯等 8 个国家的长期外国文教专家 24 人次，分别在外国语、旅游、人文传播、土木建工、应用科技学院（城西、儋州）等 6 个学院教授英语、日语、俄语、诗歌、材料科学等语言和专业课程。

【学生赴境外学习、实习和高技能培训】 共选派 309 名学生前往 11 个国家和港澳台地区的 38 所院校交流学习以及 4 个国家的 10 多个单位实习和高技能培训，其中 144 名学生赴海外高校学习，90 名学生赴海外实习和高技能培训，75 名学生赴海外友好院校参加假期研修班。

编辑出版《游学》系列丛书第一辑，该书汇集历届交换生留学心得，为拟出国（境）学习学生提供专业性指导；编印《海南大学 2014 年学生海外交流项目指南》；举办“学生海外交流项目宣传月”，通过学生海外交流项目推介会、海外实习项目分享会、假期海外研修班主题分享会、交换生访谈沙龙等系列活动，让广大学生全面了解学生海外交流项目的情况；开设外事侨务处官方微博、公众微信平台，及时发布海外交流的最新信息。

【教师因公出国出境】 派出教职工因公出访团组 67 个，123 人次。其中因公长期出访团组 28 个，28 人次，派出渠道包括国家留学基金委出国留学地方合作项目、青年骨干教师项目和日元贷款赴日研修项目等；因公短期出访团组 39 个，95 人次。

推荐录取国家留学基金委国家公派出国留学项目 3 人，地方合作出国项目 3 人，青年骨干教师出国项目 3 人，国家公派汉语教师 1 人。

【外宾来访】 接待来自美国、加拿大、英国、俄罗斯、日本、新加坡、马来西亚等国家和港澳台地区的来宾 69 批 274 人次，邀请海外专家学者及知名人士来校做学术报告共 24 场。其中包括新加坡社会发展、青年及体育部前政务部长符喜泉，新加坡南洋理工大学荣誉校长徐冠林等知名人士和“2013 中国文化行海外华裔青少年冬令营”等重要团组。

【援外培训工作】 成功承办由商务部主办的“发展中国家橡胶种植、管护与加工技术援外培训班”、“发展中国家热带旅游与环境保护研修班”和“发展中国家岛屿经济研修班”等3期援外培训项目，培训了来自亚洲、非洲、美洲、大洋洲的30多个发展中国家和地区的57名官员和技术人员。

【侨务、侨联、港澳台工作】 本年度，校领导分别率团访问了新加坡海南会馆、马来西亚海南会馆联合会、泰国海南会馆、印尼海南同乡总会、澳门海南同乡总会等海外海南乡团；出席在印尼棉兰举办的第十三届世界海南乡团联谊大会，并在华文教育论坛上发表主旨演讲；拜访了海南大学第三届理事会海外理事及琼籍侨领。

学校承办了“2013中国文化行海外华裔青少年冬令营”，来自7个国家和地区的60多名海外华裔青少年参加了本次活动。

【学术研讨会】 举办由国际水稻研究所和海南大学农学院、环境与植物保护学院共同主办的稻田节肢动物多样性和生态系统服务国际研讨会，来自世界8个国家和地区、国内5个省（市）、中国热带农业科学院、海南省农业行政管理、科研单位和有关市县农业行政部门的专家学者及100 余名师生参加会议。旅游学院承办由中国跨文化交际学会、国际跨文化交际学会、美国中华传播研究学会主办的主题为“跨文化交际与和谐世界：挑战与机遇”的第十届中国跨文化交际国际学术研讨会，本届研讨会有将近180名中外专家学者出席，共收到论文摘要200多份。

外宾来访活动情况统计表

单位：人次

来访国家或地区	参加会议	考察访问	合作交流
美国	0	23	42
加拿大	0	4	0
英国	0	2	12
法国	0	1	0
德国	0	2	0
泰国	0	88	0
马来西亚	0	21	0
新加坡	0	18	0
印度尼西亚	0	6	0
文莱	0	6	0
日本	0	3	0
韩国	0	0	1
俄罗斯	0	14	0
乌克兰	0	6	0
匈牙利	0	1	0
爱尔兰	0	4	0
澳大利亚	0	8	2
新西兰	0	1	0
台湾	0	2	0

来访国家或地区	参加会议	考察访问	合作交流
香港	0	7	0
小　计	0	217	57
合　计	274		

教师因公出国出境统计表

单位：人次

出访国家或地区	参加会议	培训进修	合作交流
新加坡	0	18	7
马来西亚	0	0	6
泰国	1	0	6
德国	7	5	0
英国	1	2	3
日本	3	11	2
美国	2	11	10
瑞士	0	0	5
加拿大	1	2	0
新西兰	0	0	1
挪威	0	0	2
匈牙利	0	0	1
捷克	0	0	1
俄罗斯	0	2	1
印度尼西亚	2	0	0
越南	0	0	3
法国	0	1	0
澳大利亚	0	1	0
香港	5	0	0
澳门	1	0	5
台湾	3	0	7
小　计	26	53	60
合　计	139		

对外学术交流活动一览表

序号	时间	国家/地区	来访专家及单位	来访内容
1	2013.04.18	英国	英国埃塞克斯大学商学院 Andrew Wood 教授	题目：在股票市场安排投资资金——中国农业银行的一个案例分析
2	2013.04.18	英国	英国埃塞克斯大学计算金融专家 Wing Lon 博士	题目：光速操盘-高频交易入门及最新科研成果

序号	时间	国家/地区	来访专家及单位	来访内容
3	2013.3.20	美国	美国陶森大学计算机系（Towson University）吕超博士/教授	题目：Trends in IT, Developing Research on Network Security & IT Programs at Towson University
4	2013.5.25	俄罗斯	俄罗斯科学院生物有机化学研究所配体-受体相互作用实验室主任，生物有机化学首席科学家 IGOR E. KASHEVEROV 博士	题目：CYS-LOOP RECEPTORS and their LIGANDS:EUROTOXINS,CONOTOXINS
5	2013.5.24	匈牙利	世界著名钢琴家、国际斯坦威钢琴艺术大师亚当•乔治（Adam Gyorgy）	题目：艺术学院音乐厅
6	2013.6.3	马来西亚	发展中国家畜牧业可持续发展大会（SAADC）国际咨询委员会主席、马来西亚普特拉大学（UPM）教授 Liang Juan Boo 博士	题目：Mitigating enteric methane production:some research approaches by Universiti Putra Malaysia
7	2013.6.3	马来西亚	普特拉大学热带农业研究所主任 Zulkifli Idrus 博士	题目：Heat Shock Proteins as Modifying Factors in Physiological Stress Response
8	2013.6.14	美国	美国犹他大学公共管理教育中心主任格林教授	题目：当代管理模式与公务员生涯的行政责任
9	2013.6.14	美国	美国犹他大学经济学博士项目主任、公共与国际事务学院副主任史蒂芬教授	题目：东盟国家经济发展状况及对海南的启示
10	2013.6.18	美国	美国堪萨斯大学（University of Kansas）张建波教授	题目：市场与政府
11	2013.6.18	美国	美国堪萨斯大学（University of Kansas）张建波教授	题目：讨价还价的多方博弈
12	2013.6.17	美国	美国俄克拉何马州立大学博士，美国纽约城市大学拉瓜地分院终身教授（TENURED），人文研究审核委员会主席冯锡武教授	题目：Pedagogical Expectation and Global Challenge in Educational Research
13	2013.6.24	美国	美国先正达公司生物技术首席科学家阙求登博士	题目：生物技术在玉米高产和抗逆新品种开发中的应用
14	2013.10.8	德国	德国萨尔大学马丁内克教授（Micheal Martinek）	题目：The Necessity of Comparative Law （比较法的必要性）
15	2013.10.9	德国	德国萨尔大学马丁内克教授（Micheal Martinek）	题目：The Principle of Abstraction In The Civil Law System（民法体系中的抽象原则）
16	2013.10.8	德国	德国海德堡大学法学院马德莲女士（Madeleine Martinek）	题目：Law Studies in Germany（在德国学习法律）
17	2013.10.15	美国	路易斯安那州立大学的助理教授，生物科学系的 PIMaheshi Dassanayake 博士	题目：Niche Adaptations of Plants: Insights from Genomics
18	2013.10.15	美国	Maheshi Dassanayake 博士实验室做博士后 Dong-Ha Oh 博士	题目：Evolution of Crucifer genomes: insights and questions from comparative studies
19	2013.11.8	新加坡	新加坡南洋理工大学荣誉校长徐冠林教授	题目：南洋理工大学的转型改革和治校理念
20	2013.11.14	日本	日本社会教育学会会长、国际个人史成人教育研究会会员,日本神户大学博士生导师末本诚 教授	题目：日本终身学习政策的现状与问题

序号	时间	国家/地区	来访专家及单位	来访内容
21	2013.11.27	美国	美国印第安纳大学传媒与文化系教授 Dr. Carolyn Calloway-Thomas	题目：Mass Media in the Context of Malticulturalism（多元文化领域里的大众传媒）
22	2013.12.8	新西兰	世界知名旅游研究学者，就职于新西兰怀卡托大学、世界三大旅游核心期刊之一《旅游管理》（SSCI 刊物）的主编 Chris Ryan 教授	题目：网络时代的学术期刊投稿与录用
23	2013.12.21	新加坡	新加坡南洋理工大学符之玮副教授	题目：科技创新创业
24	2013.12.21	新加坡	新加坡社会发展、青年及体育部前政务部长符喜泉博士	题目：建立世界一流大学

离退休人员工作

【概况】 截至 2013 年 12 月，全校共有在编离退休人员 1087 人，其中离休人员 13 人，退休人员 1074 人。2013 年退休 36 人，去世 22 人。

离退休党员的组织活动由离退休人员工作处党总支部负责。离退休人员工作处党总支部分 13 个支部，共有党员 290 名，其中，海甸校区 8 个支部 171 名、儋州校区 2 个支部 52 名、城西校区 3 个支部 67 名。

学校老年体育协会挂靠离退休人员工作处，至 2013 年底，共有会员 308 人。

【开展党的群众路线教育实践活动】 在深入开展党的群众路线教育实践活动中，通过自查自纠、召开民主生活会、广泛征求意见和深入基层调研等多种形式，收集广大老同志的意见和建议，及时了解管理和服务工作中存在的问题；坚持做到边总结、边整改、边提高，使思想认识、服务意识和工作效率得到了显著提升。

【落实离退休人员政治待遇】 按时组织离退休人员参加政治学习和有关会议。在党的群众路线教育实践活动中，第一时间将《论群众路线——重要论述摘编》和《厉行节约，反对浪费——重要论述摘编》等书籍发放到党员手中，并集中退休党员干部进行学习，使退休老同志、老党员紧跟形势，思想常新。

本年度，学校党政领导给离退休人员通报情况 3 次，离退休工作处（总支） 向离退休干部通报 9 次，召开各类人员座谈会 15 次。

【关心离退休人员生活待遇】 离退休人员的退休金按国家和保障局规定按时、足额发放，住房、医疗保健等方面都得到保证。本年度，共慰问了离退休人员 126 人，发放慰问金 16 万余元；定期看望生病住院老同志 75 人次；帮助生病老同志办理住院票据报销 110 人次；通过电话和短信平台亲情问候 800 余人次；协助处理 15 位去世职工后事。

【关心下一代工作】 2013 年 6 月，校关工委将价值 5000 元的幼儿图书、玩具作为节日礼物赠送给海大幼儿园的孩子们；同月，面向全校师生开展“心中的感动——记教育系统关心下一代优秀人物”征文活动，并选送二篇优秀征文参加教育部《关心下一代》杂志社的评审。

9 月，校关工委下拨 2000 元专款，资助学校离退休同志王荣编著《读书与做人》一书，作为学校青少年的参考读物。

10 月，为了搭建海南大学与兄弟院校和省教育工会青年教职工的交友平台，校关工委下拨 1

万元专款，和校工会联手组织学校百位青年教职工参加在文昌举办的“相约金秋，携手同行”联谊活动。

【文体活动】 重阳节期间，在海甸、儋州和城西校区分别举办了健步行活动，共有 1000 余名离退休老同志参加；11 月，在省直单位第七届老年人运动会上，海南大学老年人体协代表队先后夺得了健身秧歌比赛金奖、钓鱼比赛金奖、乒乓球女子团体比赛银奖、地掷球比赛银奖、门球比赛铜奖、乒乓球男子团体比赛优秀奖；同月，组织城西校区 200 多名老同志外出参观考察了临高角解放公园，缅怀了革命先烈的丰功伟绩。

计划财务工作

【概况】 2013 年，计划财务处进一步加强财务制度建设和监管、预算管理和执行的力度，积极筹措资金，合理安排资金，确保学校的正常运转和发展建设。本年度，学校总经费、财政拨款和各项经费收入继续保持快速增长，债务偿还工作进展顺利，在职在编人员人均岗位津贴与奖酬金比上年度有明显提高。

【财务收支情况】 本年度，学校收入继续保持稳定增长，全年收入合计达 114868 万元，同比增长 14.8%。其中：财政拨款 78690 万元；事业收入 24696 万元；科研课题和后勤服务等其他收入 11482 万元。

支出总计 106073 万元。按经费来源划分，其中：基本支出 56070 万元，占总支出的 52.9%；项目支出 49432 万元，占总支出的 46.6%；经营支出 571 万元，占总支出的 0.5%。按支出用途划分，其中：工资福利支出 36156 万元，占总支出的 34.1%；商品和服务支出 24635 万元，占总支出的 23.2%；对个人和家庭补助支出 10583 万元，占总支出的 10.0%；其他资本性支出 27042 万元（主要用于设备家具购置、房屋及基础设施建设与维修改造、贷款本金偿还、土地征用补偿款），占总支出的 25.5%；债务利息支出 4144 万元，占总支出的 3.9%；基本建设支出 2942 万元，占总支出 2.8%；经营支出 571 万元，占总支出的 0.5%。

【中央专项资金】 本年度，中央财政拨款总数为 30191 万元，包括中央生均拨款奖补资金 15725 万元，“中西部高校提升综合实力资金” 11000 万元，“中西部高等教育振兴计划”资金 1000 万元，学生奖励资助专项资金 2326 万元及其他中央有关部委下达的相关经费 140 万元。

【争取经费支持】 在省委省政府的大力支持下，学校多渠道申请、争取资金，收入继续保持快速增长，全年总收入规模突破 11 亿元，为学校教学科研条件的改善、人才队伍培养、团队建设与办学水平的提升和教职工待遇的持续提高提供了有力的经费支持。

【化解债务负担】 在省委省政府和省有关部门的积极努力和学校领导的积极争取下，本年度学校偿还固定资产贷款本金 2530 万元，偿还地方政府债券本金 800 万元。截至 2013 年 12 月 31 日，全校债务余额 5.87 亿元，其中固定资产贷款 4.17 亿元（含日元贷款 1.26 亿元），流动资金贷款 1.03 亿元，地方政府债券资金 0.67 亿元。

国有资产管理工作

【概况】 国有资产管理处负责学校国有资产的配置和管理工作。2013 年，完成了全校设备的政府采购、验收、配置以及实验设备的维护维修工作；完成了资产日常管理及处置工作；完成了房屋使用调配、条件配备等日常工作；基本完成了海甸校区农科基地的建设；加强了对资产公司的管理。

【固定资产】 截至 12 月 31 日，学校固定资产总额 247116.72 万元。其中:房屋构筑物 175498.8 万元，含已使用未转固定资产 127001.1 万元；仪器设备 55719.85 万元，含教学科研仪器设备 49115.18 万元；家具资产 6057.75 万元；图书资产 9840.32 万元。2013 年新增仪器设备 8295.84 万元，含教学科研仪器设备 6435.61 万元。

【土地管理】 本年度，学校土地面积无增减，权属清晰明确。投资 129.4 万元全面修缮了海甸校区北部围墙。

【房屋管理】 1.完成了社会科学学部楼、李运强理工实验大楼等新建构（建）筑物的交接工作。

2.完成了 16734.75 万元的学校竣工验收房屋及构筑物的固定资产登记建账工作。

【条件建设】 1.共完成 6826 万元的采购工作，主要项目有：2012 年省拨教学平台专项资金 520 万元，2012 年第二批图书馆奖补资金 80 万元，2012 年教务处《省拨项目经费》专项资金 1115 万元，2012 年中西部高校提升项目 2000 万元；2013 年教务处中西部高校提升综合实力中央财政专项经费教学平台第一批 1436 万元，2013 年应用科技学院儋州校区学院预算经费 217 万元，省重大科技项目 225 万元，农科主楼实验室配套家具 434 万元，全校各类协议供货采购 411 万元，常规教学仪器设备 232 万元以及其他小额采购等。

2.设备验收和付款工作。组织由国有资产管理处、学院领导、实验室主任、实验室管理人员组成的验收小组，对政府招标采购的仪器设备按照招标合同约定的设备型号、参数、数量、金额进行核对、验收。合格后及时办理资产登记建账工作，同时填报“海南省政府采购项目付款申请表”，完成付款工作。

3.本年度，完成教学仪器设备维护、维修专项经费共 120 万元。

【资产管理】 1.截至 12 月 31 日，新增教学科研仪器设备及家具等固定资产共计 7212.90 万元。其中：仪器设备 6650 台，计 6435.61 万元；家具 7354 件套，计 777.29 万元。

2.公开拍卖了广州四套公房，拍卖款为 376.8 万元，扣除各种税费后余款已悉数上缴省财政国库。

3.本年度，集中报废处置了资产原值共计 400 余万元，残值收入已悉数上缴财政专户。

【基地建设】 2013 年，基地建设项目总资金约 530 万元，主要项目有：基地五个温室大棚建设工作，基地温室大棚区及露天种植区道路项目建设工作，基地栽培设施、喷灌设施、蓄水及加压设施等工程项目建设，基地薯蓣种植实训园主体项目建设，园艺园林学院玻璃温室内部观赏园艺实训园设计工作等 10 多个项目。

【产业工作】 规范管理校办产业，稳步推进资产管理公司的清理工作，妥善处理资产管理公司的历史遗留问题，确保公司正常运营。

基 建 工 作

【工作概况】 本年度，竣工交付21个项目，新增建筑面积8.69万平方米，总投资2.76亿元；在建项目4个，总建筑面积4.24万平方米，计划总投资1.38亿元；前期工作的项目有8个，总建筑面积10.42万平方米，计划总投资4.49亿元。

【竣工工程】 3月，城西校区供水系统建设竣工，总投资120万元。

5月，思源学堂外接供电电缆工程竣工，总投资130万元

6月竣工的项目：1.热带农业与生命科学学科群实验楼（二期），建筑面积40506平方米，总投资13964万元。2.东门维修改造工程，总投资98万元；3.东门园林景观改造工程，总投资179万元。

8月竣工的项目：1.致远南路两侧环境整治，总投资50万元；2.拘留所周边环境整治，总投资50万元；3.行政办公副楼内庭院园林景观改造，总投资30万元；4.校史馆，完成二次装修和布展工程后正式投入使用，总投资400万元。

11月竣工的项目：1.艺术学院大楼门楣大厅及展览厅改扩建，总投资220万元；2.艺术学院展览厅及门楣大厅内墙面修饰、配置铝合金玻璃隔墙，更换音乐厅钢质门等，总投资33万元；3.西湖水系疏浚及填土工程，总投资150万元。

12月竣工的项目：1.中日友好交流中心主体建安工程，建筑面积30065平方米，总投资6799万元；2.外籍教师及留学生公寓楼改造工程（一期），总投资180万元；3.泰坚楼维修，总投资156万元；4.泰坚楼周边环境景观建设，总投资160万元；5.供配电基础设施改造项目，总投资200万元；6.第二田径运动场配套用房及周边设施建设，总投资140万元；7.紫荆学生公寓楼阳台及走廊防水工程，总投资90万元；8.东坡湖南侧园林景观工程，总投资170万元；9.教职工周转房，建筑面积14080平方米，总投资3896万元，完成主体建安工程。

【在建工程】 1.热带农业与生命科学学科群实验楼（一期），建筑面积14350平方米，计划总投资4250万元，2012年6月开工，2013年底完成主体工程，进入装饰装修工程施工阶段。

2.研究开发中心（含报告厅），建筑面积28027平方米，计划总投资9330万元，2012年6月开工，2013年底主体工程施工至12层。

3.海甸校区北侧边界围墙工程，计划总投资118万元，2013年11月开工，年底总体进度完成50%。

4.三个校区修建性详细规划修编，计划总投资120万元，2012年3月开始设计，截至12月31日，城西校区规划设计条件已经海口市规划局批准，海甸和儋州校区规划方案已经校内评审通过。

【前期工作项目】 截至12月31日，前期工作项目开展情况如下：

1.机电与建筑结构实验室，建筑面积5157平方米，计划总投资1575万元，已取得规划许可证，初设和概算已报省发改委审批。

2.海甸变电站至1号开闭所供电线路改造，计划总投资744万元，项目初设和概算已报发改委批复。

3.正进行方案设计招标的项目有：①中日友好交流中心二次装修，拟投资4969万元；②紫荆学生公寓2号楼，拟建42120平方米，拟投资10376万元；③城西校区体育教学训练馆，拟建8059平方米，拟投资3500万元；④海甸校区地下人防工程，拟建9000平方米，拟投资4273万元。

4.进入可研阶段的项目有：①综合实验教学楼，拟建25000平方米，计划总投资9750万元，已报省发改委审批；②多功能综合体育馆，拟建14500平方米，拟投资9838万元，已完成概念方案设计。

后勤管理工作

【概况】 后勤管理处在学校党委和行政的领导下，深入开展党的群众路线教育实践活动，创新工作思路，强化服务意识。加强对后勤集团等实体服务质量的监管，开展后勤服务安全大检查；推进低碳校园建设、开展节能减排活动；加强公有住房管理，完成公共基础设施的维修改造以及各二级单位办公室、实验室的搬迁；完成桥西小区集资建房剩余房源的分配、贷款等工作，启动了三期工程的筹备工作。

【完成桥西住宅小区的相关工作】 1.2013年，完成第一批集资合作建房的剩余13套房的分配、贷款等工作。截至12月31日，桥西小区第一批集资合作建房1092套已分配完毕，住房按揭贷款工作也已完成。

2.基本完成小区车库（位）的选配任务。4月顺利完成小区车库（位）的第一批选配工作。加大车库（位）尾款的收缴工作力度。

3.积极协调小区物业管理，督促物业管理企业认真处理、落实小区业主的合理意见和建议。制订《海南大学桥西教工居住区成立业主委员会筹备方案》，启动小区成立业主委员会筹备工作。

4.草拟《桥西小区第二批教职工经济适用房（三期工程）建设方案》，启动桥西小区三期工程建设的准备工作。

【推进低碳校园建设】 1.组织开展2013年“节能减排月”活动，淘汰国家明令禁止使用的低能效高消耗设备和产品，推广使用经国家认证的节能设备或产品。

2.确保电网安全，杜绝浪费。为减轻学校10KV高压供电主线的负荷，在用电高峰时，严格控制空调使用；学生宿舍禁止使用大功率电器。离开宿舍要关灯、关电脑、关风扇等设备。

3.2013年实际取得节能量为17.08吨标准煤，完成了“十二五”规划节能量进度20%的目标。

【加强后勤服务质量和安全管理】 1.加强对后勤集团等实体服务质量的监管，实行服务质量考核评价，建立信息传递与沟通机制,及时处理师生员工反馈的意见。

2.加强校园供水质量监督，定期检查海口威立雅水务有限公司在学校的供水管理工作，保证校园用水安全。加强校园环境整治工作，落实“门前三包”卫生工作制度，消除卫生死角，打造干净整洁的学习生活环境。

3.组织开展食堂生产与食品安全、校车安全、用电安全、学生住宿安全、园林树木修整作业安全、校园商店经营安全等安全隐患自查自纠，进一步加强了后勤安全保障效能。

4.检查学生食堂持证情况及执行《食品安全法》等相关食品安全法律法规，内外环境卫生，食品加工场地，卫生设施配套，餐具洗涤消毒及保洁，食品原料采购和索证、食品贮存、制作、销售、留样等环节以及食堂员工健康体检执行情况。组织三个校区食品安全监管人员定时和不定时的到食堂检查卫生情况。

5.制定《海南大学校园商业网点管理暂行规定》，检查各商铺持证经营情况和食品进货渠道，杜绝“三无”产品食品进入校园。

【公共基础设施的维修、改造】 1.制定实施《海南大学海甸校区公共区域零星维修管理暂行办法》，规范管理维修工作。

2.完成学生宿舍的维护维修。购置学生宿舍风扇257台，维修学生宿舍风扇504台；对儋州校区13栋女生宿舍进行维修改造并粉刷A7、A8学生公寓楼内墙；改造学生公寓一楼防盗网共790平方米，补漏学生宿舍120间；改造旅游学院4栋宿舍楼196平方米大门及防盗网；更换学生宿舍房门60个；维修学生宿舍天花板及地板等。

3.完成学生宿舍楼家具更新及维修。完成397

套学生宿舍组合家具和 2530 张学生宿舍椅子的更新，维修一批学生公寓组合家具和部分学生宿舍家具；利用 2013 年支持中西部高校提升综合实力专项资金拟更新海甸校区 3、6 号学生宿舍六人间普通宿舍配套家具 2106 套，16 号学生宿舍 2 人间研究生公寓配套家具 526 套。

4.安装学生区 1 号电房至 1-4 号学生宿舍楼的电缆 596 米。

5.更换 2 号教学楼多媒体阶梯教室防盗门 35 个，安装防盗网 401 平方米；对 2 号教学楼 106、107 阶梯教室安装吊顶。

6.对海甸校区教学区全部教学楼及办公楼的防雷设施进行检测，对损坏的设施进行维修改造，由海南省防雷检测中心检测合格，颁发合格证书。

7.更换海甸校区学生食堂风扇 60 台，对食堂地板进行维修及防水补漏等。

【房管房改工作】 1.制定《海南大学教职工住房退房管理暂行办法》和《关于教职工住房清退工作的通知》，开展海甸校区、儋州校区、城西校区的公有住房清退工作。

2.完成公有住房租赁。桥西小区集资房投入使用后，对三个校区所腾空的教工区公房进行再次租赁，向无房教职工租赁了海甸校区 94 套、城西校区 18 套、儋州校区 150 套的公房。

3.完成租房补助发放。根据《海南大学关于搬迁过渡时期的临时租房补助办法》的规定，给 100 多名符合条件的教职工发放临时租房补贴，累计金额 30 多万元。

4.办理教工区 75、76 幢共 48 套集资房的申报过户办证工作。

【完成搬迁工作】 1.完成农科楼、社科楼相关学院的办公室、实验室搬迁。

2.完成儋州校区的材化学院、机电学院、园艺学院等部分学院实验室的搬迁。

3.完成校史馆的搬迁。

理事会和教育基金会工作

理事会工作

【概况】 2013年，学校第三届理事会召开“海南大学内涵建设与质量提升”咨询会；经海南省政府批准，调整了部分理事会成员；先后拜会东南亚地区理事；认真开展理事会秘书处工作。

【拜会理事】 1月6日至17日，副校长、第三届理事会秘书长何忠平率团赴新加坡、马来西亚、泰国开展教育文化交流活动，并先后拜会了符喜泉、潘家海、符之庆、陈群川、陈修炳、邢诒喜等理事。8月，海南大学“大学国际化与办学特色”培训班学员在新加坡分别拜会了第一届理事会名誉理事长林崇椰和第三届理事会理事符喜泉、潘家海、徐冠林、符国标、林鸿图等。

【调整理事会成员】 因人事变动，由章新胜理事长提名，经海南省政府批准：同意海南省政府副省长王路为名誉理事长，海南省教育厅厅长曹献坤为副理事长，海南省财政厅厅长刘平治、海口市政府市长倪强、中国科学院南海海洋研究所所长张偲为常务理事；免去海南省财政厅原厅长徐唐先、南昌大学原校长周文斌常务理事职务。

【召开理事会咨询会】 12月22日，学校第三届理事会召开“海南大学内涵建设与质量提升”咨询会。海南省政府副省长王路，中国科协副主席陈章良，中国教育国际交流协会会长章新胜，天津大学党委书记刘建平，中国高等教育协会会长瞿振元，南开大学原校长侯自新，中国工程院院士谢华安，中国工程院院士林浩然，新加坡社会发展、青年及体育部前政务部长符喜泉，新加坡南洋理工大学原校长徐冠林，海南省政府秘书长胡光辉，海南省教育厅厅长曹献坤等理事出席会议。

会议对学校今后的发展建设提出以下几点建议。第一，理清思路，确立“三大转型”发展战略：发展主线从规模扩张向以质量特色为核心的内涵提升转变；办学视野从注重内部发展，向服务社会、走向国际化转变；社会贡献从以人才支持为主向人才与科技支持并重转变。第二，明确目标，建设全国“百强高校”。今后应重点围绕内涵建设与质量提升，进一步凝炼学科方向，在学科结构调整、学部建设、人才引进、提高现有教师质量等方面下功夫，努力提高学校办学水平，争取到2020年，把海南大学建设成为有特色、高水平的“211 工程”大学，实现全国百强高校的目标。第三，确定改革的主攻方向：分步调整学科专业结构，突出“热带、海洋、旅游、特区”的办学特色；优化本科人才培养方案和课程体系，增加实践环节和个性课程；实施研究生教育与创新人才培养工程；实行全新的城西校区管理体制和运行机制；落实学部制改革试点；建立综合体现教学、科研、社会服务业绩的收入分配制度；开展干部轮岗交流和任期制改革等。

【开展理事会秘书处工作】 1.接待邢李火原、李文慧、邢诒喜、陈修炳等多位理事来校考察、访问共近20人次。2.编印《海南大学理事会工作简报》（总第1期、第2期）和《海南大学第三届理事会成立大会及第一次全体理事会议资料汇编》。

教育基金会工作

【概况】 2013年，教育基金会召开2013年度理监事会议，修改了《海南大学教育基金会章程》；积极募集社会捐赠，科学合理使用；认真开展教育基金会秘书处工作。

【召开2013年度理监事会议】 3月28日，我校教育基金会召开2013年度理监事会议。会议审议通过了《海南大学教育基金会章程》修正案并对基金会今后的工作开展做了以下要求：一是要依法制定具有前瞻性和可操作性的基金会章程；二是要严格遵循国家的法律法规，各项工作必须符合国家关于财务审计的有关规定；三是要将基金会收入用于教学、科研、文化交流、教师队伍建设、人才培养等方面，促进海南大学的建设和海南地区的人才培养；四是要充分发挥基金会资金募集的平台和载体的功能，建立理事会、校友会和基金会的常设机构，加强内部管理；五是要秉着对捐赠者、对社会和师生负责的态度，规范管理资金，加大信息公开透明力度；六是要加强项目策划，建立项目库，使基金会的工作与学校工作联系起来。

【接受社会捐赠及资金使用】 截至2013年12月，海外华侨华人、港澳同胞、企业家、校友共捐赠资金160余万元；发放各类奖助学金、中航特玻人才引进与人才培养、青春记忆广场和校史馆建设、乐成高效现代农业研究等共使用项目资金1600余万元。

【开展教育基金会秘书处工作】 1.开展教育基金会换届筹备工作。2.完成教育基金会年度审查工作，2012年度年检结果为合格。

2013 年大事记

一 月

10 日，政治与公共管理学院教师赵红亮荣获 2012 年度“感动海南”十大人物称号；并于 3 月 6 日，受邀参加中宣部学雷锋座谈会，在会上作《助人的双手比怜悯的心灵更温暖》的主题发言；7 月 20 日，赵红亮老师再度入选全国道德模范候选人。

15 日，学校科研处获教育部社科司颁发的“高校哲学社会科学研究管理先进集体”称号，杨德禧荣获“高校哲学社会科学研究管理先进个人•社科管理奖”。

16 日，海南大学海洋生物国家级实验教学示范中心（建设单位）通过专家实地考察验收。

18 日，中共海南大学委员会一届五次全体（扩大）会议召开。

19 日至 20 日，由全国 MBA 教指委主办，海南大学经济与管理学院承办的第四届“中国管理案例共享国际论坛”年会（2013）在学校举行。本次大会的主题是“扎根企业实践，探索中国情境下的管理理论；助推企业成长，探寻中国企业自主创新实践”。

25 日，学校学生代表海口市参加“第一届夏威夷檀香山国际友城学生论坛”。

二 月

5 日，海南大学荣获海南省“省级卫生先进单位”荣誉称号。

27 日，李建保校长当选为第十二届全国人民代表大会代表。

28 日，教育部副部长郝平到学校考察，参观了社会科学群楼、热带农业与生命科学群楼等教学场所，慰问了军训教官和参训新生。

三 月

1 日，海南大学荣获“2012 年度海南省无偿献血先进学校”荣誉称号。

5 日，海南大学“高温气固分离陶瓷过滤管材的研制及应用”等 14 项科研成果荣获海南省科技进步和科技成果转化奖励。

12 日，海南大学成为第二批台湾地区教育主管部门认可学历的大陆高校。

16 日，教育部社科司规划处处长何健一行到学校调研人文社科基地建设工作，对人文社科基地的建设情况给予了充分肯定。

19 日，由海南大学学生撰写的调研报告《海南回族聚居区社会家庭结构变迁与性别平等研究——以三亚市凤凰镇回辉、回新两村为例》荣获 2012 年全国关爱女孩青年志愿者行动优秀调研报告一等奖。海南大学荣获“优秀组织奖”荣誉称号。

29 日，国际化与高等教育内涵式发展研讨会在海南大学成功召开。来自国家外国专家局、中国农业大学、中山大学、河南大学、华中农业大学等单位的十余位专家出席研讨会。

四 月

1 日，海南省第七次社会科学优秀成果颁奖大会隆重举行，海南大学《海南农村基层政治与社会发展研究》等 44 项社会科学优秀成果获得表彰。

2 日，政治与公共管理学院梅立润、李烨两位同学共同撰写的《厚正勤能》荣获海南省委组织部征文活动一等奖。

2 日，第 4 届中华优秀出版物大奖隆重揭晓，由海南大学孙绍先教授主编、上海大学出版社出版的《黎族研究大系》（1-4卷））获提名奖。

7日，共青团海南省委召开五届七次全体（扩大）会议，海南大学团委荣获“2012年度海南共青团重点工作考核”一等奖。

8日，学校接受全国MPA培养院校教学合格评估，获得评估专家组充分肯定。

14日，学校6名学生组成的海南大学代表队荣获2013“陵水杯”全国大学演讲比赛团体一等奖，外国语学院梁梦晓同学荣获大赛特等奖。

15日，教育部法学学科教学指导委员会主任张文显到学校就“法学教育和发展中存在的问题”进行调研。

16日，海南大学与国际水稻研究所联合举办稻田节肢动物多样性和生态系统服务国际研讨会。

19日，海南大学周伟民、唐玲玲教授主编的《海南通史》与人民出版社签约出版。

19日，根据教育部《关于公布2012年度普通高等学校本科专业设置备案或审批结果的通知》(教高[2013]4号)，学校新增留学生汉语言(汉语言文化方向/旅游方向）本科专业（专业代码050102)。

26日，海南大学傅国华等6名教授入选2013-2017年教育部高等学校教学指导委员会。

28日，《中国社会科学》马克思主义部孙麾主任一行来学校座谈交流。

五　月

2日，海南大学环植学院党委副书记崔昌华当选“2012全国高校辅导员年度人物”，4日获得中共中央总书记习近平亲切接见。

2日，海南省纪念“五四运动”94周年暨五四表彰大会在海口举行，海南大学沈重教授荣获第十九届“海南青年五四奖章”荣誉称号，并作为获奖代表在表彰大会上发言。

3日，由共青团中央、全国学联举办的2012年度寻访“中国大学生自强之星”活动评选结果揭晓，海南大学信息科学技术学院王振同学荣获“中国大学生自强之星”称号，机电工程学院连祥威同学、环境与植物保护学院杨永利同学荣获“中国大学生自强之星”提名奖。

7日，海南大学法学教育实践基地获批建国家级“本科教学工程”大学生校外实践基地。

8日，艺术学院学生在中国音乐“金钟奖”海南选拔赛暨第七届海南省音乐“金椰奖”青年组音乐比赛中喜获金奖。

11日，海南大学学子在“中国梦 海南梦 我的梦”海南省大学生演讲比赛中荣摘桂冠。

24日，海南大学辅导员李洋老师夺得第二届全国高校辅导员职业能力大赛一等奖。

29日，海南大学在第四届全国高校斯维尔杯BIM软件建模大赛中荣获本科组团队全能三等奖；在“三维算量与清单计价”专项上荣获专项二等奖；学校荣获参赛院校组织一等奖。

29日，海南大学9名教授新增为“特贴”“省优”专家并获表彰。

六　月

4日，中科院张瑜教授作客海南大学名家讲坛共话钱学森精神。

8日，由学校8位同学组建的《林木蛀干害虫生物电监测技术初探》和《澄迈部分地区林下经济现状调查及新模式探究》2个项目团队，在第一届全国大学生环保科技大赛决赛中均荣获科技理念类三等奖。

9日，海南大学木球队在中国国际木球邀请赛暨第八届全国木球锦标赛上获得女子团体第一、男子团体第二的佳绩。

13日，海南大学5位同学合作的《天然橡胶加工废气治理新工艺及其综合利用》项目在“道达尔”杯第四届高校环保科技创意设计大赛决赛中荣获金奖;该作品指导老师何映平教授荣获“最佳导师奖”；海南大学荣获“最佳组织奖”。

13日，海南大学王毅武教授的《关于设立海南八一综合经济实验区的提案》和《关于转变传统认识，推进殡葬改革的建议》提案，章汝先教授的《关于搞好省城海口市环境卫生的建议》提案以及詹长智教授的《关于建立与中国科学院的高层对话机制，进一步推进省—院深层合作的建议》提案获“省政协五届一次会议以来优秀提案”表彰。

17 日，海南大学校友会网站开通启用，校友杂志《海大校友》正式创刊。

19 日，王路副省长莅临学校调研座谈，发表了重要讲话。

20 日，海南大学“国家级专业技术人员继续教育基地”揭牌成立。

七　月

9 日，司法文明协同创新中心南方基地落户海南大学。

八　月

18 日，海南大学海棠剧社参演剧目《常规与例外》获得由北京戏剧家协会、北京 9 剧场联合主办的“2013 金刺猬大学生戏剧节”“最佳舞台设计奖”和“优秀剧目奖”。

29 日，海南大学公共管理（MPA）硕士专业学位教学合格评估获得优秀等级。

30 日，海南大学马克思主义学院党委书记梁谋同志被松阳县人大授予“人民好公仆”荣誉称号。

九　月

1 日，海南大学展览馆大楼投入使用。档案馆迁入办公，并开始接待 2013 级新生入学教育——参观校史馆。该楼由三亚学院捐建，投资 1900 万元，建筑面积 7500 平方米，共五层。一、二、三层为展览厅，四、五层为档案馆办公与库房。大楼由档案馆统一管理使用。

7 日，正在参加二十国集团领导人第八次峰会的国家主席习近平，在哈萨克斯坦纳扎尔巴耶夫大学演讲中对海南大学哈萨克斯坦籍留学生鲁斯兰在中国学习期间参加无偿献血的行为给予高度赞扬，称：海南大学哈萨克斯坦籍留学生鲁斯兰是中哈两国人民友好交往的使者。10 日，海南省委书记、省人大常委会主任罗保铭，海南省委副书记、省长蒋定之在海口接见了鲁斯兰等哈萨克斯坦籍留学生代表。

10 日，陈祎平、蔡东宏获海南省第八届普通高等学校教学名师。

12 日，旅游学院孙建军教授同两名日本教授在美国学术期刊 Journal of Banking & Finance 37，2013 发表了题为Regional Economic Development，Strategic Investors，and Efficiency in Chinese City Commercial Banks 的学术论文。

27 日，海南大学学报编辑部出版的《热带生物学报》入选“中国科技核心期刊”。

29 日，在第十七届“外研社•当当网杯”全国大学生英语辩论赛中，海南大学学生获华南赛区总决赛一等奖，海南大学获得“优秀组织奖”。

十　月

7 日，海南大学艺术学院音乐系钢琴演奏专业 2012 级学生王冰洁在“莫扎特艺术奖”国际青少年钢琴公开赛中获青年组亚军和莫扎特专题组一等奖、2010 级刘莎获得青年组季军。指导教师张黎教授获大赛“亚洲钢琴艺术最佳导师奖”。

9 日，经省旅游发展委员会推荐、国家旅游局组织遴选，海南大学黄建宏、范士陈两位教授入选 2013 年度“旅游业青年专家培养计划”培养对象。

10 日，农学院教授刘进平所负责的团队对“神十”搭载归来的火龙果、番石榴和胡椒等 3 种种子进行育种试验，初显成效。

12 日，经教育部组织专家严格评审、候选人现场答辩和面向社会公示，海南大学教师李辽宁博士入选“2013 年全国高校优秀中青年思想政治理论课教师择优资助计划”。

14 日，中山大学原校长黄达人教授莅临海南大学，为全校中层以上领导干部做了一场题为《关于推动大学内涵建设的一些思考》的报告。

16 日，马克思主义学院秦晓华老师在五省区思想政治理论课教学大赛中获一等奖。

17 日，教育部结构力学及弹性力学课程教学指导小组 2013 年工作（扩大）会议在海南大学召开。清华大学副校长、教育部高等学校力学基础课程教学指导委员主任袁驷教授主持工作会议；同济大学的朱慈勉教授和东南大学的单健教授分别为师生作题为“结构力学与土木工程”和“趣味结构力学”的教学讲座。

25 日，“百年精神容器—‘九蒸九焙’的杨绛专题演讲”在海南大学举行。《“九蒸九焙”的杨绛》作者之一、海南大学教授杨国良主持此次演讲。

25 日至 28 日，李建保校长应北京大学邀请，参加了在福建武夷山举行的第四届海峡两岸大学校长论坛。北京大学、清华大学、中国人民大学、北京师范大学、厦门大学、成功大学、新竹清华大学、新竹交通大学等两岸 64 所大学的校长和学者参加论坛，教育部国际合作与交流司司长、港澳台事务办公室主任张秀琴出席论坛。

31 日，著名军事专家尹卓少将在海南大学做了题为《南海的历史法理依据与对策》的专题报告。

十一月

1 日，海南大学荣获由中国教育国际交流协会、中教国际教育交流中心主办的 2013 年度《121 中美人才培养计划》项目“特别贡献奖”。

5 日，海南大学外国语学院 2010 级李洋同学、旅游学院文科实验班 2011 级夏晓露同学在第十七届“外研社杯”全国大学生英语辩论赛全国总决赛中荣获全国总决赛三等奖第 3 名。

8 日，南洋理工大学荣誉校长徐冠林教授作客学校名家讲坛，为全校中层干部做了题为“南洋理工大学的转型改革和治校理念”的专题报告。

11 日，《求是》杂志社《红旗文稿》编辑部、教育部《思想理论教育导刊》编辑部和海南大学联合主办，海南大学马克思主义学院承办的第三届中国特色社会主义论坛——“牢牢掌握意识形态工作的领导权、管理权、话语权”高层研讨会在海南大学召开，来自全国各省宣传部门和高等院校的近百名代表参加了论坛。

14 日，第九届中国橡胶基础研究研讨会在海南大学召开。中国热带农业科学院副院长郭安平、国家自然科学基金委员会马劲处长，海南大学副校长曹阳、大会组委会主席张立群出席研讨会。会议特邀北京化工大学、哈尔滨工业大学、中石化、航天材料及工艺研究所、海胶集团有限公司、山东大学、中国科技大学、复旦大学、华南理工大学等各高校、公司企业、科研院所的近 100 名专家学者参加了研讨会。主要探讨的议题有：“橡胶合成的技术方法和科学问题”“非石油原料路线制备合成橡胶”“橡胶增强、交联与加工中的科学问题”“多相多组分橡胶复合材料的结构与性能”“橡胶制品设计的新方法”“橡胶行业的重大需求及工程问题”“橡胶在国家安全方面的应用”等。

15 日，海南大学在办公楼举行授聘仪式，聘任“长江学者奖励计划特聘教授”张立群为海南大学客座教授。副校长傅国华出席仪式，并为张立群教授颁发聘书。

20 至 22 日，“大众篆刻——李岚清篆刻书法素描艺术作品”在海南大学思源学堂展出。

23 日，在《关于表彰海南省 2013 年度大学生志愿者暑期社会实践活动先进集体、先进个人及优秀调查报告（论文）的决定》中，海南大学被评为海南省 2013 年度大学生志愿者暑期社会实践先进学校，并涌现出了五支先进实践队、七名优秀指导教师、十一名学生积极分子。获得优秀调查报告（论文）一等奖两篇、二等奖五篇、三等奖一篇。

24 日，由全国 MPA 教指委主办，海南大学政治与公共管理学院、海南大学 MPA 教育中心承办的全国第三批 MPA 培养院校教学合格评估总结会在海南大学成功举办。

25 日，海南大学韦开蕾、陈银华两位教授被省教育厅授予 2013 年“海南省高等学校优秀中青年骨干教师”荣誉称号。

28 日，致公党海南大学总支获致公党中央授予“致公党参政议政工作先进集体”的荣誉称号。

30 日，2013 年海南省博士协会年会暨海南科技创新研讨会在海南大学举行。省政府副省长、协会名誉会长王路在会上做了题为《科技创新战略——海南科技创新发展的路径选择》的主旨报告。海南大学校长、协会会长李建保主持会议。

十二月

2 日，海南大学与文昌市人民政府举行合作签约仪式，未来三年双方将共同在椰子加工关键技术研发、热带特色现代高效农业、美丽乡村建设、农业科技创新与农业科技推广、人才培养和农业技术培训服务和共建大学实习实践基地、实施实践育人工程等领域开展合作。

2 日，由海南省教育工会主办的直属基层工会教职工篮球比赛在海南医学院开赛，海南大学派出的男队荣获季军、女队荣获冠军，学校荣获“优秀组织奖”。

3 日，海南大学与海南省司法厅在海南省第一强制隔离戒毒所举行了“海南大学思想政治理论课社会实践教学基地”揭牌仪式。省司法厅副巡视员崔永福，海南大学党委副书记、纪委书记陈封椿出席仪式并共同为社会实践教学基地揭牌。

7 日，侯保荣院士海南工作站挂牌仪式隆重举行，工作站落户海南大学，标志着海南大学首个院士工作站正式建立。侯保荣院士和胡新文副校长共同为工作站揭牌。

8 日，海南大学学生在 2013“外研社杯”全国英语演讲大赛总决赛中获得二等奖和三等奖。

21 日，海南大学校友会成立大会在思源学堂大礼堂隆重召开，教育部原副部长、海南大学第三届理事会理事长章新胜，新加坡社会发展、青年及体育部前政务部长符喜泉，当选的海南大学校友会第一届理事出席会议。大会由李建保校长主持。

22 日，海南大学第三届理事会咨询会在思源学堂多功能厅召开，与会的海内外 20 余位理事围绕“海南大学内涵建设与质量提升”主题展开研讨。

21 日至 22 日，由中国自然资源学会和海南大学联合主办，海南大学旅游学院承办、中国科学院地理科学与资源研究所等单位协办的“2013 中国自然资源学会学术年会”在海南大学成功举办。

2013 年重要文件

上级重要文件

教育部关于公布 2012 年度普通高等学校本科专业设置备案或审批结果的通知（摘录）

教高[2013]4 号　2013 年 3 月 28 日

各省、自治区、直辖市教育厅（教委），新疆生产建设兵团教育局，有关部门（单位）教育司（局），部属各高等学校：

根据教育部学科发展与专业设置专家委员会的评议意见，经研究，海南大学新增留学生汉语言（汉语言文化方向/旅游方向）本科专业（专业代码 050102）。

教育部关于“高密度人居环境生态与节能”等教育部重点实验室通过验收的通知（摘录）

教技函[2013]1 号　2013 年 1 月 15 日

有关省、自治区、直辖市教育厅（教委），有关高等学校：

经我部组织验收专家组对“高密度人居环境生态与节能”等教育部重点实验室进行现场验收，我部同意海南大学“海南优势资源化工材料应用技术实验室”为省部共建教育部重点实验室，该实验室名称调整为“热带岛屿资源先进材料实验室”。

中共海南省委关于曹献坤同志免职的通知

琼干[2013]78 号　2013 年 3 月 21 日

省委教育工委、海南大学党委：

省委批准：

免去曹献坤同志海南大学党委常委、委员职务，另有任用。

中共海南省委关于陈险峰等同志任职的通知

琼干[2013]257 号　2013 年 10 月 25 日

省委教育工委、海南大学党委：

省委批准：

陈险峰同志任海南大学党委常委；

王崇敏同志任海南大学党委常委。

海南省人民政府关于曹献坤免职的通知

琼人字[2013]40 号　2013 年 3 月 29 日

海南大学：

省人民政府决定，免去曹献坤的海南大学副校长职务，另有任用。

海南省人民政府关于杨浩强等职务任免的通知（摘录）

琼人字[2013]113 号　2013 年 11 月 25 日

各市、县、自治县人民政府，省政府直属各单位：

省人民政府决定：

陈险峰任海南大学副校长（试用期一年）；王崇敏任海南大学副校长（试用期一年）。

学校重要发文目录

（文件按海大党、海大党办、海大、海大办字号顺序排列）

海大党

序号	文 件 标 题	文 号
1	关于邓秀成等同志职务任免的通知	海大党[2013]1 号
2	关于张玉苍等同志试用期满转正的通知	海大党[2013]2 号
3	关于组织实施领导干部报告个人有关事项工作情况的报告	海大党[2013]3 号
4	印发《关于改进工作作风、密切联系群众的规定》的通知	海大党[2013]5 号
5	关于调整校领导分工的通知	海大党[2013]6 号
6	关于陈琛等同志职务任免的通知	海大党[2013]7 号
7	关于黄小欧等同志试用期满转正的通知	海大党[2013]8 号
8	关于陈广锐同志任职的通知	海大党[2013]9 号
9	关于王强同志任职的通知	海大党[2013]10 号
10	关于罗远标等同志试用期满转正的通知	海大党[2013]12 号
11	关于朱国鹏等同志职务任免的通知	海大党[2013]13 号
12	关于崔昌华同志职务任免的通知	海大党[2013]14 号
13	关于崔昌华同志使用情况的报告	海大党[2013]15 号
14	关于俞花美等同志任职的通知	海大党[2013]16 号
15	关于印发《海南大学深入开展党的群众路线教育实践活动实施方案》的通知	海大党[2013]17 号
16	关于成立海南大学党的群众路线教育实践活动领导小组及办公室的通知	海大党[2013]18 号
17	关于王志芳同志职务任免的通知	海大党[2013]19 号
18	转发《关于进一步加强高校学生党员发展和教育管理服务工作的若干意见》的通知	海大党[2013]22 号
19	关于调整校学生工作委员会及下设机构成员的通知	海大党[2013]23 号
20	关于三校区办学规模及功能调整有关问题的指导性意见	海大党[2013]24 号
21	关于领导班子党的群众路线教育实践活动专题民主生活会的情况报告	海大党[2013]26 号
22	关于第二批年轻干部挂职的通知	海大党[2013]27 号
23	关于调整校领导分工的通知	海大党[2013]28 号
24	关于王丽娜同志任职的通知	海大党[2013]29 号

海大党办

序号	文 件 标 题	文件号
1	关于印发《海南大学巡视整改工作方案》的通知	海大党办[2013]1 号
2	关于印发《海南大学校风建设专项工作总结验收阶段实施方案》的通知	海大党办[2013]2 号
3	关于印发《海南大学 2013 年工作要点》的通知	海大党办[2013]3 号
4	关于开展“我的中国梦”主题教育活动的通知	海大党办[2013]4 号

序号	文 件 标 题	文件号
5	关于报送学校2013年重点工作进度计划表的通知	海大党办[2013]5号
6	关于印发《海南大学教职工代表大会实施细则》的通知	海大党办[2013]6号
7	关于学校办公自动化系统试运行的通知	海大党办[2013]7号
8	关于报送2012-2013学年工作总结和2013-2014学年工作计划的通知	海大党办[2013]8号
9	关于印发若干保密工作管理规定的通知	海大党办[2013]9号
10	关于举办民族团结进步演讲比赛的通知	海大党办[2013]10号
11	关于做好2014年度主要党报党刊征订工作的通知	海大党办[2013]11号
12	关于建立校园及周边矛盾纠纷排查调处工作情况月报制度的通知	海大党办[2013]12号

海大

序号	标 题	文号
1	关于引进程杰仁博士来我校工作的请示	海大[2013]1号
2	关于邀请省纪检委派员驻会的请示	海大[2013]2号
3	关于收回海口华兴学校租赁场地及相关财产的请示	海大[2013]3号
4	关于调入耿松涛博士来校工作的请示	海大[2013]4号
5	关于调入程杰仁博士来校工作的请示	海大[2013]5号
6	关于调入冯世鹏博士来校工作的请示	海大[2013]6号
7	关于引进冯世鹏博士来校工作的请示	海大[2013]7号
8	关于成鹰等七十五名同学获得2012年研究生国家奖学金的通知	海大[2013]10号
9	关于报送2012年对口支援工作总结的报告	海大[2013]11号
10	关于于旭东等同志任职的通知	海大[2013]18号
11	关于加入“春晖计划”的请示	海大[2013]19号
12	关于2013年度教师系列专业技术资格评审有关问题的请示	海大[2013]20号
13	关于恳请以贵厅名义向教育部申请给予我校推荐长江学者特聘教授候选人罗素兰答辩机会的请示	海大[2013]22号
14	关于胡宗山等同志任职的通知	海大[2013]23号
15	关于引进方星星等三位同志来校工作的请示	海大[2013]24号
16	关于引进胡宗山等二位同志来校工作的请示	海大[2013]25号
17	关于举办“第十届中国跨文化交际国际学术研讨会”的请示	海大[2013]26号
18	关于举办“国际稻田节肢动物生物多样性和生态系统服务学术研讨会”的请示	海大[2013]27号
19	关于申请核定2013年编制使用数的请示	海大[2013]30号
20	关于2012年度行政事业性收费年审自查报告	海大[2013]31号
21	关于2013年春季开学工作情况的报告	海大[2013]32号
22	关于2013年教师系列专业技术资格评审实施办法	海大[2013]35号
23	关于授予陈瑶等二十八名同学2013年红十字“动感服饰”奖学金的决定	海大[2013]36号
24	关于编制与发布二级教学单位本科教学质量报告的通知	海大[2013]37号
25	关于表彰2012年度就业工作先进集体和个人的决定	海大[2013]40号
26	关于授予我校21位教师2012年度“吴多泰博士科研成果奖”的决定	海大[2013]44号

序号	标　　题	文号
27	关于成立“海南大学儋州校区房屋管理工作小组”的通知	海大[2013]46 号
28	关于对利用国有资产获得收入情况进行专项检查的通知	海大[2013]48 号
29	关于引进唐湘滟等三位同志来校工作的请示	海大[2013]49 号
30	关于海南省重点学科化学工程与技术学科责任教授更换人选的请示	海大[2013]53 号
31	关于表彰 2011-2012 学年度优秀班主任的通知	海大[2013]54 号
32	关于表彰 2012 年度优秀辅导员的通知	海大[2013]55 号
33	关于表彰 2012 年度无偿献血工作先进单位和个人的决定	海大[2013]56 号
34	关于申请国别和区域研究培育基地的请示	海大[2013]57 号
35	关于申报 2013 年地方政府债券资金的请示	海大[2013]61 号
36	关于调入张巨斌等三位同志来我校工作的请示	海大[2013]63 号
37	关于调入曹宝珠等四位同志来校工作的请示	海大[2013]64 号
38	关于请求随海事船出海开展科学调研的请示	海大[2013]65 号
39	关于成立海南大学人文社会科学处的决定	海大[2013]68 号
40	关于杨红同志任职的通知	海大[2013]72 号
41	关于成立依法治校领导小组的通知	海大[2013]73 号
42	关于引进王兆晖等二位同志来我校工作的请示	海大[2013]74 号
43	关于符灶儒等同志职务任免的通知	海大[2013]75 号
44	关于调整节能降耗工作领导小组成员的通知	海大[2013]76 号
45	关于上报第三届理事会成员增补及职务变更的请示	海大[2013]77 号
46	关于派遣黎其武等两位同志赴日研修的请示	海大[2013]78 号
47	关于申请进入孔子学院奖学金接收院校名单的请示	海大[2013]79 号
48	关于成立海南大学 2012 年预算项目绩效评价工作小组的通知	海大[2013]80 号
49	关于公布 2012 年度海南大学高校教师系列具备高级专业技术资格人员名单的通知	海大[2013]81 号
50	关于报送“2012 年教育人才引进与人才队伍建设项目绩效自评报告”的请示	海大[2013]83 号
51	关于 2013 级参加联合培养项目学生名单	海大[2013]84 号
52	关于开立“日元贷款项目配套资金专用户情况”的报告	海大[2013]85 号
53	关于印发《海南大学防控人感染 H7N9 禽流感应急预案》的通知	海大[2013]86 号
54	关于报送《海南大学 2013 年心理学专业教师和辅导员公开招聘方案》的请示	海大[2013]87 号
55	关于申报海南省非物质文化遗产传承教学基地的请示	海大[2013]89 号
56	关于调入黎秀琼同志来我校工作的请示	海大[2013]90 号
57	关于调入曹宝珠等三位同志来我校工作的请示	海大[2013]91 号
58	海南大学关于开展校园安全生产专项检查的通知	海大[2013]92 号
59	关于报送 2013-2014 学年度教学科研人员招聘工作方案的请示	海大[2013]94 号
60	关于报送海南大学 2013 年心理学专业教师和辅导员公开招聘方案的请示	海大[2013]95 号
61	关于李锋等同志任职的通知	海大[2013]98 号
62	关于做好近期校园安全稳定工作的通知	海大[2013]101 号
63	关于刘德兵同志职务任免的通知	海大[2013]102 号
64	关于表彰“林浩然院士奖学金”获得者的决定	海大[2013]105 号

序号	标　　题	文号
65	关于推荐申报2013年国家级精品视频公开课的申请	海大[2013]106号
66	关于张治库同志任职的通知	海大[2013]107号
67	关于"海南省211工程大学建设工作领导小组"更换人员名单的请示	海大[2013]108号
68	关于授予黄勇等415名同学2011-2012学年"海南大学——金光奖学金"的决定	海大[2013]110号
69	关于邀请教育厅领导出席"海南大学——金光奖学金" 设立暨2011—2012学年颁发仪式的函	海大[2013]111号
70	关于请求同意立项建设多功能综合体育馆等5个项目的请示	海大[2013]112号
71	关于左璇等九十名学生获得2013年出国带薪实习资格的通知	海大[2013]120号
72	关于覃舒焓等一百四十四名学生获得2013年出国（境）交流学习资格的通知	海大[2013]121号
73	关于成立中西部高等教育振兴计划重点建设项目推进工作领导小组的通知	海大[2013]122号
74	关于申请进入中华人民共和国联合招收华侨、港澳地区及台湾省学生的院校名单的请示	海大[2013]123号
75	关于授予信息安全本科专业工学学位的请示	海大[2013]124号
76	关于引进王博同志来我校工作的请示	海大[2013]125号
77	海南大学来华留学示范基地建设申报材料	海大[2013]126号
78	关于表彰2013届本科优秀毕业论文（设计）的通知	海大[2013]127号
79	关于郭强等同志职务任免的通知	海大[2013]128号
80	关于马朝光等22人赴台湾参加暑期研修班的请示	海大[2013]130号
81	关于表彰2013届本科优秀毕业生的决定	海大[2013]132号
82	关于授予曲鹏等五十二名同学2012-2013学年度"海南大学优秀生干部称号"的决定	海大[2013]134号
83	关于授予罗明超等三十三名同学2012-2013学年度"海南大学优秀研究生"的决定	海大[2013]135号
84	关于授予杨国锋等八百七十六位研究生博士/硕士学位的通知	海大[2013]136号
85	关于表彰2013年优秀研究生学位论文及其指导教师的决定	海大[2013]137号
86	关于引进杨飞同志来校工作的请示	海大[2013]140号
87	关于表彰2013年"十佳励志大学生"的决定	海大[2013]141号
88	关于申请日本资助学者讲学项目的请示	海大[2013]142号
89	关于推荐海南省2013年优秀博士、硕士学位论文的请示	海大[2013]143号
90	关于推荐海南省2013年度研究生创新科研课题的请示	海大[2013]144号
91	关于引进庄继晖等五位同志来校工作的请示	海大[2013]146号
92	关于做好2013年度海南大学高校教师专业技术资格评审工作的通知	海大[2013]147号
93	关于报送2014年度天津大学教师进修计划的通知	海大[2013]149号
94	关于下达2013年度海南大学服务地方经济社会发展项目（人文社会科学类）的通知	海大[2013]160号
95	关于公布第四届教学与督导委员会成员名单的通知	海大[2013]161号
96	关于报送2013年度教学科研人员招聘工作方案的请示	海大[2013]162号
97	关于派遣陈宝环等两位同志赴日研修的请示	海大[2013]172号
98	关于制订本科培养方案的指导性意见	海大[2013]173号

序号	标　　题	文号
99	关于增设电气工程及其自动化等 5 个专业为 2013 年成人高等教育招生专业的请示	海大[2013]174 号
100	关于刘复生等同志职务任免的通知	海大[2013]176 号
101	关于下达 2013 年度海南大学服务地方经济社会发展项目（理工农类）的通知	海大[2013]177 号
102	关于切实做好 2013 级家庭经济困难学生入学“绿色通道”及其他资助工作的通知	海大[2013]179 号
103	关于引进付景涛等三位同志来我校工作的请示	海大[2013]180 号
104	关于调入黄家权等二位同志来我校工作的请示	海大[2013]181 号
105	关于报送 2013 年度中西部高校提升综合实力工作资金项目申请书的请示	海大[2013]183 号
106	关于给予心理学教师和辅导员等九位拟聘人员办理相关手续的请示	海大[2013]185 号
107	关于授予哈萨克斯坦籍留学生鲁斯兰（蓝天）“突出贡献奖”的决定	海大[2013]189 号
108	关于引进王寅等十位同志到我校工作的请示	海大[2013]190 号
109	关于调入付景涛等两位同志来我校工作的请示	海大[2013]191 号
110	关于罗远标等八名师生赴台湾参加木球比赛的请示	海大[2013]192 号
111	关于表彰 2013 年农科专业新生奖学金获得者的决定	海大[2013]193 号
112	关于崔昌华、王丽娜等两位同志提任情况的请示	海大[2013]195 号
113	海南大学关于申报“十二五”教育基本建设项目的请示	海大[2013]197 号
114	关于按编制核定专业技术岗位的请示	海大[2013]198 号
115	关于《海南大学学报·人文社会科学版》申报第三届中国出版政府奖期刊奖的请示	海大[2013]201 号
116	关于恳请省教育厅协调省人民政府商请王路等参加海南大学第三届理事会或批准变更、免去部分常务理事职务的请示	海大[2013]203 号
117	关于引进刘中强等两位博士来校工作的请示	海大[2013]204 号
118	关于杨婕等同志任职的通知	海大[2013]207 号
119	关于保留海南省海南大学 211 工程大学建设工作领导小组的请示	海大[2013]211 号
120	关于申请中西部高校提升综合实力工程基础上 014 年省财配套资金的请示	海大[2013]219 号
121	关于成立中西部高等提升综合实力计划工作推进领导小组的通知	海大[2013]221 号
122	关于成立城西校区办学功能调整工作小组的通知	海大[2013]222 号
123	关于考核招聘建筑学和建筑设计专业教师的请示	海大[2013]234 号
124	关于授予石娟娟等二十名同学 2013 年“海南大学雅居乐地产助学金”的通知	海大[2013]235 号
125	关于引进熊浩博士来我校工作的请示	海大[2013]236 号
126	关于李从发同志任职的通知	海大[2013]238 号
127	关于授予刘璀静等 415 名同学 2012-2013 学年“海南大学——金光奖学金”的通知	海大[2013]242 号
128	关于 2012 年 12 月学位授予情况的补充通知	海大[2013]245 号
129	关于印发《海南大学参加海南省第五届大学生艺术展演活动方案》的通知	海大[2013]251 号
130	关于表彰 2012—2013 学年度农科专业奖学金获得者的决定	海大[2013]254 号
131	关于表彰 2012—2013 学年度优秀学生及先进班集体的决定	海大[2013]258 号
132	关于报送建筑学和建筑设计专业教师考核招聘工作方案的请示	海大[2013]259 号

序号	标　　题	文号
133	关于报送中西部高校“基础能力建设工程”和“提升综合实力工程”2013年建设情况的报告	海大[2013]262 号
134	海南大学关于焦寒伟等八十一名同学获得2012-2013学年研究生国家奖学金的通知	海大[2013]263 号
135	关于开展与中国热带农业科学院联合培养博士研究生的请示	海大[2013]265 号
136	关于开展与中国热带农业科学院联合培养博士研究生的请示	海大[2013]266 号
137	海南大学关于给予侯博等 125 名 2014 届“双困”毕业生就业援助金的通知	海大[2013]267 号
138	海南大学关于授予赵跃华等 23 名同学 2013 年“海南大学——刘建贤 张永清奖学金”的决定	海大[2013]268 号
139	关于报送 2014 年全国人大和全国政协十二届二次会议海南省代表团提案的请示	海大[2013]269 号
140	关于引进宋彦廷等两位博士的请示	海大[2013]270 号
141	关于申请收取科技查新和文献信息检索费的请示	海大[2013]271 号
142	关于承担农药登记药效和残留及环境试验业务的通知	海大[2013]272 号
143	海南大学关于 2012—2013 学年度考核优秀人员的通知	海大[2013]273 号
144	海南大学关于屈凯军等同志职务任免的通知	海大[2013]274 号
145	关于表彰 2013 年度优秀辅导员的通知	海大[2013]275 号
146	关于成立海南大学 2013 年度高校教师系列中级专业技术资格评审委员会的通知	海大[2013]276 号
147	关于成立“海南大学农药登记评价中心”的通知	海大[2013]280 号
148	关于办理原华南热带农业大学投资股权转让的请示	海大[2013]283 号
149	关于授予徐雪莲等二百四十五位研究生博士、硕士学位的通知	海大[2013]284 号
150	关于颁发 2013 年国家助学金的通知	海大[2013]285 号
151	关于颁发 2013 年“心本爱心”奖学金的通知	海大[2013]286 号
152	关于颁发 2013 年“海南大学——百翔奖助学金”的通知	海大[2013]287 号

海大办

序号	标　　题	文号
1	关于 2013 年“节能减排月”活动实施方案	海大办[2013]4 号
2	关于印发《海南大学统计工作暂行办法》和《海南大学信息公开工作暂行办法》的通知	海大办[2013]6 号
3	关于原海南大学第三批教职工集资房办理产权证遗留问题的答复	海大办[2013]7 号
4	海南大学校长办公室关于印发《海南大学低碳行动方案》的通知	海大办[2013]8 号
5	关于教职工住房清退工作的通知	海大办[2013]9 号
6	关于印发《海南大学本科招生工作规程》的通知	海大办[2013]10 号
7	关于印发《海南大学农科专业新生奖学金实施细则（修订）》的通知	海大办[2013]11 号
8	关于印发《海南大学艺术类招生考试办法（修订）》的通知	海大办[2013]12 号
9	关于大学生手册修订	海大办[2013]16 号
10	关于印发《海南大学关于规范附属幼儿园管理的指导性意见》的通知	海大办[2013]17 号
11	关于海甸校区安全用电督查工作的通知	海大办[2013]18 号

序号	标　题	文号
12	关于印发海南大学安全生产工作责任事项分解表的通知	海大办[2013]21 号
13	关于 15 号学生公寓楼搬迁工作的通知	海大办[2013]22 号
14	关于实验室化学危险品管理办法	海大办[2013]24 号
15	关于调整课堂教学时间的通知	海大办[2013]25 号
16	关于印发《海南大学 2013 年新生入学接待工作方案》的通知	海大办[2013]26 号
17	关于桥西教职工住宅区周转房管理暂行办法	海大办[2013]27 号
18	关于印发《海南大学国际学生本科教育教学管理暂行条例》的通知	海大办[2013]28 号
19	海南大学学风建设工程实施方案	海大办[2013]31 号
20	海甸校区公共区域零星维修管理暂行办法	海大办[2013]32 号
21	关于印发海南大学科研经费管理办法（修订）的通知	海大办[2013]33 号
22	海南大学学术型硕士研究生新生奖励暂行办法（修订）的通知	海大办[2013]34 号
23	关于印发《海南大学迎接省高校就业工作检查评估方案》的通知	海大办[2013]35 号
24	关于印发《海南大学全面提高研究生教育质量改革方案》的通知	海大办[2013]36 号
25	关于协同办公系统在全校试运行的通知及实施方案	海大办[2013]38 号

上级重要来文索引

序号	标　题	文号	发文单位
1	关于下达中国政法大学等高等院校公共管理硕士教学合格评估结果的通知	学位办 [2013]29 号	国务院学位委员会
2	关于反馈 2012 年博士学位论文抽检通讯评议结果的通知	学位办 [2013]32 号	国务院学位委员会
3	关于印发中西部高校基础能力建设工程规划（一期）的通知	发改社会 [2013]257 号	国家发改委 教育部
4	关于下达 2013 年全国研究生招生计划的通知	教发 [2013]5 号	教育部 国家发改委
5	关于公布 2012 年度普通高等学校本科专业设置备案或审批结果的通知	教高 [2013]4 号	教育部
6	关于公布 2013 年上半年全国高校教师网络培训计划的通知	教高司函 [2013]14 号	教育部
7	关于颁发第六届高等学校科学研究优秀成果奖（人文社会科学）的决定	教社科 [2013]2 号	教育部
8	关于进一步加强高等实验室危险化学品安全管理工作的通知	教技厅 [2013]1 号	教育部
9	关于高密度人居环境生态与技能等教育部重点实验室通过验收的通知	教技函 [2013]1 号	教育部
10	关于公布 2013 年度“新世纪优秀人才支持计划”人选人员名单的通知	教技函 [2013]47 号	教育部
11	关于做好 2013 年招收攻读博士学位研究生工作的通知	教学厅 [2013]3 号	教育部办公厅
12	关于进一步加强推荐优秀应届本科毕业生免试攻读研究生工作的通知	教学厅 [2013]8 号	教育部办公厅

序号	标　　题	文号	发文单位
13	关于公布2012年第二批国家级大学生创新创业训练计划项目名单的通知	教高司函[2013]8号	教育部高教司
14	关于做好2013年高等学校青年骨干教师国内访问学者选派工作的通知	教师司[2013] 18号	教育部教师司
15	关于2013年度教育部哲学社会科学研究重大课题攻关项目招标工作的通知	教社科司函[2013]63号	教育部社会科学司
16	关于印发2013年度教育部“春晖计划”重点资助方案的通知	教外司留[2013]389号	教育部国际交流与合作司
17	关于征集高等学校引进优秀留学人才需求信息的通知	教外司留[2013]1558号	教育部国际交流与合作司
18	关于公布2012年度“中国科技论文在线优秀期刊”暨“中国科技论文在线科技期刊优秀组织单位”评选结果的通知	教技发中心函[2013]116号	教育部科技发展中心
19	关于印发《国家级专业技术人员继续教育基地管理办法》的通知	人社厅发[2013]53号	人社厅
20	关于推荐2013年孔子学院总部/国家汉办外派汉语教师的通知	汉办[2013]99号	国家汉办
21	关于做好2014年博士生导师短期出国交流项目实施工作的函	留金发[2013]3055号	国家留学基金管委会
22	关于遴选中国日语专业大学生赴日实习的通知	际协[2013]89号	中国教育交流协会
23	关于印发2012-2013年度大学生志愿服务西部计划绩效考核优秀等次服务县和高校项目办名单的通知	全国项目办发[2013]15号	全国大学生志愿服务西部计划项目管理办
24	中共海南省委关于曹献坤同志免职的通知	琼干[2013]78号	中共海南省委
25	中共海南省委关于陈险峰等同志任职的通知	琼干[2013]257号	中共海南省委
26	海南省人民政府关于2012年度海南省科技进步和科技成果转化奖励的决定	琼府[2013]4号	省政府
27	关于授予在琼工作有突出贡献的外国专家2012年度“椰岛友谊奖”和“椰岛纪念奖"的决定	琼府[2013]8号	省政府
28	关于印发2013年省重点项目推进工作目标奖惩办法的通知	琼府[2013]17号	省政府
29	关于印发2013年省政府重点项目建设责任分解方案的通知	琼府[2013]19号	省政府
30	关于印发海南省校车安全管理试行办法的通知	琼府[2013]58号	省政府
31	关于调整提高离退休干部生活待遇有关问题的通知	琼府[2013]72号	省政府
32	关于调整2013年度最低工资标准的通知	琼府[2013]74号	省政府
33	关于表彰在第十二届全运会上获得优异成绩的集体和个人的通报	琼府[2013]75号	省政府
34	关于2013年度海南省科技进步奖和海南省科技成果转化奖的决定	琼府[2013]88号	省政府
35	关于曹献坤免职的通知	琼人字[2013]40号	省政府

序号	标　　题	文号	发文单位
36	关于杨浩强等职务任免的通知	琼人字 [2013]113 号	省政府
37	关于印发海南省集体建设用地管理办法（试行）的通知	琼府办 [2013]60 号	省政府办公厅
38	关于印发海南省土地置换办法（试行）的通知	琼府办 [2013]61 号	省政府办公厅
39	关于成立省教育督导委员会的通知	琼府办 [2013]62 号	省政府办公厅
40	关于印发调整海南省机关事业单位工作人员特区津贴标准实施办法的通知	琼府办 [2013]81 号	省政府办公厅
41	关于省人民政府办公厅关于转发国务院机构简称的通知	琼府办函 [2013]115 号	省政府办公厅
42	海南省发展和改革委员会关于下达中西部高等教育振兴计划（中西部高校基础能力建设工程）2013 年中央预算内投资计划的通知	琼发改社会 [2013]1198 号	省发展和改革委员会
43	关于贯彻执行《关于公款报销接待费用的若干规定》的通知	琼财办 [2013]1660 号	省财政厅
44	海南省财政厅关于下达 2013 年地方高校生均拨款中央奖补资金的通知	琼财教 [2013]87 号	省财政厅
45	关于下达 2013 年高校国家助学金和励志奖学金（第一批）的通知	琼财教 [2013]612 号	省财政厅
46	关于分配 2013 年省知识产权专项资金的通知	琼财教 [2013]882 号	省财政厅
47	关于分配 2013 年省重大科技项目经费的通知	琼财教 [2013]1355 号	省财政厅
48	关于下达 2013 年部分高校项目资金的通知	琼财教 [2013]1773 号	省财政厅
49	关于下达 2013 年中西部高校提升综合实力资金的通知	琼财教 [2013]2167 号	省财政厅
50	关于提前下达 2014 年地方高校生均拨款中央奖补资金的通知	琼财教 [2013]2366 号	省财政厅
51	关于同意调整海南大学部分中央历年项目结余资金的复函	琼财教函 [2013]847 号	省财政厅
52	关于下达 2013 年中西部高等教育振兴计划（中西部高校基础能力建设工程）中央基建投资预算（拨款）的通知	琼财建 [2013]1329 号	省财政厅
53	关于海南大学处置设备的复函	琼财资函 [2013]257 号	省财政厅
54	关于事业单位新旧会计制度衔接有关问题的通知	琼财会 [2013]376 号	省财政厅
55	海南省财政厅 海南省教育厅转发财政部 教育部关于印发《高等学校财务制度》的通知	琼财教 [2013]75 号	省财政厅　省教育厅
56	海南省人力资源和社会保障厅海南大学关于印发《海南大学高校教师专业技术资格条件（暂行）》的通知	琼人社 [2013]129 号	省人力资源和社会保障厅
57	海南省人力资源和社会保障厅关于印发《海南省事业单位公开招聘工作人员面试暂行规定》的通知	琼人社发 [2013]18 号	省人力资源和社会保障厅

序号	标　　题	文号	发文单位
58	海南省人力资源和社会保障厅关于印发《海南省事业单位考核招聘工作人员暂行规定》的通知	琼人社发[2013]19 号	省人力资源和社会保障厅
59	海南省人力资源和社会保障关于印发《海南省事业单位工作人员转岗竞聘管理岗位暂行办法》的通知	琼人社发[2013]20 号	省人力资源和社会保障厅
60	关于用人单位实行高温津贴有关问题的通知	琼人社发[2013]39 号	省人力资源和社会保障厅
61	海南省人力资源和社会保障厅关于推荐和提名中国科学院院士、中国工程院院士候选人的通知	琼人社函[2013]59 号	省人力资源和社会保障厅
62	关于做好 2013 年“国家特支计划”百千万工程领军人才和“百千万人才工程”国家级人选推荐工作的通知	琼人社函[2013]207 号	省人力资源和社会保障厅
63	关于公布海南省 2012 年享受政府特殊津贴人员的通知	琼人社函[2013]208 号	省人力资源和社会保障厅
64	关于印发《海南省 2013 年促进高校毕业生就业工作实施方案》的通知	琼人社发[2013]184 号	省人力资源和社会保障厅 省教育厅　省财政厅
65	关于印发《海南省“515 人才工程”实施方案（2013-2020）年》的通知	琼人社发[2013]275 号	省人力资源和社会保障厅 省农业厅　省教育厅等
66	转来关于印发《普通高等学校本科专业整理审核汇总表》的通知	教高[2013]3 号	省教育厅
67	关于推荐高校新闻传播专业院系骨干教师到新闻单位兼职或挂职的通知	教高司函[2013]86 号	省教育厅
68	关于公布第四届“中国移动校讯通杯”全省教师论文大赛结果的通知	琼教信[2013]22 号	省教育厅
69	转发关于印发《全面推进依法治校实施纲要》的通知	琼教策[2013]1 号	省教育厅
70	关于贯彻落实《全面推进依法治校实施纲要》有关事项的通知	琼教策[2013]7 号	省教育厅
71	关于开展高校依法治校及学术委员会制度调研的通知	琼教策[2013]8 号	省教育厅
72	海南省教育厅关于同意海南大学建设中日友好交流中心室内二次装修项目的批复	琼教财[2013]24 号	省教育厅
73	关于下达 2012 年高校中青年骨干教师培训计划经费分配方案的通知	琼教财[2013]58 号	省教育厅
74	关于印发《海南省省属高校基本建设借贷款联合审核暂行办法》的通知	琼教财[2013]84 号	省教育厅
75	关于下达 2013 年度海南省高等学校科学研究项目资助经费的通知	琼教财[2013]113 号	省教育厅
76	关于下达 2013 年高校本科教学工程项目经费的通知	琼教财[2013]115 号	省教育厅
77	关于开展高校学生资助诚信教育主题活动的通知	琼教财[2013]118 号	省教育厅
78	关于 2013 年 5 月 31 日省本级教育系统预算执行情况的通报	琼教财[2013]135 号	省教育厅
79	关于 2013 年上半年省本级教育系统预算执行情况的通报	琼教财[2013]153 号	省教育厅
80	关于下达高校文献信息保障系统经费的通知	琼教财[2013]156 号	省教育厅

序号	标　　题	文号	发文单位
81	关于截至 2013 年 7 月 31 日省本级教育系统预算执行情况的通报	琼教财[2013]180 号	省教育厅
82	关于做好 2014 年度省本级教育系统预算编制工作的通知	琼教财[2013]181 号	省教育厅
83	关于截至 2013 年 9 月 30 日省本级教育系统预算执行情况的通报	琼教财[2013]226 号	省教育厅
84	关于下达 2013 年高校特色专业建设补助经费的通知	琼教财[2013]228 号	省教育厅
85	关于做好 2011-2012 学年少数民族大学生成才计划奖（助）学金评选工作的通知	琼教助[2013]1 号	省教育厅
86	关于做好遴选推荐民族教育专家工作的通知	琼教基[2013]27 号	省教育厅
87	关于做好荣达教育资助基金民族教育研究课题组织申报工作的通知	琼教基[2013]36 号	省教育厅
88	转发教育部关于进一步加强高校科研项目管理的意见和关于进一步规范高校科研行为的意见的通知	琼教高[2013]1 号	省教育厅
89	转发《关于加强高等学校青年教师队伍建设的意见》的通知	琼教高[2013]4 号	省教育厅
90	关于公布 2012 年下半年海南省高等学校科学研究项目结题评审结果的通知	琼教高[2013]6 号	省教育厅
91	关于开展“十一五”国家级实验教学示范中心（建设单位）验收工作的通知	琼教高[2013]10 号	省教育厅
92	转发《高等学校人文社会科学重点研究基地建设计划实施办法》的通知	琼教高[2013]11 号	省教育厅
93	关于收集普通高等学校 2012 届毕业生联系方式的通知	琼教高[2013]19 号	省教育厅
94	转发关于进一步开展“十二五”高等学校实验教学示范中心建设的通知	琼教高[2013]29 号	省教育厅
95	关于下达 2013 年海南省高等学校科学研究项目的通知	琼教高[2013]35 号	省教育厅
96	关于开展 2011-2012 年度海南省大学英语教学改革项目结题工作的通知	琼教高[2013]41 号	省教育厅
97	关于做好教育部 2013 年度精品视频公开课“科学文化素质教育类课程”推荐工作的通知	琼教高[2013] 42 号	省教育厅
98	关于公布海南省高等学校科学研究未结题项目清理结果的通知	琼教高[2013]44 号	省教育厅
99	关于同意海南大学变更海南省重点学科责任教授的批复	琼教高[2013]48 号	省教育厅
100	关于开展普通高等学校新办本科专业评估工作的通知	琼教高[2013]50 号	省教育厅
101	转发教育部关于做好《学位论文作假行为处理办法》实施工作的通知	琼教高[2013]52 号	省教育厅
102	关于公布 2011-2012 年海南省普通高等学校大学英语教学改革项目结题评审结果的通知	琼教高[2013]57 号	省教育厅
103	关于开展 2013 年上半年海南省高等学校科学研究项目结题工作的通知	琼教高[2013]58 号	省教育厅

序号	标　　题	文号	发文单位
104	关于开展 2013 年普通高等学校省级教学团队评选工作的通知	琼教高 [2013]67 号	省教育厅
105	关于开展 2013 年普通高等学校省级精品课程评选工作的通知	琼教高 [2013]68 号	省教育厅
106	关于开展 2013 年普通高等学校省级特色专业建设点评选工作的通知	琼教高 [2013]69 号	省教育厅
107	关于组织开展 2013 年优秀硕士、博士学位论文评选工作的通知	琼教高 [2013]70 号	省教育厅
108	关于开展 2013 年度教育部“创新团队发展计划”和“新世纪优秀人才支持计划”申报工作的通知	琼教高 [2013]91 号	省教育厅
109	海南省教育厅关于报送 2012-2013 学年高等学校实验室信息统计数据的通知	琼教高 [2013]93 号	省教育厅
110	海南省教育厅转发关于加强高校新闻传播院系师资队伍建设 实施卓越新闻传播人才教育培养计划的意见的通知	琼教高 [2013]97 号	省教育厅
111	海南省教育厅关于公布 2013 年度普通高等学校新办本科专业评估工作情况的通报	琼教高 [2013]98 号	省教育厅
112	关于公布海南省高等学校科学研究在研项目中期检查结果的通知	琼教高 [2013]103 号	省教育厅
113	关于做好 2013 年国家级精品资源共享课推荐工作的通知	琼教高 [2013]108 号	省教育厅
114	关于公布 2013 年普通高等学校省级特色专业建设点评选结果的通知	琼教高 [2013]109 号	省教育厅
115	关于公布 2013 年普通高等学校省级精品课程评审结果的通知	琼教高 [2013]110 号	省教育厅
116	关于公布 2013 年普通高等学校省级教学团队评选结果的通知	琼教高 [2013]111 号	省教育厅
117	海南省教育厅关于公布 2013 年上半年海南省高等学校科学研究项目结题评审结果的通知	琼教高 [2013]119 号	省教育厅
118	海南省教育厅转发教育部 总参谋部《应征入伍普通高等学校录取新生保留入学资格及退役后入学办法（试行）》的通知	琼教高 [2013]122 号	省教育厅
119	关于组建全国大学生电子设计竞赛海南赛区第二届组织委员会的通知	琼教高 [2013]125 号	省教育厅
120	关于开展第四届海南省高等学校优秀科研成果评审奖励工作的通知	琼教高 [2013]129 号	省教育厅
121	关于开展教育部人文社会科学研究项目结题工作的通知	琼教高 [2013]131 号	省教育厅
122	关于做好 2013 年普通高等学校录取新生复查和学籍电子注册工作的通知	琼教高 [2013]131 号	省教育厅
123	转发关于开展国家级虚拟仿真实验教学中心建设工作的通知	琼教高 [2013]133 号	省教育厅
124	关于调整海南省高校专业设置评议委员会组成人员的通知	琼教高 [2013]138 号	省教育厅
125	转发教育部宣传部关于高校哲学社会科学相关专业统一使用马克思主义理论研究和建设工程重点教材的通知	琼教高 [2013]161 号	省教育厅
126	于公布高校图书馆“凤凰传媒杯”首届信息素质教育教学讲课比赛结果的通报	琼教高 [2013]167 号	省教育厅

序号	标　　题	文号	发文单位
127	关于普通高等学校编制发布 2012 年《本科教学质量报告》的通知	琼教高[2013]171 号	省教育厅
128	关于公布 2013 年海南省高等学校优秀中青年骨干教师名单的通知	琼教高[2013]174 号	省教育厅
129	关于做好 2012-2013 学年度第二学期学位授予信息报送工作的通知	琼学位办[2013]3 号	省教育厅
130	关于做好 2013 年度全省高校教师系列专业技术资格评审工作的通知	琼教师[2013]35 号	省教育厅
131	关于选拔 2013 年赴泰国、菲律宾汉语教师志愿者储备人员的通知	琼教外[2013]3 号	省教育厅
132	关于推荐 2013 年赴美国汉语教师志愿者的通知	琼教外[2013]4 号	省教育厅
133	海南省教育厅转发教育部关于印发《全国来华留学管理干部培训暂行办法》的通知	琼教外[2013]9 号	省教育厅
134	海南省教育厅关于公布 2013 年海南省政府国际学生奖学金生招生计划的通知	琼教外[2013]15 号	省教育厅
135	关于开展来华留学英语授课品牌课程评选工作的通知	琼教外[2013]24 号	省教育厅
136	关于做好 2013 年我省地方合作项目选派工作的通知	琼教外[2013]35 号	省教育厅
137	关于公布我省“留动中国--在华留学生阳光运动文化之旅”基层选拔赛结果的通知	琼教外[2013]43 号	省教育厅
138	关于报送高等院校国际合作与交流基本情况的通知	琼教外[2013]45 号	省教育厅
139	关于配合做好华文教育情况专题调研工作的通知	琼教外[2013]48 号	省教育厅
140	转发国家汉办关于纳入汉语教师志愿者项目的通知	琼教外[2013]71 号	省教育厅
141	关于公布 2013 年度海南省政府国际学生奖学金录取结果的通知	琼教外[2013]77 号	省教育厅
142	转发教育部关于近期高等学校中外合作办学有关情况通报的通知	琼教外[2013]100 号	省教育厅
143	关于 2013 年度海南省政府国际学生奖学金名单变动的通知	琼教外[2013]109 号	省教育厅
144	关于做好 2014 年国家公派留学选派工作的通知	琼教外[2013]111 号	省教育厅
145	海南省教育厅关于印发 2013 年体育卫生艺术教育和国防教育工作要点的通知	琼教体[2013]10 号	省教育厅
146	关于 2013 年在青年学生中开展艾滋病监测工作的通知	琼教体[2013]21 号	省教育厅
147	关于印发海南省教育系统防控人感染 H7N9 禽流感应急预案的通知	琼教体[2013]25 号	省教育厅
148	关于公布 2013 年全省大学生结核病防治知识竞赛活动结果的通报	琼教体[2013]31 号	省教育厅
149	关于印发 2013 年海南省学校禁毒宣传月活动方案的通知	琼教体[2013]37 号	省教育厅

序号	标　　题	文号	发文单位
150	关于举办2013年全省学校防毒禁毒知识培训班的通知	琼教体[2013]38号	省教育厅
151	关于组织学生参加“6.26”国际禁毒日活动的通知	琼教体[2013]39号	省教育厅
152	关于2012年《国家学生体质健康标准》测试数据上报情况的通报	琼教体[2013]42号	省教育厅
153	关于开展2013年全省教育系统食品安全宣传周活动的通知	琼教体[2013]45号	省教育厅
154	海南省教育厅关于公布“青春中国梦”2013年海南省大学生艺术歌曲演唱比赛获奖结果的通报	琼教体[2013]48号	省教育厅
155	关于印发《“美丽海南·禁绝毒品”2013学校禁毒宣传教育行动方案》的通知	琼教体[2013]57号	省教育厅
156	转发关于在学生军事训练期间深入开展中国梦宣传教育的通知	琼教体[2013]65号	省教育厅
157	关于开展2013年高雅艺术进校园活动的通知	琼教体[2013]66号	省教育厅
158	关于做好2012年度普通高校校办产业统计工作的通知	琼教发[2013]31号	省教育厅
159	关于下达2013年普通高等教育招生计划的通知	琼教发[2013]107号	省教育厅
160	海南省教育厅关于做好2013年学校（机构）代码管理工作的通知	琼教发[2013]124号	省教育厅
161	关于印发《海南省教育系统公共机构能源资源消费统计实施方案》的通知	琼教发[2013]152号	省教育厅
162	关于转发《学校（机构）人员基础信息代码编制规则》的通知	琼教发[2013]162号	省教育厅
163	关于公布第二十届全省多媒体教育软件评比活动结果的通知	琼教备[2013]15号	省教育厅
164	海南省教育厅关于召开马克思主义理论学科建设情况调研工作座谈会的通知	琼教思政[2013]6号	省教育厅
165	海南省教育厅关于公布2013年度海南省高校思想政治理论课青年教师教学基本功比赛结果的通知	琼教思政[2013]60号	省教育厅
166	关于开展2013年符合过渡条件人员教师资格教育教学能力（说课）考试及秋季教师资格认定工作的通知	琼教审[2013]18号	省教育厅
167	关于做好2013年高校教师资格认定工作的通知	琼教审[2013]23号	省教育厅
168	关于做好2013年普通高等学校招生考试工作的通知	琼教[2013]18号	省教育厅
169	关于印发《海南省国家教育考试标准化考点视频监控设备管理和使用办法（暂行）》的通知	琼教[2013]23号	省教育厅
170	关于印发《2013年海南省教育系统节能宣传周和低碳日活动方案》的通知	琼教[2013]98号	省教育厅
171	关于成立海南省教育网络信息资源整合工作小组的通知	琼教办[2013]2号	省教育厅
172	关于省委教育工委省教育厅领导工作分工调整的通知	琼教办[2013]15号	省教育厅

序号	标　　题	文号	发文单位
173	关于印发《海南省 2013 年学校安全工作要点》的通知	琼教办 [2013]26 号	省教育厅
174	关于认真做好当前学校安全稳定工作的通知	琼教办 [2013]32 号	省教育厅
175	关于开展校园安全隐患排查治理工作的通知	琼教办 [2013]33 号	省教育厅
176	海南省教育厅关于召开 2013 年普通高校招生录取工作会议的通知	琼教办 [2013]38 号	省教育厅
177	关于开展高等学校档案工作检查的通知	琼教办 [2013]52 号	省教育厅
178	关于全面加强教育系统核应急能力教育工作的通知	琼教办 [2013]53 号	省教育厅
179	关于转发《罗保铭同志在海南省庆祝 2013 年教师节大会上的讲话》的通知	琼教办 [2013]60 号	省教育厅
180	关于印发《开展教育系统今冬明春火灾防控工作实施方案》的通知	琼教办 [2013]66 号	省教育厅
181	关于“中国梦·教育梦·我的梦”论文征集评选活动获奖名单的表彰通报	琼教工 [2013]49 号	省教育厅
182	关于发布《海南省教育科学“十二五”规划 2013 年度课题指南》的通知	琼教研 [2013]5 号	省教育厅
183	关于请海南大学承办 2013 年国际学生政府奖学金项目启动仪式暨留学生教育管理座谈会的函		省教育厅
184	海南省教育厅海南省财政厅关于印发《海南省政府国际学生奖学金管理暂行办法》的通知	琼教外 [2013]8 号	省教育厅　省财政厅
185	关于印发《海南省 2013 年规范教育收费治理教育乱收费工作实施方案》的通知	琼教 [2013]34 号	省教育厅　省财政厅 审计厅等
186	关于省委教育工委省教育厅领导工作分工调整的通知	琼教办 [2013]7 号	省教育厅 省教育工委
187	关于加强校园互联网安全管理和落实安全技术措施的通知	琼公通 [2013]331 号	省公安厅 省教育厅
188	关于开展公共机构节能管理远程培训工作的通知	琼事管发 [2013]22 号	省机关事务管理局
189	关于开展高等学校研究生教育培养成本监审工作的通知	琼价费管 [2013]400 号	海南省物价局
190	关于加强学校食堂食品安全监管预防群体性食物中毒的通知	琼食药监餐饮 [2013]35 号	省食品药监局 省教育厅
191	关于印发《海南省学校食堂食品安全监督管理办法（试行)》的通知	琼食药监餐饮 [2013]42 号	省食品药品监督管理局 省教育厅
192	关于印发《电子档案编码方案》和《电子公文归档接口暂行规定》的通知	琼档字 [2013]18 号	省档案局
193	关于印发《海南省档案工作目标管理考评办发法的》的通知	琼档字 [2013]34 号	省档案局
194	海南省学位委员会办公室关于做好 2012/2013 学年度第一学期学位授予信息报送工作的通知	琼学位办 [2013]2 号	省学位委员会
195	关于表彰海南省第九届科技活动月先进单位和个人的决定	琼科组委 [2013]7 号	琼科组委

序号	标　　题	文号	发文单位
196	关于海南大学 2013 年度编制使用计划的批复	琼编办[2013]28 号	省编办
197	关于表彰海南省政协五届一次会议以来优秀提案、先进承办单位和先进承办工作者的决定	琼协发[2013]1 号	政协海南省委员会
198	关于拟推荐海南大学 1 名同志为第九次全国归侨侨眷代表大会代表的商函	琼侨联函[2013]28 号	省归国华侨联合会
199	关于认真贯彻执行《关于进一步加强和规范因公临时出国（境）管理的规定》的通知	琼外函[2013]105 号	省外办
200	关于推荐海南省文化产业专家库人选的通知	海文办[2013]1 号	省文化工作领导小组
201	关于印发《2013 年海南省学生军训工作要点》的通知	琼学领[2013]1 号	省学生军训领导小组
202	关于报送 2008-2012 年度与英国纽卡斯尔大学交流与合作项目总结的通知		省科协
203	关于 2013 年海南省高级科技人才新增采集信息的通知	琼科协[2013]8 号	省科协
204	松阳县人大常委会关于授予梁谋同志“人民好公仆”荣誉称号的决定	松人大常[2013]25 号	松阳县人民代表大会
205	关于请求解决海南大学图书馆太阳能空调和学生宿舍太阳能热水项目工程款的建议	海日源司字[2013]21 号	海南日源太阳能开发有限公司

表彰与奖励

教职工表彰与奖励

省级及以上表彰与奖励

受表彰单位（部门、个人）	表彰名称
海南大学	2013 年度《121 中美人才培养计划》项目“特别贡献奖”
海南大学	“留动中国——在华留学生阳光运动文化之旅”活动海南省决赛体育道德风尚奖
海南大学	海南省第二届“琼州杯”国际学生汉语与才艺大赛优秀组织奖
海南大学	海南省 2013 年度大学生志愿者暑期社会实践先进学校
共青团海南大学委员会	第十三届“挑战杯”全国大学生课外学术科技作品竞赛校级优秀组织奖
共青团海南大学委员会	2013 年度海南共青团重点工作考核一等奖
田　东	全国群众体育工作先进个人
李　洋	第二届全国辅导员技能大赛一等奖
饶颖芝	首届全国高校微课教学比赛海南省优秀奖
崔昌华	第五届全国辅导员年度人物
王　菲	2013“外研社杯”全国英语演讲大赛指导三等奖
	2013“外研社杯”全国英语演讲大赛（海南赛区）指导特等奖
沈　重	第十九届“海南青年五四奖章”称号
崔昌华	2013 年海南省优秀辅导员
李　洋	2013 年度海南省高校优秀辅导员
	海南省辅导员技能大赛二等奖
梁丽凤　李一亮	“留动中国——在华留学生阳光运动文化之旅”活动海南省决赛“优秀裁判员”称号
贾　健　王唯唯	“留动中国——在华留学生阳光运动文化之旅”活动海南省决赛“优秀教练”称号
李　杰	海南省大学生足球锦标赛优秀教练员
李孟端	第四届“中国移动校讯通杯”海南省教师论文大赛三等奖
杨军燕　杨云升	海南省第二届“琼州杯”国际学生汉语与才艺大赛优秀指导教师
符晓峰　邱庆棠	海南省大中专学生田径运动会优秀教练员

受表彰单位（部门、个人）	表彰名称
王　斌	首届海南省武术锦标赛男子青年甲组个人全能第二名
	首届海南省武术锦标赛男子青年组短单器械第二名
	首届海南省武术锦标赛男子青年组三类拳第三名
	首届海南省武术锦标赛男子青年组棍术第四名
王丽娜　陈　青　周郭军 范启标　何映敏　姚广龙 符　涛	海南省 2013 年度大学生志愿者暑期社会实践优秀指导教师
刘复生	海南省第七次社会科学优秀成果论文一等奖
王　芳	海南省第七次社会科学优秀成果专著二等奖
朱东根	海南省第七次社会科学优秀成果论文三等奖
鞠　斐　刘　显　闫广林 徐　侗	海南省第七次社会科学优秀成果专著三等奖

校级表彰与奖励

2012 年度就业工作先进集体和个人

	获奖名称	获奖名单
集体奖	就业工作标兵单位	环境与植物保护学院
	就业工作先进单位	材料与化工学院　机电工程学院　土木建筑工程学院 旅游学院　应用科技学院（城西校区）　农学院 马克思主义学院
	就业工作达标单位	法学院　信息科学技术学院　海洋学院 政治与公共管理学院　人文传播学院　经济与管理学院 园艺园林学院　外国语学院　艺术学院　食品学院
个人奖	就业工作先进个人	崔昌华　曾德虎　崔建兵　罗邻球　黄良颖　刘扬雄 孙　莉　丛德生　潘　炜　伍庆清　王林桂　李佳宾 公衍峰　张益民　李　丹　罗国忠　陈泽锐　林向东 高志华　陈　彪

2012 年度“吴多泰博士科研成果奖”

获奖名称	获奖等级	获奖名单
成果奖	一等奖	林师森　周永灿
	三等奖	张英霞　王　嫣　白新鹏
著作奖	一等奖	吴兴亮
	二等奖	李增平　安应民　郭　强
	三等奖	于向春　吴友根
论文奖	一等奖	夏志辉　卢凌彬　黎兴强
	二等奖	王凤阳　陈　永
	三等奖	马庆芬　徐　静　王　嫣　张英霞　段振华

2011-2012 学年度海南大学优秀班主任

学　院	优秀班主任	学　院	优秀班主任
材料与化工学院	文　峰　徐　鼐	法学院	王秀卫
土木建筑工程学院	安卫国	政治与公共管理学院	张礼祥
食品学院	陈文学	旅游学院	符　涛　林豪燕
机电工程学院	何金戈　林敏玲	人文传播学院	李彩霞
信息科学技术学院	许达潭　陈羡美	外国语学院	李　芬　吕　卉
农学院	于向春　廖承红	艺术学院	杨小强
园艺园林学院	贾文君	马克思主义学院	陈思莲
环境与植物保护学院	周　祥　戚春林	应用科技学院（儋州）	万　婧　张　娜 周　娟
海洋学院	顾志峰	应用科技学院（城西）	吴丽娟　林国兰
经济与管理学院	王　萍　余灼萍 覃子珍		

优秀辅导员

获奖名称	获 奖 名 单
2012 年度“优秀辅导员”	王林桂　张井富　周邦华　李翠霞　徐　望　周　霞 周郭军　范启标　王森森　何映敏
2013 年度“优秀辅导员”	李　洋　李昌郁　韩胜丁　姚天增　张乃脆　符　涛 公衍峰　刘莉莉　周郭军　李　丽　张　婷

2012 年无偿献血工作先进单位和个人

	获奖名称	获 奖 名 单
集体奖	无偿献血工作先进单位	马克思主义学院　海洋学院　政治与公共管理学院 信息科学技术学院　应用科学技术学院（儋州校区）
个人奖	无偿献血先进工作者	崔昌华　王久模　詹达夫　许坤志　陈秀妍 伍庆清　刘勇勤　耿　刚　李　丽　张井富 李昌郁　赵士刚　符少莉　王森森　孙吉成 张　婷　张君成　王动动　黎雨苗　李江俊 陈秀莲

2012-2013 学年度考核优秀人员

获奖单位	获 奖 名 单
农学院	黎　勇　孙　莉　赵建国　樊俊华　朱治强　黄　惜 符文英　杨　诺　庄南生　罗　瑛　廖　丽
园林园艺学院	王　菊　耿　刚　贾文君　王　健　范冬英　龙　方 申益春　林师森　罗丽华　王联春
环境与植物保护学院	罗小云　蔡笃程　史学群　范咏梅　董存柱　唐文浩 王　旭

获奖单位	获 奖 名 单
海洋学院	石耀华 谢珍玉 潘孝昌 王世范 方再光
机电工程学院	廖宇兰 张喜瑞 胡文锋 崔建兵 符 辉 李劲松 肖明伟
信息科学技术学院	段玉聪 欧宜贵 陈褒丹 刘文进 伍灿杰 周 星 周又玲 黄冬明 李红蕾 刘二钢 宋 晏 王冬梅 易家傅 张勇军 周 辉 何琼梅 唐 英
材料与化工学院	李志君 何映平 郝万军 陈 永 王克岩 罗先群 郑 鹏 王 赵 彭尚忠 薛行华 王华明 林昭华 徐树英 李小丽 梁振益 周雪晴 陈尚文
土木建筑工程学院	杨东全 高洪波 易 彰 钟金钰
食品学院	张海德 申铉日 梁丽仪 康丽如
经济管理学院	刘殿国 蔡东宏 李玉凤 徐知斌 李伟铭 曾 峰 谢 妍 黎春燕 张 晖 许海平 朱连心 丁 皓 王华伟 张乃脆 刘运松
政治与公共管理学院	章汝先 刘德浩 李宜钊 赵红亮 张 睿 刘冬梅
马克思主义学院	杨 娜 颜洪平 秦晓华 周郭军
法学院	阎二鹏 邓和军 唐 俐 王 萍 刘云亮 李昌郁 熊勇先
体育部	周若峰 宋静敏 王 群 梁丽凤 梁振成
人文传播学院	符其武 杨国良 毕研韬 马荣江 焦勇勤 郭乃萍
外国语学院	曾传生 白丽芳 黄永平 符雪青 邓 珊 朱 峰 吕 卉 史 康 夏美丽 朱琼莉 肖艳玲 覃成海 兰良平 邱苏敏 孙吉成
国际文化交流学院	邓百意 许 苗
艺术学院	王 莉 袁晓莉 王 晓 志 勇 苏 萍 吴春丹 罗晓海 陈 芬 张 婷
旅游学院	谢祥项 张 珊 程 静 冯 源 曹 扬 符 涛
继续教育学院	王雪梅
应用科技学院（城西校区）	周其良 胡祝华 林师健 洪小丽 陆家曙 姬 卿 吴志忠
应用科技学院（儋州校区）	刘 健
图书馆	李保红 林 苗 杜 玲 吴 涛 陈海洋 周 珊 张建媛 卢 敏
档案馆	李爱萍
学报编辑部	高 喆
网教与教育技术中心	王中香
后勤集团	云 江 石海星 林 松 韩秀玲 陈秀丽 邓 培 郑振福 韦雪华 陈丽珊 杨伟军 陈风林 李 桃 李少东 蒙生儒 黄佩琴 李 珍
医院	杨建波 刘燕清 邱卫红 叶丽燕 刘海华 范懂林
机关	邓婷婷 杨元广 陈 菲 李劲松 罗荫渠 李蔚芳 林 琛 陈秀莲 杨万喜 李于善 黄 乐 吴周存 王 花 许修斌 李布明 杨德禧 于花莲 农伟强 向福英 许德兴 温俊伟 潘明霞 胡惠镕 汤继红 陈志德 张生华 徐广梅 卢 昕 陈 彪 吕青春

2012年暑期大学生社会实践活动先进指导教师

获奖单位	获奖名单	获奖单位	获奖名单
农学院	周　霞　王一凡 阮云泽	经济与管理学院	张井富　李世杰 张乃脆　吴　新
园林园艺学院	许先升　贾文君 成善汉	马克思学院	李德芳　王　善 李辽宁
环境与植物保护学院	崔昌华　李海朋 徐望来　姚天增	土木建筑工程学院	肖　洒　詹达夫 周邦华
材料与化工学院	刘莉莉　王久模 杨建新	人文传播学院	公衍峰　王森森 熊文军
机电学院	崔万春　姚广龙 刘　虹	外国语学院	黄丽芹　李翠霞 李　芬
食品学院	梁丽仪　陈文学 刘石生	艺术学院	陈泰义　张　婷 陈泽锐
信息学院	谭毓银　欧少红 陈　鹏	旅游学院	陈扬乐　赵全鹏 施　光
法学院	熊勇先　伍　奕 唐茂林	应用技术学院（城西校区）	罗晋京　肖　姝 杨智伟
政治与公共管理学院	王　芳　李佳宾	应用技术学院（儋州校区）	任维钧　庞小钦 王动动
海洋学院	王林桂　李　丽 郭孝伟		

2012年度海南大学共青团先进集体和先进个人

获奖名称	获奖单位	获奖名单
五四红旗团支部（总支）	后勤集团	后勤集团第一团支部
优秀共青团员	校团委	安卓凡　刘　茉　栾安琪　周文倩　方　笑 王海威　王晓宇　黄　凡　高钰正　张　路 邵诗琪　姚　磊　杨雨溪　尹栖远　谢　游 刘思雨　顾诗雨　翟笑冰　马昕彤　王佳琦 殷　倩　邓泽宇　周田昊然
	校机关	刘海莉　王立华　温小平　唐玉玲
	后勤集团	陈　婵　樊　晔　林小卫　陈　琳
优秀共青团团干部	校团委	郑子琪　王　鑫　齐继明　王可心　张　栋 周珈亦　程昱铭　吴雅文　樊　坤　李婧雨 王照德　张　磊　张锦旭　彭乐娜　张小峥
	校机关	杨元广
	后勤服务集团	符万祺

2012 年暑期大学生社会实践活动先进团队

获奖单位	获奖名单
外事侨务处	海南大学赴新西兰有机农业调研团队

学生表彰与奖励

省级以上表彰与奖励（集体）

<table>
<tr><th>获奖单位</th><th>获奖称号</th></tr>
<tr><td>海南大学木球队</td><td>第八届亚洲杯木球锦标赛，杆数赛女子团体第三名</td></tr>
<tr><td>海南大学木球队</td><td>第八届亚洲杯木球锦标赛，球道赛男子团体第三名</td></tr>
<tr><td>海南大学木球队</td><td>第八届亚洲杯木球锦标赛，杆数赛男子团体第四名</td></tr>
<tr><td>海南大学木球队</td><td>第八届全国木球锦标赛女子团体第一名</td></tr>
<tr><td>海南大学木球队</td><td>第八届全国木球锦标赛男子团体第二名</td></tr>
<tr><td>海南大学女子排球队</td><td>第九届全国大学生沙滩排球锦标赛高水平组第八名</td></tr>
<tr><td>海南大学男子足球队</td><td>海南省大学生足球锦标赛第一名</td></tr>
<tr><td>海南大学留学生代表队（一队）</td><td>“留动中国——在华留学生阳光运动文化之旅”活动海南省决赛二等奖</td></tr>
<tr><td>海南大学留学生代表队（二队）</td><td>“留动中国——在华留学生阳光运动文化之旅”活动海南省决赛三等奖</td></tr>
<tr><td>海南大学男子篮球队</td><td>2013 年海南省男子篮球公开赛第一名</td></tr>
<tr><td>海南大学代表队</td><td>2013“陵水杯”全国大学生演讲比赛团体一等奖</td></tr>
<tr><td>海南大学学生社团联合会</td><td>第六届全国高校十佳社团联合会</td></tr>
<tr><td>海南大学生命科学协会</td><td>第六届全国高校十佳社团</td></tr>
<tr><td>海南大学马克思主义学院“琼崖红色资源现状调查与老区支教”实践团</td><td rowspan="5">海南省 2013 年度大学生志愿者暑期社会实践先进实践队</td></tr>
<tr><td>海南大学环境与植物保护学院赴昌江、屯昌、白沙科技兴农服务团</td></tr>
<tr><td>海南大学食品学院“走进鹦哥岭”青春榜样梦想实践服务团</td></tr>
<tr><td>海南大学人文传播学院微影寻梦实践团</td></tr>
<tr><td>海南大学经济与管理学院大别山梦想课堂支教团</td></tr>
<tr><td>食品学院青春实践队</td><td>海南省暑期社会实践先进团队</td></tr>
</table>

省级以上表彰与奖励（个人）

第八届亚洲杯木球锦标赛

奖项	等级（级别）	姓名	奖项	等级（级别）	姓名
杆数赛	男子双打第四名	覃华君　苏园凯	球道赛	女子双打第五名	沈　燕　王　萍
	女子双打第七名	沈　燕　苏　童		男子个人第五名	覃华君

中国大学生自强之星

奖项	姓名	奖项	姓名
中国大学生自强之星	曾　龙	中国大学生自强之星提名	蔡国瑞　赵丹阳

2013“外研社杯”全国英语演讲大赛

奖　项	等级（级别）	姓名
2013“外研社杯”全国英语演讲大赛总决赛	二等奖	谢泽伟
	三等奖	侯博雅
2013“外研社杯”全国英语演讲大赛（海南赛区）专业组	特等奖	侯博雅
2013“外研社杯”全国英语演讲大赛（海南赛区）非专业组	特等奖	谢泽伟

第八届全国木球锦标赛获奖

奖项	等级（级别）	姓名	奖项	等级（级别）	姓名
男子个人赛	第一名	叶奇伟	女子个人赛	第一名	王　婧
	第六名	陈泽光		第二名	王　萍
混合赛	混双第一名	叶奇伟　王　萍		第四名	沈　燕
	混双第四名	覃华君　王　婧			

海南省2013年度大学生志愿者暑期社会实践

奖　项	姓　　名
学生积极分子	白　玉　李　壮　宋子琛　史付田　熊　婧　符天山　王　曦　张晓琳　郭　灏　唐　萍　葛士新

海南省2013年度大学生志愿者暑期“三下乡”社会实践活动

奖　项	姓　名	奖　项	姓　名
优秀论文一等奖	文　灿　杜　群　刘　璐	先进个人	葛士新

“中国梦 海南梦 我的梦”海南省大学生演讲比赛

等级（级别）	姓　名	等级（级别）	姓　名
总决赛一等奖	仲婉宁	总决赛二等奖	侯炎君
总决赛三等奖	梁梦晓	总决赛优秀奖	丁　凌

“海南凤凰杯——我的中国梦”全省大中小学生征文比赛（大学组）

等级（级别）	获奖名单	等级（级别）	获奖名单
一等奖	张珊珊　张瀚钰　陈继敏 申志君　黄四宝　林　叶 许文杰　师　甜	二等奖	冀青云　吴兰现　朱志鹏 张凤顺　卫如冰　陶选宁 刘文杰　田　娜　黄林燕 俞勇连
三等奖	李　文　刘书全　叶逢煜		

海南省第二届“琼州杯”国际学生汉语与才艺大赛

等级（级别）	姓　名	等级（级别）	姓　名
一等奖	德杰克　李　堡	二等奖	阿谢穆　特木灵　马迪娜

海南省大学生艺术歌曲演唱比赛

获奖名称	等级（级别）	姓　名	获奖名称	等级（级别）	姓　名
美声组	一等奖（个人）	谭浩池	民族组	一等奖（个人）	侯三得
	二等奖（个人）	邓粘年 王龙荣		一等奖（组合）	李兴萍 王彦涛 叶佳红
	三等奖（个人）	朱志国 岳红艳 顿　予 陈　平		二等奖（个人）	张小鹏 吴　艳 李赞鹏
	三等奖（组合）	侯三得 朱志国 谭浩池		三等奖（个人）	叶佳红 陈雅媛 王　瑚 赵　舟 吕　娟
	优秀奖（个人）	张冠群 邱光生		优秀奖（个人）	王彦涛

海南省大中专学生田径运动会

奖　　项	等级（级别）	姓　　名
海南省大中专学生田径运动会男子 800 米、1500 米	第一名	徐　磊
海南省大中专学生田径运动会男子铁饼	第一名	洪小玉
海南省大中专学生田径运动会男子 110 米栏	第一名	王泽蒙
海南省大中专学生田径运动会男子标枪	第二名	符以虎
海南省大中专学生田径运动会女子跳高	第二名	冯　玲
海南省大中专学生田径运动会女子 400 米栏	第二名	许　萍
海南省大中专学生田径运动会男子十项全能	第三名	王振伟

“陵水杯”2013 全国大学生演讲大赛

等级（级别）	姓　名	等级（级别）	姓　名	等级（级别）	姓　名
特等奖	梁梦晓	三等奖	仲婉宁 侯炎君 史明东	个人优秀奖	王　力 张　靖

2013 年其他奖项获奖名单

奖　　项	等级（级别）	姓　　名
第九届中国大学生沙滩排球锦标赛男子专业组	第三名	王　威
中国大学生排球联赛（南方赛区）	第五名	郝祺玥
第一届全国学生“国家资助 祝我成才”主题征文	三等奖	李　丹
首届“寸草报春晖 共圆中国梦”全国电视演讲大赛	优秀奖	李钊瑾
第十一届“理律杯”全国模拟法庭比赛	优秀辩手奖	崔　圣
2013 年海南省男子篮球赛公开赛	第一名	欧舒云

校级表彰与奖励（集体）

2012-2013 学年度先进班集体名单

获奖单位	获 奖 名 单
材料与化工学院	高分子材料与工程 2010-2　应用化学 2011-1 材料科学与工程（理科实验班）2011-1　化学工程与工艺 2012-2 应用化学 2012-2
土木建筑工程学院	工程管理 2010-1　建筑学 2010-1　工程管理 2012-1
食品学院	食品科学与工程 2010-4　食品科学与工程 2011-4
机电工程学院	车辆工程 2010-1　车辆工程 2010-2　车辆工程 2011-2 交通运输（汽车运用工程方向）2011-2　电气工程及其自动化 2012-3 机械设计制造及其自动化 2012-2

获奖单位	获 奖 名 单
信息科学技术学院	通信工程 2010-2　通信工程 2011-1　通信工程 2011-2 计算机科学与技术 2011-1　电子信息工程 2012-1　电子信息工程 2012-2
农学院	生物技术 2011-1　生物技术 2011-2　生物技术 2012-1　生物科学 2011-2 生物科学 2012-1　生物科学 2012-2
园艺园林学院	园林 2010-1　园林 2011-1　园林 2011-2　园林 2011-4　园艺 2012-3
环境与植物保护学院	农产品质量与安全 2012-1　农产品质量与安全 2012-2　环境科学 2012-2 植物保护（农药方向）2012-3
海洋学院	制药工程 2011-1　海洋科学 2012
经济与管理学院	农林经济管理 2010-1　统计学 2010-1　财务管理 2011-1　金融学 2011-2 人力资源管理 2011-1　市场营销 2011-1　统计学 2011-1　会计学 2012-3 金融学 2012-3　人力资源管理 2012-1
法学院	法学 2011-1　法学 2011-2
政治与公共管理学院	土地资源管理 2011-2　行政管理 2011-2　公共关系学 2011-1
旅游学院	旅游管理（文科实验班）2011-1　旅游管理（旅游规划与景区管理方向）2011-1 旅游管理（文科实验班）2012　旅游管理（旅游规划与景区管理方向）2012 旅游管理（旅游信息管理方向）2012　资源环境与城乡规划管理 2012
人文传播学院	广告学（网络传播方向）2010-1　汉语言文学 2011-2　广告学（网络传播方向）2012-2
外国语学院	英语 2011-2　英语 2012-4　英语（经贸英语方向）2012-2　日语 2012-2
艺术学院	雕塑 2010　油画 2010　动画 2010
马克思主义学院	思想政治教育 2011-1
应用科技学院（儋州）	风景园林（园林工程技术方向）2011-1　风景园林（园林工程技术方向）2011-2 风景园林（园林工程技术方向）2012-3　财务管理（企业理财方向）2011-2 财务管理（企业理财方向）2012-1　财务管理（企业理财方向）2012-2 俄语（商务俄语方向）2012-1　会计学（涉外会计方向）2012-2 会计学（涉外会计方向）2012-3　行政管理（行政文秘方向）2012-1 行政管理（行政文秘方向）2012-2
应用科技学院（城西）	商务英语 2010-2　商务英语 2011-4　商务英语 2012-3 行政管理（中英文秘书方向）2010-1　旅游管理（应用型）2012-3 会计学（注册会计师方向）2012-3

2012 年暑期大学生社会实践活动先进团队

获奖单位	获 奖 名 单
农学院	农学院赴海口市琼山区红旗镇生态循环农业服务团 海南澄迈农村调查小分队 海口市大学生社会实践情况调查团
园艺园林学院	园艺园林学院赴海口市龙华区乡村女孩服务团 园艺园林学院赴海口市美兰区多芒小分队服务团 园艺园林学院赴海南高速公路服务团
环境与植物保护学院	2012 年环植学院暑期赴四川攀枝花市帮教实践队 环植学院赴澄迈县等三地科技兴农服务团 大学生志愿者赴海南九市县环保科普宣讲团

获奖单位	获 奖 名 单
海洋学院	海洋学院赴海口市新埠岛海之队服务团 海洋学院临高县水产实践服务团 海洋学院赴海口地区 Sunshine 服务团 海洋学院 11 级海洋科学系暑期社会实践小组
材料与化工学院	化工二班调研队 材料与化工学院赴翰林镇翰林中学支教团
食品学院	食品学院赴海口市海风服务团 食品学院赴海口市食品安全服务团 食品学院赴海口市行走在海南服务团
土木建筑工程学院	土木建筑工程学院赴文昌市古村落研究小组服务团 土木建筑工程学院赴文昌市筑梦服务团 土木建筑工程学院赴海口市践行者服务团
机电工程学院	机电工程学院赴澄迈县“三下乡”社会实践服务团队 机电工程学院赴美兰区“三下乡”社会实践服务团队
信息科学技术学院	海南大学网络调研队 信息学院赴海口市海岸线环境问题调研团队 信息科学技术学院赴海口市水走琼州服务调研队
人文传播学院	海口市载人三轮车治理实践调研服务团 人文传播学院青年思想动态调查团
外国语学院	外国语学院赴海口市琼山区人民政府、云龙镇政府 甲子镇政府学生干部挂职锻炼服务团队 外国语学院赴海口市大学生英语教育调研及分析服务团
艺术学院	艺术学院赴屯昌油画村考察实践队 艺术学院海南建筑景观实践队
法学院	法学院赴海南省琼中黎族苗族自治县我国黎族乡规民约调查报告与研究服务团 海南省导游权益法律保护调研小组　新型农村合作医疗改进与完善调查团队
政治与公共管理学院	政治与公共管理学院、马克思主义学院赴海口市、儋州市、五指山市、三亚市、 琼海市海南大学海南农村基层社会建设调研服务团 政治与公共管理学院赴澄迈县暑期支教服务团 政管学院公关专业 474 实践团队赴北京、上海等地就业拓展活动
经济与管理学院	经管学院赴澄迈县永发镇新吴地区鱼鸭混养调研服务团 经济与管理学院赴海口市学雷锋小分队 经济与管理学院源生派萌芽“关注民生·深度调研”主题实践团
旅游学院	旅游学院赴乐东县教育资源研究服务团 三角梅 media 实践团队 旅游学院赴三亚市崖城镇梅联村田园牧歌服务团
马克思主义学院	马克思主义学院“琼海红色文化资源调查”调研团队 海南大学马克思主义学院“定安红色文化资源调研及革命老区支教”服务团队 海南大学“海南省爱国主义教育基地建设研究团”
应用科技学院 （城西校区）	北极星创业志愿服务队 应用科技学院赴儋州市东成镇书村小学苍鹰支教服务团 应用科技学院赴海口市万代休闲农业观光园技术服务队
应用科技学院 （儋州校区）	团学之光实践团队 和庆爱心小队

2012年度五四红旗团委（标兵）

获奖名称	获 奖 单 位
五四红旗团委标兵	经济与管理学院团委　海洋学院团委
五四红旗团委	信息科学技术学院团委　法学院团委　环境与植物保护学院团委 外国语学院团委

2012年度五四红旗团支部（总支）名单

获奖名称	获奖单位	支 部 名 称
五四红旗团支部（总支）标兵	农学院	2011生物科学2班团支部
	园艺园林学院	2010级园艺（花卉与景观设计方向）1班团支部
	环境与植物保护学院	2010级农药与农产品质量与安全团总支
	海洋学院	2011级制药工程1班团支部
	材料与化工学院	2011级应用化学1班团支部
	食品学院	2011级食品科学与工程4班团支部
	土木建筑工程学院	2010级工程管理团支部
	机电工程学院	2010级机械制造及其自动化2班团支部
	信息科学技术学院	2011计本1班团支部
	人文传播学院	2010对外汉语2班团支部
	外国语学院	外国语学院日俄系团总支
	艺术学院	绘画系团总支
	法学院	2010级法学1班团支部
	政治与公共管理学院	2011级行政管理1班团支部
	经济与管理学院	财务管理专业团总支
	旅游学院	2011级旅游管理文科实验班团支部
	马克思主义学院	2011级思想政治教育团支部
	应用科技学院（城西）	2010级行政管理团支部
	应用科技学院（儋州）	2011级涉外会计1班团支部
		2010级商务俄语2班团支部

获奖名称	获奖单位	支部名称
五四红旗团支部（总支）	农学院	2010 生物科学 2 班团支部 2011 农学 1 班团支部 2012 生物科学 1 班团支部
	园艺园林学院	2011 级园艺（花卉与景观设计方向）1 班团支部 2012 级园艺（花卉与景观设计方向）1 班团支部
	环境与植物保护学院	2011 级环境科学 2 班团支部 2012 级植物保护农药方向 3 班团支部
	海洋学院	2011 级海洋科学团支部
	材料与化工学院	2010 级高分子材料与工程 1 班团支部 2011 级理科实验班团支部
	食品学院	2012 级食品科学与工程 1 班团支部
	土木建筑工程学院	2010 级土木工程 3 班团支部
	机电工程学院	2010 级车辆工程 1 班团支部 2011 级车辆工程 2 班团支部 2011 级电气工程及其自动化 1 班团支部
	信息科学技术学院	2011 通信 1 班团支部　2011 信安 2 班团支部 2011 电子 1 班团支部　2012 计本 2 班团支部
	人文传播学院	2011 汉语言文学 2 班团支部
	外国语学院	2010 英语 4 班团支部 2011 经贸英语 2 班团支部
	艺术学院	2011 级舞蹈团支部　2011 级室内设计团支部
	法学院	2011 级法学 3 班团支部
	政治与公共管理学院	2012 级公共关系学 2 班团支部
	经济与管理学院	经济与管理学院农林经济管理专业团总支 2011 级工商管理 1 班团支部 2010 级市场营销专业 1 班团支部 2011 级统计学专业 1 班团支部
	旅游学院	旅游学院旅游管理系团总支 2011 级会展经济与管理团支部 2012 级旅游规划与景区管理团支部
	应用科技学院（城西）	应用科学技术学院（城西校区）旅游系团总支 应用科学技术学院（城西校区）英语系团总支 2010 级商务英语 3 班团支部
	应用科技学院（儋州）	2010 级园艺 2 班团支部 2011 级行政管理 2 班团支部 2012 级交通运输 2 班团支部

2012-2013 学年度海南大学“优秀学生会（标兵）”名单

获奖名称	获 奖 单 位
优秀学生会标兵	政治与公共管理学院学生会　旅游学院学生会　食品学院学生会
优秀学生会	法学院学生会　机电工程学院学生会　环境与植物保护学院学生会 应用科技学院学生会（儋州校区）　应用科技学院学生会（城西校区） 农学院学生会

2012-2013 学年度海南大学“十佳学生社团（标兵）”

获奖名称	获 奖 单 位
十佳学生社团标兵	爱心协会　心海爱心协会（城西校区）
十佳学生社团	英语俱乐部　食品营养协会　法律外语协会　微博协会　生命科学协会 绿岛环境保护协会　书法协会　金牌棋友协会（儋州校区） 海韵话剧社（儋州校区）　弈林棋社（城西校区）

2012-2013 年度优秀青年志愿者奖

获奖名称	获 奖 单 位
优秀组织奖	海南大学爱心协会　海南大学机电工程学院青年志愿者协会

校级表彰与奖励（个人）

2013 年海南大学“突出贡献奖”

海南大学授予哈萨克斯坦籍留学生鲁斯兰（蓝天）“突出贡献奖”

2013 年度校级表彰与奖励统计表

（海南大学发文）

填表单位：学生工作处

学院 \ 奖项 人数	特等奖	一等奖	二等奖	三等奖	单项奖	三好学生	优秀学生干部	最具创新与实践能力大学生	优秀研究生干部	优秀研究生	优秀毕业生	十佳励志大学生	十佳励志大学生提名奖	无偿献血先进个人	合计
材料与化工学院	7	32	56	89	0	81	51	9	5	6	25	1	1	7	370
土木建筑工程学院	7	20	41	68	0	64	28	1	0	0	19	0	0	3	251
食品学院	4	12	31	49	0	52	27	2	1	3	9	1	0	3	194
机电工程学院	11	23	65	101	8	90	52	12	1	1	13	1	0	6	384
信息科学技术学院	10	25	62	80	4	96	50	8	2	1	31	0	0	9	378
农学院	10	27	45	97	5	87	54	1	5	8	13	0	1	7	360
园艺园林学院	8	29	35	94	1	68	45	0	2	4	8	0	1	4	299
环境与植物保护学院	7	24	43	67	0	67	30	0	3	5	15	1	0	5	267
海洋学院	5	15	18	41	1	34	26	4	1	1	7	1	0	5	159
经济与管理学院	19	74	132	191	6	189	95	5	3	0	23	1	0	10	748
法学院	0	10	19	25	0	24	18	2	6	1	3	0	0	2	110
政治与公共管理学院	5	20	39	54	0	76	38	1	1	0	11	0	0	5	250
旅游学院	13	45	79	115	3	121	58	5	2	1	26	1	0	7	476
人文传播学院	7	25	37	66	1	49	40	0	1	1	16	1	0	4	248
外国语学院	6	24	45	50	4	36	28	1	1	0	7	0	0	4	206
艺术学院	6	11	44	62	3	82	27	0	1	0	4	0	0	2	242
马克思主义学院	1	1	4	8	2	8	6	0	2	1	1	0	0	2	36
应用科技学院（儋州）	28	98	185	274	4	300	140	9	0	0	0	1	0	12	1051
应用科技学院（城西）	15	61	110	163	16	172	64	6	0	0	18	1	0	3	629
社科中心	0	0	0	0	0	0	0	0	1	0	0	0	0	0	1
研究生会	0	0	0	0	0	0	0	0	14	0	0	0	0	2	16
学生会	0	0	0	0	0	0	0	0	0	0	0	0	0	2	2
学生社团联合会	0	0	0	0	0	0	0	0	0	0	0	0	0	1	1
合　计	169	576	1090	1694	58	1696	877	66	52	33	249	10	3	105	6678

（团委发文）

填表单位：校团委　档案馆

奖项 / 人数 / 学院	优秀共青团团干部	优秀共青团员	优秀校学生会主席	优秀学院学生会主席	优秀学生会干部	暑期大学生社会实践活动学生积极分子	文艺学生积极分子	青年志愿者优秀个人奖	合计
农学院	16	53	0	1	10	38	6	11	135
园艺园林学院	13	43	0	1	13	36	8	10	124
环境与植物保护学院	11	36	0	1	9	27	6	7	97
海洋学院	8	25	0	1	8	21	1	4	68
材料与化工学院	15	47	1	1	13	34	6	9	126
食品学院	8	28	0	1	9	18	3	5	72
土木建筑工程学院	8	27	0	1	9	22	1	6	74
机电工程学院	16	52	0	1	13	36	3	12	133
信息科学技术学院	15	49	0	2	10	37	4	9	126
人文传播学院	12	39	2	1	13	27	8	6	108
外国语学院	9	30	1	1	12	22	5	6	86
艺术学院	9	25	0	1	11	23	4	6	79
法学院	9	28	2	1	7	12	6	5	70
政治与公共管理学院	9	28	0	1	13	18	2	8	79
经济与管理学院	28	88	2	1	25	74	7	18	243
旅游学院	18	60	1	1	20	50	6	13	169
马克思主义学院	1	4	0	1	5	8	1	2	22
继续教育学院	0	0	0	0	3	0	0	0	3
应用科技学院（城西）	25	80	0	1	24	56	3	20	209
应用科技学院（儋州）	32	108	0	1	24	59	0	15	239
社会科学研究中心	0	0	0	0	0	0	0	0	0
校团委	0	0	0	0	0	14	0	0	14
校学生会	14	54	0	0	36	40	0	0	144
学生社团联合会	8	30	0	0	0	20	0	0	58
校研究生会	2	10	0	0	0	20	0	0	32
大学生艺术团	2	6	0	0	0	12	0	0	20
大学生创新院	2	6	0	0	0	6	0	0	14
爱心协会	0	0	0	0	0	0	0	1	1
青年志愿者协会	2	6	0	0	0	6	0	21	35
合　计	292	962	9	20	287	736	80	194	2580

海 大 学 人

（本栏目收录的均为2013年在职人员）

中国科学院“百人计划”入选人员名录

材料提供单位：人事处

姓名	工作单位	职称	专业方向	入选年度
何朝族	农学院	研究员	生物技术	2010

国家有突出贡献专家名单

材料提供单位：人事处

姓名	工作单位	职称	专业方向	入选年度
王毅武	中国现代经济理论研究所	教授	经济学	1992

国家杰出青年基金获得者

材料提供单位：人事处

姓名	工作单位	职称	专业方向	入选年度
李建保	海南大学	教授	材料化学	1993

“百千万人才工程”国家级人选

材料提供单位：人事处

姓名	工作单位	职称	专业方向	入选年度
李建保	海南大学	教授/博导	材料化学	1996

“新世纪百千万人才工程”国家级人选

材料提供单位：人事处

序号	姓名	工作单位	职称	专业方向	入选年度
1	周永灿	海洋学院	教授	水产养殖	2004
2	姜　宏	材料与化工学院	教授	材料学	2004
3	曹　阳	海南大学	教授	材料工程	2006
4	罗素兰	生物技术中心	教授	海洋药物 生物技术	2007

序号	姓名	工作单位	职称	专业方向	入选年度
5	傅国华	海南大学	教授	经济管理	2009
6	王崇敏	海南大学	教授	民商法学	2009
7	邓湘云	材料与化工学院	教授	材料学	2009
8	张玉苍	材料与化工学院	教授	材料学	2009

国家级教学名师

材料提供单位：人事处

姓名	工作单位	职称	专业方向	入选年度
王崇敏	海南大学	教授	民商法学	2011

全国优秀教师

材料提供单位：人事处

姓名	工作单位	职称	专业方向	入选年度
周永灿	海洋学院	教授	水产养殖	2004

全国模范教师

材料提供单位：人事处

姓名	工作单位	职称	专业方向	入选年度
王崇敏	海南大学	教授	民商法学	2009

全国优秀教师、全国高校优秀辅导员

材料提供单位：人事处

姓名	工作单位	专业方向	入选年度
郑再喜	组织部	思想政治教育	1991
符成彦	人文传播学院	思想政治	2007
罗邻球	经济管理学院	思想政治	2009

全国杰出专业技术人才

材料提供单位：人事处

姓名	工作单位	职称	专业方向	入选年度
罗素兰	海洋学院	教授	海洋药物与生物技术	2009

第八届中国“十大杰出青年”

材料提供单位：人事处

姓名	工作单位	职称	入选年度
李建保	海南大学	教授	1997

双聘院士

材料提供单位：人事处

姓名	职称	专业方向	聘任时间
袁承业	中国科学院院士	化学工程与技术	2005
林浩然	中国工程院院士	水产养殖	2005
谢华安	中国科学院院士	植物遗传育种	2011

享受国务院政府特殊津贴人员名单

材料提供单位：人事处

序号	姓名	所在院（系）	职称	荣获年度
1	王毅武	中国现代经济理论研究所	教授	1992
2	李建保	海南大学	教授	1993
3	李会师	信息学院	教授	1993
4	潘贤丽	应用科技学院	教授	1993
5	陈学光	应用科技学院	高级工程师	1993
6	季小琴	艺术学院	教授	1993
7	曹锡仁	社科中心	教授	1995
8	廖建和	材料与化工学院	教授	1996
9	孙绍先	人文传播学院	教授	1999
10	冯永勤	海洋学院	研究员	1999
11	耿占春	人文传播学院	研究员	2002
12	吴兴亮	农学院	教授	2004
13	周永灿	海洋学院	教授	2004
14	姜　宏	材料与化工学院	教授级高工	2004
15	杨小波	园艺园林学院	教授	2006
16	傅国华	海南大学	教授	2006
17	张　歧	材料与化工学院	教授	2008
18	王崇敏	海南大学	教授	2008
19	曹　阳	海南大学	教授	2010
20	刘康德	海南大学	研究员	2010
21	周兆德	海南大学	教授	2010
22	陈国华	海洋学院	教授	2012

序号	姓名	所在院（系）	职称	荣获年度
23	王家儒	艺术学院	教授	2012
24	胡国柳	经济管理学院	教授	2012
25	刘复生	人文传播学院	教授	2012
26	罗素兰	海洋学院	教授	2012
27	张玉苍	材料与化工学院	教授	2012

部级突出贡献专家名录

材料提供单位：科研处

姓名	工作单位	职称	荣获年度
郑服丛	环境与植物保护学院	研究员	1997

教育部“长江学者和创新团队发展计划”创新团队入选名录

材料提供单位：科研处

带头人	工作单位	职称	研究方向	入选年度
罗素兰	海洋学院	教授	热带特色海洋药物 芋螺毒素资源的研究与利用	2011

教育部“新世纪优秀人才支持计划”入选者名单

材料提供单位：人事处

序号	姓名	工作单位	职称	专业方向	入选年度
1	罗素兰	海洋学院	教授	海洋药物与生物技术	2004
2	周永灿	海洋学院	教授	水产养殖	2005
3	林仕伟	材料与化工学院	教授	材料科学与工程	2009
4	胡国柳	经济管理学院	教授	财务管理	2010
5	罗红丽	农学院	研究员	植物病理学	2011
6	潘勤鹤	材料与化工学院	副教授	化学工程与技术	2011
7	徐　静	材料与化工学院	副教授	生物工程	2013

省级优秀专家名单

材料提供单位：人事处

序号	姓名	职称	所在院（系）	荣获年度
1	曹锡仁	教授	社科中心	1992
2	周兆德	教授	海南大学	1994
3	孙绍先	教授	学报编辑部	1994

序号	姓名	职称	所在院（系）	荣获年度
4	吴兴亮	教授	生命科学与农学	1995
5	阎广林	副教授	人文传播学院	1995
6	郑服丛	教授	环植学院	1997
7	耿占春	研究员	人文传播学院	2000
8	吴蔚东	教授	农学院	2002
9	杨小波	教授	园艺园林学院	2002
10	周永灿	教授	海洋学院	2002
11	王崇敏	教授	海南大学	2004
12	曹　阳	教授	海南大学	2004
13	鲁　苓	教授	外国语学院	2004
14	李仁君	教授	经济管理学院	2006
15	胡新文	教授	海南大学	2006
16	姜　宏	教授	材料与化工学院	2007
17	刘康德	研究员	海南大学	2008
18	陈国华	教授	海洋学院	2008
19	姚伯元	教授	材料与化工学院	2008
20	王小妮	一级作家	人文传播学院	2008
21	刘复生	副教授	人文传播学院	2008
22	王家儒	教授	艺术学院	2010
23	李德芳	教授	马克思主义学院	2010
24	罗素兰	教授	海洋学院	2010
25	林尤奋	研究员	园艺园林学院	2010
26	林师森	副教授	园艺园林学院	2012
27	李嘉诚	教授	材料与化工学院	2012
28	蔡东宏	教授	经济管理学院	2012

注：吴蔚东：江西省政府特殊津贴（2002）　姜宏：河南省政府特殊津贴（2007）

宝钢优秀教师奖

材料提供单位：人事处

序号	姓名	工作单位	职称	专业方向	入选年度
1	宋希强	园艺园林学院	教授	园艺学	2008
2	黄东益	农学院	教授	作物学	2008
3	周永灿	海洋学院	教授	水产	2008
4	傅国华	海南大学	教授	农经管理	2009
5	杨小波	园艺园林学院	教授	植物学	2009

序号	姓名	工作单位	职称	专业方向	入选年度
6	李志林	信息学院	教授	数学	2009
7	黄绵佳	园艺园林学院	教授	作物栽培学	2010
8	王　琦	法学院	教授	诉讼法学	2010
9	李京兵	信息学院	教授	计算机科学与技术	2010
10	陈明锐	信息学院	教授	计算机科学与技术	2011
11	蔡东宏	经济管理学院	教授	经济管理	2011
12	李　雯	园艺园林学院	教授	园艺学	2011
13	金　山	外国语学院	教授	日语	2012
14	叶英萍	法学院	教授	婚姻法学	2012
15	陈惠萍	园艺园林学院	教授	植物学	2012
16	胡国柳	经济管理学院	教授	会计学	2013
17	汤　华	农学院	教授	生物技术	2013
18	钟　声	信息学院	教授	计算机科学与技术	2013

国家重点学科责任教授

材料提供单位：“211 工程”建设办公室

姓名	工作单位	研究方向	授予单位	授予时间
何朝族	农学院	作物遗传育种	省教育厅	2011

省委省政府直接联系重点专家名单

材料提供单位：人事处

序号	姓名	职称	所在院（系）	荣获年度
1	刘康德	研究员	海南大学	2010
2	李建保	教授	海南大学	2010
3	周兆德	教授	海南大学	2010
4	傅国华	教授	海南大学	2010
5	曹　阳	教授	海南大学	2010
6	胡新文	教授	海南大学	2010
7	王崇敏	教授	海南大学	2010
8	何朝族	教授	农学院	2010
9	周永灿	教授	海洋学院	2010
10	罗素兰	教授	海洋学院	2010
11	王毅武	教授	中国现代经济理论研究所	2010
12	张　歧	教授	材料与化工学院	2010
13	符国基	教授	旅游学院	2010

序号	姓名	职称	所在院（系）	荣获年度
14	孙绍先	教授	学报编辑部	2010
15	杨小波	教授	园艺园林学院	2010
16	曹锡仁	教授	社科中心	2010
17	黄　勃	教授	海洋学院	2010
18	张玉苍	教授	材料与化工学院	2012
19	李会师	教授	信息学院	2012
20	冯永勤	教授	海洋学院	2012
21	陈学光	副教授	应用科技学院（城西）	2012
22	陈国华	教授	海洋学院	2012
23	林尤奋	教授	园艺园林学院	2012
24	李从发	教授	食品学院	2012
25	黄东益	教授	211 重点办	2012
26	胡碧煌	教授	海洋学院	2012
27	李德芳	教授	马克思主义学院	2012
28	姜　宏	教授	材料与化工学院	2012
29	黄　惜	教授	农学院	2012
30	胡国柳	教授	经济管理学院	2012

海南省重点学科责任教授名录

材料提供单位：“211 工程”建设办公室

<table>
<tr><th>序号</th><th>责任教授</th><th>研究方向</th><th>授予时间</th><th>所在单位</th><th>备注</th></tr>
<tr><td>1</td><td>曹　阳</td><td rowspan="3">化学工程与技术</td><td>2010</td><td rowspan="4">材料与化工学院</td><td></td></tr>
<tr><td>2</td><td>尹学琼</td><td>2011</td><td>责任人变更</td></tr>
<tr><td>3</td><td>张玉苍</td><td>2013</td><td>责任人变更</td></tr>
<tr><td>4</td><td>邓湘云</td><td>材料物理与化学</td><td>2010</td><td></td></tr>
<tr><td>5</td><td>王崇敏</td><td>民商法学</td><td>2010</td><td>法学院</td><td></td></tr>
<tr><td>6</td><td>胡新文</td><td rowspan="2">生物化学与分子生物学</td><td>2010</td><td rowspan="3">农学院</td><td></td></tr>
<tr><td>7</td><td>黄　惜</td><td>2011</td><td>责任人变更</td></tr>
<tr><td>8</td><td>何朝族</td><td>作物学</td><td>2010</td><td></td></tr>
<tr><td>9</td><td>李德芳</td><td>马克思主义理论</td><td>2010</td><td>马克思主义学院</td><td></td></tr>
<tr><td>10</td><td>周永灿</td><td>水产养殖</td><td>2010</td><td>海洋学院</td><td></td></tr>
<tr><td>11</td><td>陈扬乐</td><td>旅游管理</td><td>2010</td><td>旅游学院</td><td></td></tr>
<tr><td>12</td><td>杜文才</td><td>通信与信息系统</td><td>2010</td><td>信息科学技术学院</td><td></td></tr>
<tr><td>13</td><td>胡国柳</td><td>农业经济管理</td><td>2010</td><td>经济与管理学院</td><td></td></tr>
</table>

海南省“515人才工程”人员名单

材料提供单位：人事处

层次	姓名	单位	专业方向	入选年度
第一层次	张　岐	海洋学院	海洋化学	2005
	傅国华	海南大学	经济管理	2005
	姚伯元	材料与化工学院	化学	2008
	王崇敏	海南大学	法学与教育学	2008
	胡　涛	旅游学院	计算机工程	2008
	杨小波	生命科学与农学院	植物学	2008
	罗素兰	公共实验中心	生物制药工程	2008
	李从发	食品学院	食品科学与工程	2008
	何朝族	农学院	作物遗传育种	2010
	邓湘云	材料与化工学院	材料科学与工程	2010
	胡国柳	经济管理学院	工商管理　会计学	2010
	李德芳	马克思主义学院	历史学政治学	2010
第二层次	孙绍先	人文传播学院	文学	2005
	文聘元	社科中心	哲学	2005
	王凤阳	农学院	动物学	2005
	冯玉红	材料与化工学院	化工	2005
	李仁君	经济管理学院	经济学	2005
	廖双泉	材料与化工学院	材料学	2005
	曹献英	材料与化工学院	材料学	2008
	陈　永	材料与化工学院	材料学	2008
	袁文兵	材料与化工学院	化学	2008
	段振华	食品学院	食品科学与工程	2008
	郭　强	旅游学院	现代化管理	2008
	汤　华	农学院	作物遗传育种	2008
	刘复生	人文传播学院	文学	2008
	辛世彪	人文传播学院	文学	2008
	陈　绮	信息学院	计算机科学与技术	2008
	宋希强	园艺学院	林学	2008
	黄东益	211重点办公室	作物遗传育种	2010
	韩建刚	建工学院	土木工程	2010
	张英霞	海洋学院	动物学	2010
	张海德	食品学院	食品科学与工程	2010
	骆焱平	环植学院	植物保护农药学	2010
	尹学琼	材料与化工学院	化学工程与技术	2010
	李京兵	信息学院	计算机科学技术	2010

层次	姓名	单位	专业方向	入选年度
第二层次	刘德兵	儋州管委会	园艺学	2010
	黄 惜	农学院	植物分子生物学	2010
	吴友根	园艺学院	药用植物学	2010
	王 琦	法学院	法学	2010
	金 山	外国语学院	日本语言文学海南民族研究	2010
	宋增伟	政管学院	政治学	2010
	范士陈	旅游学院	人文地理学	2010
	叶仄辉	艺术学院	美术学（雕塑）	2010

海南省普通高等学校教学名师名录

材料提供单位：教务处

序号	姓名	工作单位	职称	入选年度
1	李绍鹏	园林园艺学院	教授	2003
2	杨小波	生命科学与农学院	教授	2006
3	胡新文	农学院	教授	2006
4	傅国华	管理学院	教授	2006
5	李仁君	经济管理学院	教授	2007
6	黄绵佳	园林园艺学院	教授	2007
7	程立生	农学院	教授	2008
8	周永灿	海洋学院	教授	2008
9	陈明锐	信息科学技术学院	教授	2009
10	翁绍捷	机电工程学院	教授	2009
11	曹 阳	材料与化工学院	教授	2010
12	李京兵	信息科学技术学院	教授	2010
13	王 琦	法学院	教授	2011
14	陈祎平	材料与化工学院	教授	2012
15	蔡东宏	经济管理学院	教授	2012

海南省高层次创新创业人才名录

材料提供单位：人事处

序号	姓 名	工作单位	专业方向	入选年度
1	何朝族	农学院	生物技术	2010
2	胡碧煌	海洋学院	制药工程	2011
3	张玉苍	材料化工学院	生物材料科学	2012
4	姜 宏	材料化工学院	特种玻璃	2012

海南省有突出贡献中青年专家名录

材料提供单位：人事处

序号	姓名	所在院（系）	职称	专业方向	入选年度
1	曹锡仁	社科中心	教授	哲学	1992
2	周兆德	海南大学	教授	农业生态	1994
3	孙绍先	人文传播学院	教授	外国文学	1994
4	闫广林	人文传播学院	教授	现代文学	1995
5	吴兴亮	园林园艺学院	研究员	园艺园林学	1995
6	林　强	材料化工学院	教授	化工	1996
7	郑服丛	园艺园林学院	研究员	植物保护	1997
8	耿占春	人文传播学院	教授	汉语言文学	2000
9	杨小波	园艺园林学院	教授	植物学	2002
10	吴蔚东	农学院	教授	土壤学	2002
11	周永灿	海洋学院	教授	水生生物病害和防治	2003
12	王崇敏	法学院	教授	民商法学	2004
13	曹　阳	海南大学	教授	生物医学材料	2004
14	鲁　苓	外国语学院	教授	英　语	2004
15	张　岐	材料化工学院	教授	应用化学	2006
16	胡新文	海南大学	教授	植物学生物科技	2006
17	李仁君	经济学院	教授	西方经济学	2006
18	姜　宏	材料化工学院	教授级高工	特种玻璃	2007
19	刘康德	海南大学	研究员	热带作物	2008
20	姚伯元	材料化工学院	教授	化学工程	2008
21	陈国华	海洋学院	教授	水产养殖	2008
22	刘复生	人文传播学院	教授	文艺学	2008
23	王小妮	人文传播学院	一级作家	诗歌创作	2008
24	罗素兰	海洋学院	教授	生物技术与海洋药物	2010
25	李德芳	马克思主义学院	教授	马克思主义与思想政治教育	2010
26	王家儒	艺术学院	教授	油画	2010
27	林尤奋	园艺园林学院	教授	园艺学	2010
28	林师森	园艺园林学院	副教授	作物栽培学	2012
29	李嘉诚	材料与化工学院	教授	化学工艺	2012
30	蔡东宏	经济管理学院	教授	经济管理	2012

海南省高等学校优秀中青年骨干教师名录

材料提供单位：人事处

序号	姓名	工作单位	职称	入选年度
1	刘四新	食品学院	教授	2011
2	周永灿	海洋学院	教授	2011
3	廖双泉	材料与化工学院	教授	2011
4	李京兵	信息科学技术学院	教授	2011
5	韩建刚	土木建筑学院	教授	2011
6	李辽宁	马克思主义学院	副教授	2012
7	王　琦	法学院	教授	2012
8	童伟华	法学院	教授	2012
9	李　雯	园艺园林学院	教授	2012
10	吴友根	园艺园林学院	副教授	2012
11	韦开蕾	经济与管理学院	教授	2013
12	陈银华	农学院	副教授	2013

正高专业技术职务人员名录

材料提供单位：人事处

序号	院处名称	姓名	性别	取得 专业技术职务名称
1	海南大学	刘康德	男	研究员
2	海南大学	李建保	男	教授
3	海南大学	周兆德	男	教授
4	海南大学	林　强	男	教授
5	海南大学	曹献坤	女	教授
6	海南大学	刁晓平	女	教授
7	海南大学	傅国华	男	教授
8	海南大学	曹　阳	男	教授
9	海南大学	胡新文	男	教授
10	党委宣传部	王志芳	女	教授
11	党委宣传部	孙旭东	男	编审
12	校长办公室	刘湘洪	女	研究员
13	科研处	章程辉	男	研究员
14	研究生处	张银东	男	研究员
15	研究生处	蒋国洲	男	教授
16	重点项目建设办公室	黄东益	男	教授
17	招生办	林强盛	男	研究员

序号	院处名称	姓名	性别	取得 专业技术职务名称
18	基建处	田元福	男	教授
19	材料与化工学院	张玉苍	男	教授
20	材料与化工学院	姜　宏	男	教授
21	材料与化工学院	廖双泉	男	教授
22	材料与化工学院	曹献英	女	研究员
23	材料与化工学院	李　光	男	教授
24	材料与化工学院	罗盛旭	男	教授
25	材料与化工学院	吴周新	男	教授
26	材料与化工学院	熊春荣	男	教授
27	材料与化工学院	陈祎平	男	教授
28	材料与化工学院	张　岐	男	教授
29	材料与化工学院	李嘉诚	男	教授
30	材料与化工学院	胡广林	男	研究员
31	材料与化工学院	张永明	男	教授
32	材料与化工学院	郝万军	男	教授
33	材料与化工学院	姚伯元	男	教授
34	材料与化工学院	李东栋	男	教授
35	材料与化工学院	袁文兵	男	教授
36	材料与化工学院	潘莉莎	女	教授
37	材料与化工学院	陈　永	男	教授
38	材料与化工学院	林仕伟	男	教授
39	材料与化工学院	尹学琼	女	教授
40	材料与化工学院	刘平怀	女	研究员
41	材料与化工学院	俞集楠	女	研究员
42	材料与化工学院	朱　文	女	教授
43	材料与化工学院	李志君	男	教授
44	材料与化工学院	谭海生	男	教授
45	材料与化工学院	何映平	男	教授
46	材料与化工学院	邓湘云	女	教授
47	材料与化工学院	薛行华	男	教授
48	材料与化工学院	孙炳全	男	教授
49	材料与化工学院	冯玉红	女	教授
50	材料与化工学院	李建林	男	教授
51	材料与化工学院	陈拥军	男	教授
52	材料与化工学院	庞素娟	女	教授
53	材料与化工学院	陈永平	男	教授
54	材料与化工学院	付云芝	女	教授
55	材料与化工学院	刘钟馨	女	教授
56	材料与化工学院	卢凌彬	女	教授

序号	院处名称	姓名	性别	取得 专业技术职务名称
57	材料与化工学院	文　峰	男	教授
58	材料与化工学院	吴进怡	男	教授
59	材料与化工学院	杨建新	男	教授
60	材料与化工学院	张德拉	女	教授
61	材料与化工学院	姜　宏	男	教授
62	材料与化工学院	廖小雪	女	教授
63	材料与化工学院	向道平	男	研究员
64	土木建筑工程学院	卫　宏	男	教授
65	土木建筑工程学院	韩建刚	男	教授
66	土木建筑工程学院	陈奕柏	男	教授
67	土木建筑工程学院	李光范	男	教授
68	土木建筑工程学院	杨东全	男	教授
69	食品学院	仇厚援	男	教授
70	食品学院	李从发	男	教授
71	食品学院	林向东	男	教授
72	食品学院	段振华	男	教授
73	食品学院	张桂和	男	教授
74	食品学院	黄广民	男	教授
75	食品学院	申铉日	男	教授
76	食品学院	张海德	男	教授
77	食品学院	钟秋平	男	教授
78	食品学院	施瑞城	男	教授
79	食品学院	刘四新	女	教授
80	食品学院	陈文学	男	教授
81	食品学院	杨劲松	女	教授
82	食品学院	白新鹏	男	教授
83	食品学院	潘永贵	男	教授
84	食品学院	刘石生	男	教授
85	机电工程学院	翁绍捷	男	教授
86	机电工程学院	符　新	男	教授
87	机电工程学院	李　粤	男	教授
88	机电工程学院	廖宇兰	女	教授
89	机电工程学院	樊军庆	男	教授
90	机电工程学院	陈振斌	男	教授
91	机电工程学院	梁　栋	男	教授
92	信息科学技术学院	杜文才	男	教授
93	信息科学技术学院	陈明锐	男	教授
94	信息科学技术学院	尹建华	男	教授
95	信息科学技术学院	杨　雄	男	教授

序号	院处名称	姓名	性别	取得 专业技术职务名称
96	信息科学技术学院	李京兵	男	教授
97	信息科学技术学院	杨厚群	男	教授
98	信息科学技术学院	顾　剑	男	教授
99	信息科学技术学院	杜育宽	男	教授
100	信息科学技术学院	高泽图	男	教授
101	信息科学技术学院	李志林	男	教授
102	信息科学技术学院	周又玲	女	教授
103	信息科学技术学院	韩汉鹏	男	教授
104	信息科学技术学院	陈　绮	女	教授
105	信息科学技术学院	任一凡	女	研究员
106	信息科学技术学院	李太君	男	教授
107	信息科学技术学院	邢　琳	男	教授
108	信息科学技术学院	钟　声	男	教授
109	信息科学技术学院	欧宜贵	男	教授
110	信息科学技术学院	龙伦海	男	教授
111	信息科学技术学院	邓家先	男	教授
112	信息科学技术学院	邓谋杰	男	教授
113	信息科学技术学院	李会师	男	教授
114	信息科学技术学院	潘　伟	男	教授
115	信息科学技术学院	周　星	女	教授
116	信息科学技术学院	霍世清	男	教授
117	信息科学技术学院	高新瑞	男	教授
118	信息科学技术学院	姚孝明	男	教授
119	信息科学技术学院	沈　重	男	教授
120	信息科学技术学院	白　勇	男	教授
121	信息科学技术学院	杜　锋	男	教授
122	信息科学技术学院	邱　钊	男	教授
123	信息科学技术学院	孙建强	男	教授
124	信息科学技术学院	王志刚	男	教授
125	信息科学技术学院	张永辉	男	教授
126	信息科学技术学院	黄梦醒	男	教授
127	信息科学技术学院	王兆辉	男	研究员
128	农学院	吴蔚东	男	教授
129	农学院	袁潜华	男	研究员
130	农学院	王凤阳	男	教授
131	农学院	罗丽娟	女	教授
132	农学院	刘国民	男	教授
133	农学院	吴科榜	男	教授
134	农学院	罗越华	男	研究员

序号	院处名称	姓名	性别	取得 专业技术职务名称
135	农学院	张立岭	男	教授
136	农学院	黄　惜	男	研究员
137	农学院	符文英	女	教授
138	农学院	罗红丽	女	研究员
139	农学院	庄南生	男	教授
140	农学院	刘进平	男	教授
141	农学院	唐树梅	女	教授
142	农学院	林　电	男	教授
143	农学院	吴兴亮	男	研究员
144	农学院	何朝族	男	研究员
145	农学院	陈银华	男	教授
146	农学院	汤　华	男	教授
147	农学院	唐燕琼	女	教授
148	农学院	杨雨辉	男	教授
149	农学院	郑继平	男	教授
150	园艺园林学院	李绍鹏	男	教授
151	园艺园林学院	黄绵佳	男	教授
152	园艺园林学院	许先升	男	教授
153	园艺园林学院	杨好伟	男	教授
154	园艺园林学院	杨小波	男	教授
155	园艺园林学院	宋希强	男	教授
156	园艺园林学院	林尤奋	男	教授
157	园艺园林学院	王　健	男	教授
158	园艺园林学院	吴庆书	男	教授
159	园艺园林学院	李　雯	女	教授
160	园艺园林学院	陈惠萍	女	教授
161	园艺园林学院	单家林	男	教授
162	园艺园林学院	成善汉	男	教授
163	园艺园林学院	周开兵	男	教授
164	园艺园林学院	宋希强	男	研究员
165	园艺园林学院	朱国鹏	男	研究员
166	环境与植物保护学院	郑服丛	男	研究员
167	环境与植物保护学院	张荣意	男	教授
168	环境与植物保护学院	李增平	男	教授
169	环境与植物保护学院	蔡笃程	男	教授
170	环境与植物保护学院	谭志琼	女	教授
171	环境与植物保护学院	唐文浩	男	教授
172	环境与植物保护学院	范咏梅	女	研究员
173	环境与植物保护学院	杨　叶	女	教授

序号	院处名称	姓名	性别	取得 专业技术职务名称
174	环境与植物保护学院	缪卫国	男	教授
175	环境与植物保护学院	骆焱平	男	教授
176	环境与植物保护学院	杨　飞	男	研究员
177	海洋学院	陈国华	男	教授
178	海洋学院	周永灿	男	教授
179	海洋学院	黄　勃	男	教授
180	海洋学院	邓世明	男	教授
181	海洋学院	赖秋明	男	教授
182	海洋学院	王爱民	男	研究员
183	海洋学院	王红勇	男	教授
184	海洋学院	冯永勤	男	研究员
185	海洋学院	石耀华	男	教授
186	海洋学院	王世范	男	教授
187	海洋学院	李洪武	男	研究员
188	海洋学院	王　嫣	女	教授
189	海洋学院	胡碧煌	男	教授
190	海洋学院	罗素兰	女	教授
191	海洋学院	顾志峰	男	教授
192	海洋学院	张英霞	女	教授
193	海洋学院	谢珍玉	男	教授
194	海洋学院	刘中强	男	研究员
195	经济与管理学院	胡国柳	男	教授
196	经济与管理学院	柯佑鹏	男	教授
197	经济与管理学院	李仁君	男	教授
198	经济与管理学院	黄淑芬	女	教授
199	经济与管理学院	蔡东宏	男	教授
200	经济与管理学院	郑远强	男	教授
201	经济与管理学院	严传东	男	教授
202	经济与管理学院	张尔升	男	教授
203	经济与管理学院	马国强	男	教授
204	经济与管理学院	刘家诚	男	教授
205	经济与管理学院	那声润	男	教授
206	经济与管理学院	刘殿国	男	教授
207	经济与管理学院	王丽娅	女	教授
208	经济与管理学院	徐　艳	女	教授
209	经济与管理学院	董建华	女	教授
210	经济与管理学院	张继军	男	教授
211	经济与管理学院	王毅武	男	教授
212	经济与管理学院	宋贤卓	男	研究员

序号	院处名称	姓名	性别	取得 专业技术职务名称
213	经济与管理学院	吴　涛	女	教授
214	经济与管理学院	陈新锋	男	教授
215	经济与管理学院	罗后清	男	教授
216	经济与管理学院	齐晓梅	女	教授
217	经济与管理学院	孙建军	男	教授
218	经济与管理学院	张长海	男	教授
219	经济与管理学院	韦开蕾	女	研究员
220	经济与管理学院	符　蕾	女	研究员
221	法学院	王崇敏	男	教授
222	法学院	徐　民	男	教授
223	法学院	王　琦	男	教授
224	法学院	宁清同	男	教授
225	法学院	叶英萍	女	教授
226	法学院	张　卫	男	教授
227	法学院	刘云亮	男	教授
228	法学院	董万程	男	教授
229	法学院	刘远山	男	教授
230	法学院	陈秋云	男	教授
231	法学院	邹立刚	男	教授
232	法学院	张丽娜	女	教授
233	法学院	李荣珍	女	教授
234	法学院	梁亚荣	男	教授
235	法学院	宋　强	男	教授
236	法学院	童伟华	男	教授
237	法学院	王洪宇	女	教授
238	法学院	李建华	男	教授
239	法学院	彭真明	男	教授
240	法学院	周孝怀	男	教授
241	法学院	罗旭南	男	教授
242	法学院	赵振华	男	教授
243	政治与公共管理学院	张治库	男	教授
244	政治与公共管理学院	宋增伟	男	教授
245	政治与公共管理学院	庞京城	男	教授
246	政治与公共管理学院	章汝先	女	教授
247	政治与公共管理学院	曹锡仁	男	教授
248	政治与公共管理学院	文聘元	男	研究员
249	政治与公共管理学院	张志扬	男	研究员
250	政治与公共管理学院	耿开君	男	研究员
251	政治与公共管理学院	阎根齐	男	研究馆员

序号	院处名称	姓名	性别	取得 专业技术职务名称
252	政治与公共管理学院	陈小桃	女	教授
253	马克思主义学院	李德芳	男	教授
254	马克思主义学院	张云阁	男	教授
255	马克思主义学院	李英华	男	教授
256	马克思主义学院	冯　颖	女	教授
257	马克思主义学院	李　俊	男	教授
258	马克思主义学院	杨素稳	女	教授
259	旅游学院	陈扬乐	男	教授
260	旅游学院	郭　强	男	教授
261	旅游学院	纪俊超	男	译审
262	旅游学院	冯　源	女	教授
263	旅游学院	赵全鹏	男	教授
264	旅游学院	符国基	男	教授
265	旅游学院	李永文	男	教授
266	旅游学院	董林峰	男	研究员
267	旅游学院	胡　涛	男	教授
268	旅游学院	黄建宏	男	教授
269	旅游学院	范士陈	男	教授
270	旅游学院	田　良	男	教授
271	旅游学院	王凤霞	女	教授
272	旅游学院	王　琳	女	教授
273	旅游学院	董林峰	男	教授
274	人文传播学院	闫广林	男	教授
275	人文传播学院	王兆庆	男	教授
276	人文传播学院	刘复生	男	教授
277	人文传播学院	焦勇勤	男	教授
278	人文传播学院	耿占春	男	研究员
279	人文传播学院	李　溢	男	教授
280	人文传播学院	杨国良	男	教授
281	人文传播学院	符其武	男	教授
282	人文传播学院	熊开发	男	教授
283	人文传播学院	朱东根	男	教授
284	人文传播学院	张军军	女	教授
285	人文传播学院	毕研韬	男	教授
286	人文传播学院	鞠　斐	男	教授
287	外国语学院	陈鸣芬	女	教授
288	外国语学院	曹玲娟	女	教授
289	外国语学院	鲁　苓	女	教授
290	外国语学院	李小北	男	教授

序号	院处名称	姓名	性别	取得 专业技术职务名称
291	外国语学院	梁　鲜	女	教授
292	外国语学院	邢　宏	女	教授
293	艺术学院	赵京封	男	教授
294	艺术学院	孙　毅	男	教授
295	艺术学院	马剑平	男	教授
296	艺术学院	陈明孔	男	教授
297	艺术学院	张　风	男	教授
298	艺术学院	王家儒	男	教授
299	艺术学院	张继光	男	教授
300	艺术学院	闫　超	男	教授
301	艺术学院	叶仄辉	男	教授
302	艺术学院	华　甫	男	教授
303	艺术学院	陈　研	女	教授
304	艺术学院	陈桂香	女	教授
305	艺术学院	李　丽	女	教授
306	艺术学院	刘彩云	女	教授
307	艺术学院	张　黎	女	教授
308	艺术学院	唐丽春	女	教授
309	艺术学院	季小琴	女	一级演员
310	艺术学院	李牧之	男	教授
311	艺术学院	林明俊	男	教授
312	艺术学院	邱海东	男	教授
313	艺术学院	谭晓东	男	教授
314	继续教育学院	符常明	男	研究员
315	继续教育学院	段书臣	男	教授
316	应用科技学院（城西校区）	黄崇利	男	教授
317	应用科技学院（城西校区）	潘贤丽	女	教授
318	应用科技学院（城西校区）	海　滨	男	教授
319	应用科技学院（城西校区）	彭金莲	女	教授
320	应用科技学院（儋州校区）	廖建和	男	教授
321	体育部	田　东	男	教授
322	体育部	肖国良	男	教授
323	体育部	李　杰	男	教授
324	体育部	邱庆棠	男	教授
325	体育部	宋静敏	男	教授
326	体育部	姜秀英	女	教授
327	体育部	郝　伟	女	教授
328	体育部	洪家云	男	教授
329	体育部	李　秀	男	教授

序号	院处名称	姓名	性别	取得 专业技术职务名称
330	体育部	梁丽凤	女	教授
331	体育部	刘少凯	男	教授
332	体育部	罗远标	男	教授
333	体育部	倪思贵	男	教授
334	体育部	盛小芳	女	教授
335	体育部	王　群	男	教授
336	体育部	王晓青	女	教授
337	儋州校区管理委员会	陈琼花	女	研究员
338	图书馆	李　春	女	研究馆员
339	图书馆	钟哲辉	男	研究员
340	图书馆	吉家凡	男	研究馆员
341	图书馆	张红霞	女	研究馆员
342	图书馆	王小会	女	研究馆员
343	图书馆	蔡瑞平	男	研究馆员
344	档案馆	黄天明	女	研究馆员
345	学报编辑部	许文深	男	编审
346	学报编辑部	孙绍先	男	教授
347	学报编辑部	郑小枚	女	编审
348	学报编辑部	吴爱敏	女	编审
349	学报编辑部	靳香玲	女	编审
350	网络与教育技术中心	李文化	男	教授

2013 年在校工作的外籍教师和外国专家名单

材料提供单位：国际文化交流学院

序号	姓　名	国　籍	性别	职称/职务	聘用单位
1	Li Shizheng	荷兰	男	教授	人文传播学院
2	Dr Wang Junfeng	德国	男	教授	材料与化工学院
3	Jin Ying	新西兰	女	教授	外国语学院
4	Colin Mcculloch	新西兰	男	专家	外国语学院
5	Wayne Edward Griffin	美国	男	专家	外国语学院
6	Ann　Fellows	美国	女	专家	外国语学院
7	Takada Minoru	日本	男	专家	外国语学院
8	Masahiro Fujita	日本	男	专家	外国语学院
9	Sarakaeva Elina	俄罗斯	女	专家	外国语学院
10	Zhang Chang	加拿大	男	专家	外国语学院
11	Yang Bo	美国	女	专家	外国语学院
12	Robert Leonard Van Bakel	新西兰	男	专家	旅游学院

序号	姓　名	国　籍	性别	职称/职务	聘用单位
13	Andrew Crocombe	美国	男	专家	旅游学院
14	Hayashi Yoshie	日本	女	专家	旅游学院
15	Karney Christopher Michael	美国	男	专家	应用科技学院（城西）
16	Kamille jenea krahwinkel	美国	女	专家	应用科技学院（城西）
17	Christopher Roy Monroe Knudson	美国	男	专家	应用科技学院（城西）
18	NICHOLAS LEONARD LEON	美国	男	专家	应用科技学院（城西）
19	Morris-Ott Victoria	加拿大	女	专家	应用科技学院（儋州）
20	Frank Manuel	加拿大	男	专家	应用科技学院（儋州）
21	Popovicheva Irina Viktorovna	俄罗斯	女	专家	应用科技学院（儋州）
22	Tyurina Marina Valentinovna	俄罗斯	女	专家	应用科技学院（儋州）
23	Medvedeva Liubov	俄罗斯	女	专家	应用科技学院（儋州）
24	Ivanova Irina Sergeevna	俄罗斯	女	专家	应用科技学院（儋州）

媒体看海大

2013年媒体报道海南大学的主要消息索引

（不完全统计）

序号	新闻标题	新闻来源	发表日期
1	马达加斯加驻华参赞访海南大学　考察留学生教育	中国新闻网	1月5日
2	俄罗斯人民友谊大学与海大展开合作　将互换学生	中国新闻网	1月5日
3	第四届“中国管理案例共享国际论坛”年会举行	中新网海南频道	1月19日
4	全国两百多所高校专家聚椰城 研讨管理理论	人民网海南视窗	1月19日
5	“管理案例论坛”年会在海南大学举行	海南日报	1月21日
6	海南大学留学生寒假期间生活丰富多彩	中国新闻网	2月27日
7	海南大学招募59名赴海外汉语教师志愿者储备人员	中国新闻网	3月1日
8	情人眼里出西施 海南大学生熊飞观鸟趣事	南海网 南国都市报	3月4日
9	海南大学与英国纽卡斯尔大学续签合作协议	中国新闻网	3月4日
10	海南大学与英国纽卡斯尔大学续签合作协议 两校未来5年每年交换5学生	海南特区报	3月5日
11	“向群弟”赵红亮：榜样传承与爱同行	海南日报	3月5日
12	海大14项成果获省科技进步和科技成果转化奖	新华网海南频道	3月6日
13	海大学生参加“夏威夷檀香山国际友城学生论坛”	新华网海南频道	3月6日
14	海大入选全国首批卓越法律人才教育培养基地	人民网海南视窗	3月12日
15	海南大学学生军训战场救护	中国国防报	3月14日
16	英国埃塞克斯大学代表访问海南大学 进行交流合作	中国新闻网	3月14日
17	台湾认可内地111所高校学历 海南大学位列其中	中新网海南频道	3月15日
18	海南大学举行2013年春季留学生开学典礼	中国新闻网	3月15日
19	海南大学成为第二批台湾认可学历的大陆高校	人民网海南视窗	3月15日
20	海南大学生赴台湾求学谈心得：学生与导师聚餐由学校买单	南国都市报	3月16日
21	海南大学获关爱女孩全国优秀调研报告一等奖	人民网海南视窗	3月19日
22	乌克兰马卡罗夫船舶大学校长访海南大学谋合作	中国新闻网	3月21日
23	琼籍港商在海南大学设教育基金奖励优秀师生	中国新闻网	3月28日
24	海南大学MBA联合会举办首届路演创业沙龙	MBA中国网	3月28日
25	海南大学犯罪学研究所成立 填补海南此类空白	人民网海南视窗	3月29日
26	海南大学里的一间无声课堂	新华网海南频道	4月1日
27	2013年高考海南特色高校介绍：海南大学	中国大学网	4月2日
28	海南大学崔昌华：最成功的事，就是对学生好	新华网	4月8日
29	念好特色“八字经” 学科建设春风劲	海南日报	4月8日
30	泰国侨领王琼南博士访问海南大学	中国新闻网	4月10日
31	海大学生弃学救母　感动社会获热心人士资助	南海网	4月11日
32	海大5名“90后”的社会实践报告获全国一等奖	南海网　海南日报	4月12日

序号	新 闻 标 题	新闻来源	发表日期
33	海南大学绿叶环保协会：以实际行动保护生态环境	南海网	4 月 14 日
34	海南开国际性会议研讨生物多样性促农业发展	新华网海南频道	4 月 16 日
35	海南大学新增留学生汉语言本科专业 学制 4 年	中国新闻网	4 月 19 日
36	我校与儋州市政府召开校市合作座谈会	凤凰网	4 月 19 日
37	《海南通史》将出版，记载海南灿烂的历史文化	人民网海南视窗	4 月 22 日
38	海南大学学生义卖 为乐东 8 岁白血病儿童募捐	南国都市报	4 月 22 日
39	全国哲学社会科学规划办公室向我校捐赠国家社科基金优秀成果图书	凤凰网	4 月 22 日
40	海南大学启动帮扶机制 安抚雅安籍受灾学生	人民网海南视窗	4 月 22 日
41	海南大学多措施安抚雅安地震灾区籍学生	中新网海南频道	4 月 22 日
42	海大学生发动市民为灾区捐款	南国都市报	4 月 22 日
43	海南大学学子为雅安灾区人民募捐祈福	中新网海南频道	4 月 23 日
44	海南大学 7 年派出 300 余汉语教师志愿者赴国外任教	中国新闻网	4 月 23 日
45	海大学生设点为灾区募捐	海南特区报	4 月 23 日
46	海大学生组织义卖为一患儿募捐	国际旅游岛商报	4 月 25 日
47	海南大学获全国大学生演讲比赛团体一等奖	人民网海南视窗	4 月 25 日
48	海大公关系学生开展城市生存挑战实践教学活动	新华网海南频道	4 月 26 日
49	海南大学章汝先教授：美丽心灵助飞海南梦	海南日报	4 月 26 日
50	海大 6 教授当选教育部高校教学指导委员会委员	人民网　海南视窗	4 月 27 日
51	海南大学留学生开展 2013 年春季学期文化实践游	国务院新闻办　中新网	4 月 28 日
52	海大学生志愿者：请将爱美之心化为护生之举	海南日报	5 月 2 日
53	触摸天脊梦想 海南大学自行车协会举办进藏交流会	海口网	5 月 2 日
54	海南大学举行“大声说出我的梦”五四青年节主题活动	中国新闻网	5 月 4 日
55	海大学子组建公益团队帮毕业生求职	南国都市报	5 月 5 日
56	海大举办五四主题活动：大声说出我的中国梦	人民网	5 月 6 日
57	海南大学教师 11 年下乡做善事	海口网　海口晚报	5 月 6 日
58	海大举行毕业生供需见面会	海南日报	5 月 7 日
59	商务部援外培训项目在海大开班 10 国派人参训	人民网　海南视窗	5 月 9 日
60	海南大学学子荣获“中国大学生自强之星”称号	南海网	5 月 11 日
61	海南大学举行感恩活动：要懂得珍惜美好生活	人民网	5 月 13 日
62	海大启动心理健康教育宣传月	海南日报	5 月 13 日
63	海南大学展开“说出我的爱”感恩有你伴我行活动	中国新闻网	5 月 13 日
64	海大学生折桂“中国梦·海南梦·我的梦”演讲比赛	海南特区报	5 月 13 日
65	从未停歇的历史复原之旅	海南日报	5 月 13 日
66	金山教授翻译三省《抄录》揭秘殖民野心	海南日报	5 月 13 日
67	傅国华教授：海南示范有 1%希望就 100%努力实现	国际旅游岛　商报	5 月 14 日
68	泰国琼籍侨领邢诒喜访问海南大学	中国新闻网	5 月 15 日
69	海南大学向山区小学赠 130 台电脑和 4 台交换机	人民网	5 月 16 日
70	王毅武：海南房地产市场与国家政策密不可分	搜狐焦点	5 月 17 日
71	海南大学率团访问美国亚利桑那大学等三所高校	中国新闻网	5 月 17 日

序号	新 闻 标 题	新闻来源	发表日期
72	海大学生支教革命老区	南海网	5月20日
73	“中国大学生自强之星”王振：自强不息　杖量天地	南国都市报	5月21日
74	王振用拐杖丈量出自强不息的高度	南国都市报	5月22日
75	海南大学举办助残日公益晚会 传播慈爱正能量	人民网	5月22日
76	第十四届海南大学·夏威夷大学汉语暑期班开班	中国新闻网	5月22日
77	海南大学43名学生捐血14000毫升救回老校警	南海网	5月23日
78	尹双增：老年养生要讲科学	海南日报	5月24日
79	海大优秀辅导员谈成功经验：爱与责任对待事业	南海网	5月24日
80	30万年薪没挖走这辅导员	南国都市报	5月25日
81	县校合作昌江芒果优质示范基地建设项目通过验收	中国新闻网	5月25日
82	校县合作技术助农 昌江芒果丰产又丰收	海南日报	5月25日
83	海大推出辅导员沙龙平台 高校间共享工作经验	人民网	5月27日
84	第二届全国高校辅导员职业能力大赛落幕	光明日报	5月28日
85	美国密苏里州立大学访海南大学 拟加强师生交换	中国新闻网	5月31日
86	海南大学与英国爱丁堡龙比亚大学结好 将互派学生	中国新闻网	5月31日
87	加拿大驻广州总领事访问海南大学 介绍留学政策	中国新闻网	5月31日
88	海大教师赵红亮11年助学不间断 被誉为“向群弟”	南海网	5月31日
89	海南大学举办“挑战杯”大学生课外科技竞赛选拔赛	中新网海南频道	6月1日
90	海南大学发明设计橡胶树皮厚度电子测量仪	中国橡胶网	6月3日
91	中科院张瑜教授与海大师生共话钱学森教育精神	南国都市报	6月5日
92	海大辅导员崔昌华：让学生站在我们的肩膀上走得更远	海南日报	6月5日
93	李群山声乐毕业生汇报音乐会温情上演	人民网海南视窗	6月5日
94	旧书卖掉可惜 海大学子欲建公益书屋循环利用旧书	海口网	6月6日
95	“海南大学—金光奖学金”设立 五年捐赠500万元	中新网海南频道	6月6日
96	金光基金再向海大捐500万奖学金	海南日报	6月7日
97	海南大学与SAF海外学习基金会合作开展海外名校学生交流	中国新闻网	6月9日
98	环保时装秀海大举行 化废为宝培养孩子环保意识	南海网	6月9日
99	海南大学今年选派300余名学生出国（境）交流学习	中国新闻网	6月9日
100	海南大学出国规模增加 将派309名学子出国交流	南海网	6月9日
101	“海大好声音”歌手大赛落幕 10组选手HIGH翻全场	南海网	6月10日
102	海大艺术学院隆重举行2013届毕业生汇演活动	人民网	6月12日
103	大学生村官邢富甫	中国农业新闻网	6月14日
104	我校开通校友会网站、创办《海大校友》期刊	凤凰网	6月17日
105	松阳县与海南大学签约开展多领域合作	丽水新闻网	6月19日
106	海南智慧城市研究院海大成立 培养智慧城市人才	南海网	6月19日
107	海南省智慧城市研究院挂牌成立	中新网海南频道	6月19日
108	海南省智慧城市研究院揭牌	南国都市报	6月20日
109	海大与浪潮集团签订合作协议 联合成立海南省智慧城市研究院	海南日报	6月20日
110	海南大学举行颁奖晚会 十位励志大学生获表彰	南海网	6月21日

序号	新 闻 标 题	新闻来源	发表日期
111	国家级专业技术人员继续教育基地落户海大	人民网海南视窗 海南日报	6月22日
112	海南大学“十佳励志大学生”出炉 传递正能量	中新网海南频道	6月22日
113	海南大学“单肾女孩”杜东蔚：用坚强致敬青春	海南日报	6月22日
114	海大“励志姐”：笑对坎坷不言愁	南国都市报	6月22日
115	海南大学为留学生作海南黎族传统文化讲座	中国新闻网	6月22日
116	全国专家来琼研讨海洋通信话题	海南日报	6月22日
117	海南大学：为海外琼籍子弟就读提供学费优惠政策	中国新闻网	6月24日
118	海大举行2013届学生毕业典礼暨学位授予仪式	人民网	6月25日
119	海南大学开展留学生课外实践活动 了解本土文化	中国新闻网	6月25日
120	海南大学留学生：爱上在海南学习的日子	中国新闻网	6月25日
121	海南大学启动欧中农业交流基金会海外实习项目	中国新闻网	6月25日
122	周琳琳舞蹈专场《海的女儿》惊艳亮相 场面唯美	海南在线	6月27日
123	“光华树才计划”走进海大 支持校园文化建设	人民网海南视窗	6月28日
124	舞蹈精灵周琳琳	海南日报	7月1日
125	海大举行“海的女儿—周琳琳舞蹈专场晚会”	人民网海南视窗	7月1日
126	海南大学：科研梦，强校梦	海南日报	7月4日
127	海南大学招生就业工作有亮点出成效 把好“进”“出”口 学生好成才	海南日报	7月5日
128	司法文明协同创新中心南方基地在海南大学设立	中新网海南频道	7月9日
129	海南大学建立司法文明协同创新中心南方基地	南海网	7月9日
130	海南大学：为学生成长成才搭台助力	海南日报	7月10日
131	司法文明协同创新中心南方基地落户海大	海南日报	7月10日
132	打造文化软实力 集聚育人正能量	海南日报	7月12日
133	海大外语学院学生暑期到海甸街道办挂职锻炼	人民网	7月17日
134	海大外语学院赴陵水等地调研英语教学现状	人民网	7月17日
135	海大骑行队伍云南路遇两车相撞 协力救出被困司机	南海网	7月20日
136	海大骑行队云南救出被困司机	南国都市报	7月21日
137	海大骑行队云南救出被困司机	海南日报	7月21日
138	海大骑行队云南救出被困司机	人民网	7月21日
139	紧接“地气”践行党的群众路线	光明日报	7月24日
140	海南澄迈香蕉吃上“营养餐”每亩增收千元	海南日报	7月24日
141	校企合作测土配方 精准施肥助澄迈福山蕉农增收	南海网	7月24日
142	海大学子呼吁完善水产品质检体系 规范虾苗市场	南海网	7月24日
143	国家公派学者项目录取名单揭晓 我省7人将留学欧美澳洲	海南日报	7月29日
144	海南大学学生开展暑期爱心支教	海南日报	8月6日
145	“琼中女足”首拍微电影，莘莘学子为之动容	中国网	8月12日
146	海大毕业生凭借短片《不耻》获100万元启动资金	南海网 南国都市报	8月19日
147	海大学生暑期社会实践到儋州乡村宣讲中国梦	人民网	8月19日
148	省教育厅率专家田头支农 “技术为咱农民致富撑腰！”	海南日报	8月19日

序号	新 闻 标 题	新闻来源	发表日期
149	创业咖啡馆：别只关心我们是否盈利	中国青年报	8月19日
150	【道德模范评选表彰】赵红亮：寄情黎苗山寨	光明网 《光明日报》	8月23日
151	在田园间写生太幸福了	海南日报	8月27日
152	海南大学55名学子暑期赴海外游学 增长见识	中国新闻网	8月27日
153	海大学生暑期调研琼崖红色文化并支教老区	人民网	8月27日
154	海南大学法学院实践队暑期下基层开展社会实践	中国教育新闻网	8月28日
155	2013年海南大学新生入学 家长：该让孩子去独立	海口网	8月28日
156	海大新生今报到 培养独立精神成大学第一课	人民网	8月28日
157	海南大学倡导新生独立报到 培养艰苦奋斗品格	南海网	8月29日
158	海大学子夏练三伏 逐梦宝岛	中国网	9月3日
159	海南大学生捐献造血干细胞救助浙江白血病男孩	中新网海南频道	9月3日
160	海南大学生捐造血干细胞 救浙江15岁白血病男孩	南海网	9月3日
161	携手海南大学 鸿洲人才班开班	海口晚报	9月4日
162	海大留学生捐献罕见“熊猫血”受赞誉 总书记称他为“友谊使者”	南海网	9月7日
163	海大留学生捐“熊猫血”获总书记赞“友谊使者”	人民网	9月7日
164	“成为中哈友谊使者我很荣幸!”——访在海南哈萨克斯坦留学生鲁斯兰	新华网	9月7日
165	昌江与海南大学合作建设芒果优质高产示范基地	海南日报	9月8日
166	海大留学生鲁斯兰：中国国家主席提到我 我感觉很幸福	南国都市报	9月8日
167	习近平哈萨克斯坦演讲赞海大留学生中哈友谊使者	海南特区报	9月8日
168	海南大学哈萨克斯坦留学生鲁斯兰:“成为中哈友谊使者我很荣幸”	海南特区报	9月8日
169	海大披露哈国留学生鲁斯兰捐献熊猫血更多内情	人民网	9月9日
170	哈萨克斯坦小伙鲁斯兰与海南的不解之缘	中国日报	9月10日
171	民间外交让海南更开放	海南日报	9月10日
172	鲁斯兰：“愿为哈中友谊作贡献”	人民网 人民日报	9月11日
173	海南大学授予哈萨克斯坦留学生鲁斯兰“突出贡献奖”	新华网	9月11日
174	海大留学生鲁斯兰被授予突出贡献奖 获奖10万元	南海网	9月11日
175	中哈友谊使者鲁斯兰获海南大学10万元奖励	人民网	9月11日
176	Student's rare blood bonds Kazakhstan and China	China Daily	9月12日
177	“中哈友谊使者”鲁斯兰13日做客南海网	南海网	9月12日
178	海大授予鲁斯兰突出贡献奖	海南日报	9月12日
179	奉献燃烧青春之火——记海南大学青年志愿者	蓝网（海南新闻）	9月12日
180	国家海洋药源生物种质资源库在厦门正式启动建设	中央人民政府网	9月19日
181	中国打造海洋生物“诺亚方舟”	海南日报	9月20日
182	考研有奖 最高一万	南国都市报	9月20日
183	我国正式开建海洋药源生物种质资源库	新华网	9月20日
184	一个人带来一个玻璃研发智囊团	海南日报	9月28日
185	向道德模范致敬	海南特区报	9月29日
186	学习道德楷模 传递社会正能量	海南日报	9月29日

序号	新 闻 标 题	新闻来源	发表日期
187	海南大学评选最美后勤员工 6 人获提名	南海网	10 月 1 日
188	海南大学举办“首届最美后勤员工”评选活动	中国新闻网	10 月 1 日
189	李岚清在海南大学畅谈大众篆刻与弘扬保卫汉字 “字”里行间 雕刻人生	海南日报	10 月 2 日
190	海大仓库管理员当选“最美后勤员工”	南国都市报	10 月 8 日
191	琼湘专家联袂攻坚，耐盐水稻中试获重大进展	海南日报	10 月 9 日
192	海南首次招收中国政府奖学金留学生	中国新闻网	10 月 10 日
193	海南招中国政府奖学金留学生 首批 50 名来自 15 国	南海网	10 月 10 日
194	省男篮公开赛海大夺冠	海南日报	10 月 14 日
195	海南男子篮球公开赛 海南大学队夺冠	海口网	10 月 14 日
196	韩国“70 后”留学生把家“搬”到海南学汉语	中国新闻网	10 月 14 日
197	韩国“70 后”留学生 携全家来琼学汉语	南国都市报	10 月 15 日
198	海南大学行者无疆队带您体验纯粹的快乐，非“烦”的记忆	海南日报	10 月 16 日
199	海南大学：国际科技合作 让中国的海洋药物走向世界	海南日报	10 月 16 日
200	海南大学评选出“首届最美后勤员工” 草根小人物的大爱之美	海南日报	10 月 17 日
201	尊重平凡者 彰显大学之道	海南日报	10 月 18 日
202	海南大学有个“留学生之家”	中国新闻网	10 月 21 日
203	蔡鹤龄：真正的美应该是健康自然的	国际旅游岛商报	10 月 21 日
204	海南大学 2013 创业大赛 15 强产生 将参与全省大赛	南海网	10 月 23 日
205	海南大学艺术学院王家儒教授在美办画展	海南日报	10 月 23 日
206	海大后勤集团特色活动欢度环卫节	中国新闻网	10 月 25 日
207	海南大学举办“九蒸九焙”的杨绛专题演讲	中国新闻网	10 月 26 日
208	海大举办杨绛专题演讲 感悟：远离喧哗陶然读书	南国都市报	10 月 27 日
209	海大旅游学院教学创新：比赛征集酒店改造创意	南海网	10 月 27 日
210	海南大学启用学术反剽窃软件 抵制学术不端	南国都市报	10 月 28 日
211	海南大学留学生：喜欢学汉语 热爱中国文化	中国新闻网	10 月 30 日
212	海南大学开展海外交流项目宣传月活动	中国新闻网	10 月 30 日
213	海南大学举行杨绛专题演讲	海南日报	10 月 31 日
214	海南大学多项举措推进高校英语课程改革	中新网海南频道	11 月 2 日
215	全国英语演讲赛：3 名海南选手将参与全国半决赛	南海网	11 月 2 日
216	海大 9000 本科生迎英语教学改革	南国都市报	11 月 3 日
217	全国英语演讲比赛：海大学生侯博雅获专业组特等奖	南国都市报	11 月 3 日
218	海南大学社团文化节开幕 首映自制微电影	南海网	11 月 4 日
219	海大学生自导自演微电影首映 鲁斯兰出演	人民网	11 月 5 日
220	海南省首届社会科学学术年会 5 日在海南大学开幕	南海网	11 月 5 日
221	海南省首届社会科学年会在海南大学开幕	中新网海南频道	11 月 5 日
222	韩国亚洲大学代表访海南大学 将开展学生交换	中国新闻网	11 月 5 日
223	华盛顿州立大学访海南大学 探讨研究生联合培养	中国新闻网	11 月 5 日
224	海南大学获《121 中美人才培养计划》特别贡献奖	中国新闻网	11 月 6 日

序号	新 闻 标 题	新闻来源	发表日期
225	海南大学教授李仁君：争创有海南特色的海洋强省	南海网	11月7日
226	海南大学留学生积极参加校运动会 展现风采	中国新闻网	11月11日
227	海南大学代表团访美国密苏里州立大学等四所高校	中国新闻网	11月13日
228	海口物价局与海大合作 探索夏秋蔬菜保价稳供模式	南海网	11月13日
229	平凡的力量—鹦哥岭团队坚守大山 海南基层巡回宣讲报告会走进海南大学	南海网	11月14日
230	第九届中国橡胶基础研讨会在海南大学开幕	中国新闻网	11月14日
231	海大被纳入国家中西部高校综合实力提升工程	海南日报	11月17日
232	平凡人 不平凡的感动——“中国梦、我的梦”宣讲团走进海大	海南日报	11月17日
233	寻找最美海洋环保使者——“蓝色国土 最美南海”公益活动启动	海南日报	11月17日
234	海大志愿者街头爱心募捐遭冷落 盼市民支持[图]	海口晚报	11月18日
235	海南大学实施“冬季小学期”制度吸引“候鸟人才”	中国社会科学报	11月18日
236	舞蹈《花帽子》摘“荷花奖”编导铜奖	海南日报	11月19日
237	47名志愿者服务万宁冲浪节 多为海大英语系学生	南海网	11月21日
238	海南大学颁发2012-2013学年“金光奖学金”	中国新闻网	11月21日
239	北京二外留学生代表团到海南大学学习考察	中国新闻网	11月21日
240	王毅武：推迟退休年龄不能一刀切 要“慢步走”	凤凰网	11月21日
241	海南大学举行金光奖学金颁发仪式 415名学生获奖	南海网	11月21日
242	“职场毒舌”马丁在海南大学畅谈“职业创变”	新华网海南频道	11月23日
243	虎啸公益讲座海大开讲 资深创意人谈创意营销	南海网	11月24日
244	海大学子办助残公益晚会	海口晚报	11月24日
245	海大举办儋州校区2014届毕业生专场供需见面会	海南日报	11月24日
246	海南大学志愿者：送人玫瑰手有余香	凤凰网	11月25日
247	海南大学MBA研究生林伟胜：为中国MBA联盟事业增砖加瓦	中国MBA教育网	11月25日
248	虎啸实战专家高校公益讲座在海南大学开讲	国际旅游岛商报	11月26日
249	刘德浩：基础养老金全国统筹要一步到位	凤凰网	11月26日
250	毕研韬：抓住海南发展的历史机遇	海南日报	11月26日
251	我省玉足海参池塘养殖试验获成功	海南日报	11月26日
252	越来越多留学生爱上海南	海南日报	11月26日
253	海南大学参与海口会展人才培训基地建设	海南日报	11月27日
254	海大儋州校区举行供需见面会	海口晚报	11月27日
255	美国纽约海南同乡会主席郑心元访问海南大学	中国新闻网	11月27日
256	海南大学举办中华经典诵读晚会 共12个学院参加	南海网	11月29日
257	海南省博士协会年会暨海南科技创新研讨会在海南大学举行 李宪生出席	海南日报	12月1日
258	博士协会要在海南争创实践范例中有更大作为	海南日报	12月1日
259	校园版职来职往在海南大学上演	南岛晚报	12月1日
260	海大办中华经典诵读晚会 提升学生人文素质	人民网	12月2日

序号	新 闻 标 题	新闻来源	发表日期
261	海南大学数十学生为贫困孩子沿街募捐	南国都市报	12 月 3 日
262	海大与文昌探索校市合作 共建大学生实践基地	南海网	12 月 3 日
263	海南大学与文昌市人民政府多领域开展合作	中国新闻网	12 月 3 日
264	海大科研成果玉足海参池塘养殖试验获成功	中国农业新闻网	12 月 3 日
265	琼海与海南大学携手合作 重点发展农业科技	南海网	12 月 3 日
266	团海南省委在海南大学举办高校团干部培训班	中国青年网	12 月 4 日
267	琼海牵手海大 播种农业科技	海南日报	12 月 4 日
268	海南大学公共关系学系第八届“世邦公关周”开幕	海口网	12 月 4 日
269	海大与琼海市合作推广新技术 促农民增收	人民网	12 月 5 日
270	海大举办社团文化大观园 用双节棍玩“乒乓球”	南海网	12 月 5 日
271	海南大学举办“社团文化大观园” 留学生积极参与	中国新闻网	12 月 5 日
272	海南大学教学基地落户海南省第一戒毒所	国际旅游岛商报	12 月 5 日
273	槟榔谷成为海南大学艺术学院教习基地	海南日报	12 月 7 日
274	槟榔谷成为海南大学艺术学院教习基地	中新网海南频道	12 月 7 日
275	海南“琼州杯”国际学生汉语与才艺大赛决赛在海南大学举办	中国新闻网	12 月 9 日
276	海南“琼州杯”国际学生汉语与才艺大赛决赛在海南大学举办	人民网	12 月 9 日
277	首届海南省大学生志愿服务论坛开幕	海南特区报	12 月 9 日
278	海南大学上演校园版“职来职往”	海南日报	12 月 10 日
279	海南大学与农企产学研合作推动黑猪产业发展	新华网	12 月 10 日
280	海大毕业生捐造血干细胞救男童	海南日报	12 月 10 日
281	海南大学艺术学院与嘉积中学共建实习基地	琼海在线	12 月 10 日
282	外国留学生琼岛拼才艺在海南大学上演	海南日报	12 月 10 日
283	海南大学毕业生捐造血干细胞救上海男童 为海南第 50 例	南海网	12 月 11 日
284	海大与瑞今公司签订产学研合作协议	海南日报	12 月 11 日
285	法学院王琳副教授：如何消除犯罪化标签	法治周末	12 月 11 日
286	海南省大学生志愿服务论坛召开	中国新闻网	12 月 11 日
287	海南大学学生感动残疾老人 上门帮修轮椅	南国都市报	12 月 12 日
288	海南大学教授办展传“师德”学生作诗感“师恩”	新华网海南频道	12 月 12 日
289	海南省大学生志愿服务论坛在海南大学举行 交流服务经验	人民网	12 月 13 日
290	海南大学教授章汝先举办展览：告别讲台感恩学生	中新网海南频道	12 月 13 日
291	2013 中国文化行“雅居乐”海南营在海南大学开营	中国新闻网	12 月 13 日
292	海外华裔青少年与海南大学学子联欢	中国新闻网	12 月 15 日
293	海外华裔青少年在海南大学学习武术	中国新闻网	12 月 15 日
294	冰雪山水画创始人于志学来海南大学讲学	海南新闻联播	12 月 16 日
295	章汝先教授办感恩学生主题展 学生被感动深鞠躬	南海网	12 月 16 日
296	章汝先教授举办告别讲台主题展 被唤为公关妈妈	海南日报	12 月 16 日
297	共青团美兰区委举行志愿捐书活动	中新网海南频道	12 月 16 日
298	海大举办章汝先教授从教 32 年师生情深主题展	人民网	12 月 17 日
299	海南省高校思想政治理论课教学方法改革经验交流会在海南大学召开	中国新闻网	12 月 17 日

序号	新闻标题	新闻来源	发表日期
300	60名海外华裔青少年在海南手工制作中国结	中国新闻网	12月17日
301	海南大学学生欲环岛骑行宣传环保 盼热心人士参与	海口晚报	12月19日
302	海南大学“非遗文化保护项目”到槟榔谷开展调研	三亚新闻网	12月19日
303	海南大学摘取2013年海南省创业大赛桂冠	中国报道	12月19日
304	自然资源科学年会海口举行 设海南海洋旅游议题	南海网	12月21日
305	海外华裔青少年与文昌学子联欢秀才艺	中国新闻网	12月21日
306	海外华裔青少年寻根之旅作文抒怀	中国新闻网	12月21日
307	槟榔谷成海南大学教习基地 校企合作创双赢	人民网	12月22日
308	冰雪山水画大师于志学先生到海南大学艺术学院讲学	中国山水画艺术网	12月22日
309	新加坡南洋理工大学华人副教授海南大学讲述创业经	中国新闻网	12月23日
310	海大章汝先从教32年展落幕 传递育人正能量	人民网	12月24日
311	鲁斯兰获评“2013海南教育界那些让我们最感动的人”	海南日报	12月24日
312	十一月光明书榜：《杨绛：“九蒸九焙”的传奇》	光明日报	12月24日
313	王琳：行诉法修正应纳入司改的大盘子	广州日报	12月25日
314	海南首个民族管弦乐团成立	海口晚报	12月27日
315	曹量：古时铜鼓涵盖全岛	海口晚报	12月27日

编 后 语

《海南大学年鉴》(2014)记录的是海南大学 2013 年的基本情况、主要工作及其成果。在编辑过程中，根据校领导的建议新增一级栏目“理事会和教育基金会工作”，并在“科学研究与社会服务”栏目下增加“海南省南海法律研究中心”工作等内容；编辑部注意吸纳兄弟高校的成功经验，在去年改版的基础又上进行了修编，充分利用统计表格形式，对内容较庞杂的学生表彰栏目进行了二次浓缩。

全书分为：特载、学校概况、“211”工程建设、招生工作、教学工作、学生工作、毕业生就业工作、科学研究与社会服务、党建与思想政治工作、行政管理、理事会和教育基金会工作、大事记、重要文件、表彰与奖励、海大学人、媒体看海大等 16 个栏目，尽可能全面地、系统地、准确地记载学校一年来的发展变化。

《海南大学年鉴》(2014)从酝酿到出版，得到学校领导的悉心指导和有关单位、部门的热情帮助，在此，一并表示真诚的感谢！

《海南大学年鉴》编辑部

2014 年 6 月 20 日

图书在版编目(CIP)数据

海南大学年鉴. 2014 / 海南大学年鉴编辑部编. --
海口:海南出版社,2014.9

ISBN 978-7-5443-4638-2

Ⅰ. ①海… Ⅱ. ①海… Ⅲ. ①海南大学－2014－年鉴
Ⅳ. ①G649.286.61-54

中国版本图书馆 CIP 数据核字(2014)第 221458 号

海南大学年鉴(2014) 《海南大学年鉴》编辑部 编

责任编辑:李向阳
封面设计:彭荟吉
印刷装订:海口恒久彩色包装印刷有限公司
海南大学地址:海南省海口市人民路 58 号
邮　　编:570228　　　　电话:(0898)66291272

海南出版社　出版发行

地　　址:海口市金盘开发区建设三横路 2 号
邮　　编:570216
电　　话:0898-66812772
网　　址:http://www.hncbs.cn
经　　销:全国新华书店
开　　本:889mm× 1194mm　1/16
字　　数:510 千字
印　　张:17
印　　数:500 册
版　　次:2014 年 9 月第 1 版　2014 年 9 月第 1 次印刷
书　　号:ISBN 978-7-5443-4638-2
定　　价:120.00 元